北京市社会科学基金研究基地项目资助（编号 15JDWYA002）
北京语言大学出版基金资助

"曹雪芹与北京"考论

段江丽 著

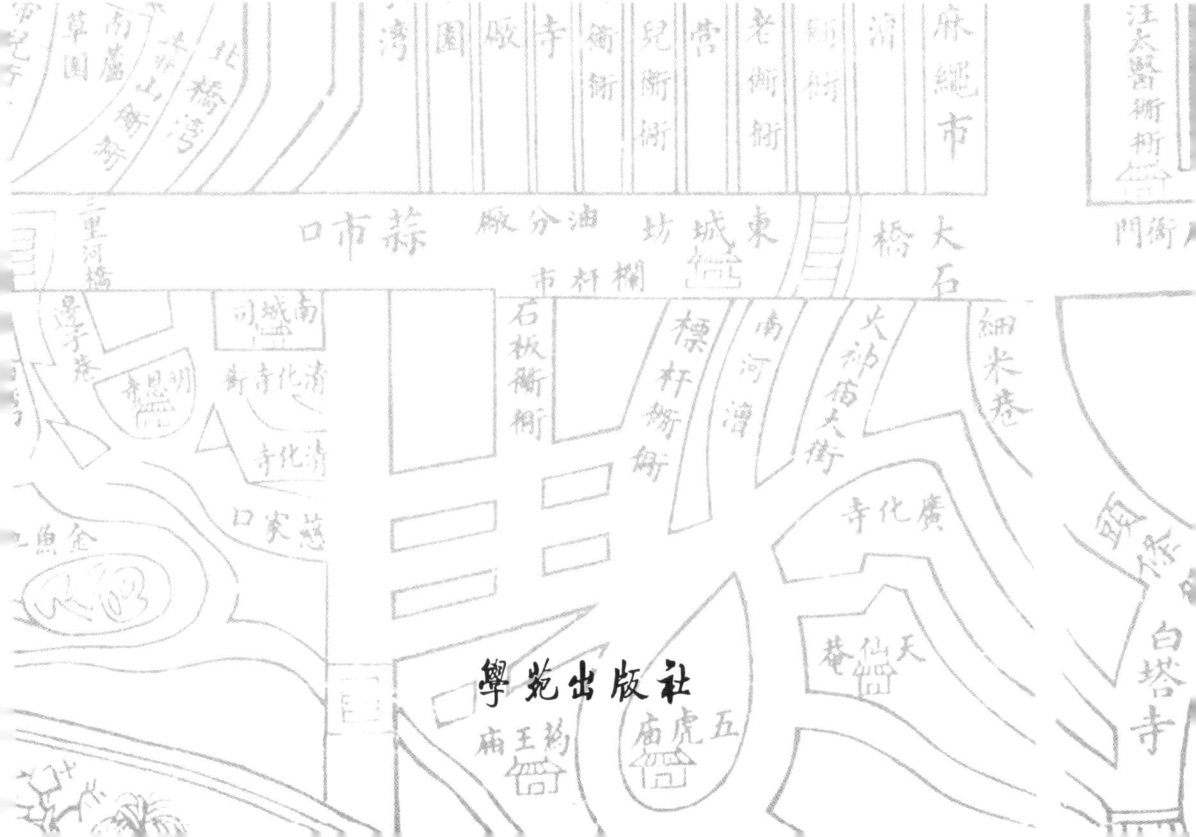

学苑出版社

图书在版编目（CIP）数据

"曹雪芹与北京"考论 / 段江丽著 . -- 北京 ：学苑出版社，2021.8
 ISBN 978-7-5077-6228-0

Ⅰ．①曹… Ⅱ．①段… Ⅲ．①曹雪芹（1715-1763）－人物研究 Ⅳ．① K825.6

中国版本图书馆 CIP 数据核字（2021）第 157987 号

责任编辑 ：	李蕊沁　战葆红
出版发行 ：	学苑出版社
社　　址 ：	北京市丰台区南方庄 2 号院 1 号楼
邮政编码 ：	100079
网　　址 ：	www.book001.com
电子信箱 ：	xueyuanpress@163.com
联系电话 ：	010-67601101（销售部）　67603091（总编室）
印 刷 厂 ：	河北赛文印刷有限公司
开本尺寸 ：	787×1092　1/16
印　　张 ：	18
字　　数 ：	215 千字
版　　次 ：	2021 年 9 月第 1 版
印　　次 ：	2021 年 9 月第 1 次印刷
定　　价 ：	89.00 元

目 录

导论 / 1

一 曹雪芹在北京的"遗迹"考述 / 9

二 曹雪芹在北京的"朋友圈"考述 / 51

三 关于曹雪芹香山故居的论辩 / 87

四 关于曹雪芹书箱真伪的论辩 / 125

五 关于"曹霑墓石"问题的论辩 / 149

六 《废艺斋集稿》的来龙去脉及真伪论争 / 175

七 论《红楼梦》抄本的方言词修订问题 / 213

八 论程高本"擅用"北方词汇问题 / 235

九 《红楼梦》前八十回中的北京人文景物原型考述 / 257

后记 / 279

导 论

关于曹雪芹的生卒年至今仍有不少争议,笔者从1715—1763之说。以雍正五年(1727)底曹𫖯被革职查办为界点,在康熙一朝繁华鼎盛的曹家命运有了巨大的转折。翌年初,13岁的曹雪芹随家人一起北上返京。此后,虽然有资料说曹雪芹曾有过短暂的江南之行,但无可置疑的是,曹雪芹成年之后的生涯主要在北京度过,其不朽巨著《红楼梦》在北京完成,曹雪芹及《红楼梦》都是18世纪中国"帝都"北京特殊语境下的产物。

自1970年代以来,就"曹雪芹与北京"的话题曾在学术界有过几次引人注目的讨论,具代表性的论题如:

一、关于"香山故居"的论争。因1971年有人偶然在香山正白旗38号(新门牌39号;后文用39号,统一表述)院发现了疑似与曹雪芹相关的题壁诗,从而引发了此处是否是曹雪芹故居的争论,吴世昌、吴恩裕、胡文彬、张书才、胡德平等学者均撰文参与了讨论。时至今日,以正白旗39号为中心、于1984年建立的北京曹雪芹纪念馆已经成为北京乃至中国重要的名人纪念馆之一,而此处是否为曹雪芹故居则仍无定论,胡德平先生等学者一直力主"故居"说,反对者亦立场坚定,却似乎失去了论争的热情，少有人公开刊文进行辩论。

二、关于"蒜市口故居"的讨论。1982年张书才先生披露了一份中国第一历史档案馆所藏清代内务府档案，证明曹家于雍正六年（1728）回到北京之后住在崇文门外蒜市口"十七间半"曹家旧宅。后来，张先生经过认真勘察认为，蒜市口16号院（后改为广渠门内大街207号）即为曹家故居，冯其庸、蔡义江等学者均认可这一观点。当然也有质疑的声音，黄一农、兰良永、杨泠等先生都曾撰文提出商榷意见。遗憾的是，因广安大街扩建改造工程的需要，蒜市口16号院于2000年12月底被彻底铲平，令众多曾极力呼吁保留"故居"的学者扼腕叹息。后来有关部门在原址北侧不远处留了一块空地，希望将来能以《乾隆京城全图》为蓝本，重建"十七间半"房。令人欣慰的是，位于瓷器口路东北角的曹雪芹故居"蒜市口十七间半"重建工程于2019年1月启动，历时10个月，已于2019年11月8日竣工。[1]毫无疑问，这座重建的"蒜市口十七间半"院落对于纪念、凭吊伟大的曹雪芹以及宣传、弘扬优秀传统文化都将具有重要意义。

重建蒜市口曹雪芹故居并不影响有关学术论争。蒜市口16号院是否为曹雪芹故居"十七间半"，在学术上仍有继续讨论的必要。

三、关于"曹霑墓石"的论争。1992年7月，有消息说北京通县（今通州区）发现了曹雪芹的坟墓与墓碑，据说这块刻着"曹公讳霑墓"的墓碑发现于1968年，1992年进入公众视野之后引起了一场"曹雪芹墓石"真假的大讨论，以红学界冯其庸、刘世德、杜景华以及文物鉴定领域的史树青、傅大卣等为代表的一派认为为真，以周汝昌、秦公等为代表的一派认为为假。回溯20多年前关于"墓碑"的讨论，仍然有许多基础性的问题值得进一步探讨：比如说，墓碑与墓志的性质问题，清代墓制问题，曹

---

[1]《曹雪芹故居回来了：十七间半的三进四合院》，《北京日报》2019年11月8日。

家在张家湾的祖产及祖坟问题,等等,这些问题的深入讨论或许仍然不能解决墓碑真假问题,却一定会从一个重要侧面推动曹学发展。

四、关于《废艺斋集稿》的论争。值得说明的是,《废艺斋集稿》虽然非"曹雪芹与北京"的直接子课题,但是,《废艺斋集稿》牵涉曹雪芹在北京的交游、生活、著述诸多问题,还牵涉与书箱、题壁诗互证的问题,因此,亦应纳入"曹雪芹与北京"的课题中讨论。自吴恩裕先生于1973年发表《曹雪芹佚著和传记材料的发现》一文至今近50年,《废艺斋集稿》的真伪问题已演变为信者恒信、不信者恒不信的当代曹学公案。除吴恩裕及提供材料的重要当事人孔祥泽先生之外,主真者主要代表有文雷(胡文彬、周雷)、冯其庸、胡德平、樊志斌、黄一农等先生;主伪者主要代表有陈毓罴、刘世德、朱家溍、郭若愚、陈诏、梅节、伊藤漱平等先生。2019年4月18、19两日,台湾学者黄一农分别在中国艺术研究院、北京曹雪芹学会做了有关《废艺斋集稿》的学术报告,并有刘梦溪、胡德平等多位学者现场参与讨论,使得《废艺斋集稿》真伪问题再次成为热点话题。据统计,黄一农先生在中国艺术研究院的学术报告除了现场座无虚席之外,网上直播的收看人数在结束时达到了25.6万人次,由此可见这一话题关心者之众多。

除了上述四个问题,围绕"曹雪芹与北京"的论争还有很多,比如,北京张姓人家保存的题有"题芹溪处士句"的两个书箱是否为曹雪芹遗物?正白旗39号题壁诗出自谁人之手?香山一带有关曹雪芹的大量民间传说是否可靠?等等,不一而足。

综上,"香山故居"及题壁诗、"蒜市口故居"、张家湾"墓石"、《废艺斋集稿》、书箱、香山地区有关曹雪芹的传说等等多年来争论不休的问题,已经成为曹学领域的"公案",它们都是本书研究的重点内容。

除了这些曾经或仍然受到关注的焦点问题之外，曹雪芹在北京的生活轨迹与交游圈、18世纪"帝都"北京的语言特色与文化氛围等等因素都是构成曹雪芹生存境遇的重要因素，是我们了解曹雪芹与《红楼梦》不可或缺的锁钥。因此，这些问题自然亦是该课题应有的内容。而论及18世纪北京的语言特色与文化氛围对曹雪芹的影响，事实上已进入与"曹雪芹与北京"相关联的另一个重要课题"《红楼梦》与北京"。为了把相关问题做深做实，本书集中精力围绕"曹雪芹与北京"进行；而关于"《红楼梦》与北京"，则主要从曹雪芹的角度切入，通过《红楼梦》文本内容的解读，讨论《红楼梦》中的北京人文景物以及《红楼梦》中的北京方言问题。

在既有研究成果中，对本书有直接参考价值的代表作有：（1）吴恩裕《曹雪芹丛考》[1]。吴恩裕先生是最早全面关注、研究曹雪芹生平尤其是晚年在北京西郊一带生活情况的专家，在关注文献资料的同时，搜集、整理了大量的口碑资料，先后有《有关曹雪芹八种》[2]《有关曹雪芹十种》[3]等著作问世，其《曹雪芹丛考》则为集成之作，提供了大量资料并且就众多问题提出了独到的观点，为后续研究提供了重要的借鉴。（2）舒成勋口述、胡德平整理《曹雪芹在西山》[4]，该书提供了曹雪芹在西山的诸多传说以及有关香山正白旗39号院题壁诗发现过程的第一手资料。（3）曾保泉《曹雪芹与北京》[5]，该书在详细占有资料的基础上对曹雪芹在北京的经历以及相关遗迹做了比较详细的介绍，为本书的研究提供了重要的参考。但该书的着眼点主要在于历史叙述，对前述几大当代曹学"公案"较少涉及，对于"曹雪

---

[1] 吴恩裕《曹雪芹丛考》，上海古籍出版社，1980年。
[2] 吴恩裕《有关曹雪芹八种》，中华书局，1959年。
[3] 吴恩裕《有关曹雪芹十种》，中华书局，1963年。
[4] 舒成勋口述、胡德平整理《曹雪芹在西山》，文化艺术出版社，1984年。
[5] 曾保泉《曹雪芹与北京》，中国妇女出版社，1993年。

芹与北京"之间的内在文化关联性亦较少着墨。(4)胡德平《说不尽的红楼梦——曹雪芹在香山》[1],该书以曹雪芹在西山一带的传说和遗迹为主要研究对象,结合田野调查,就曹雪芹与北京西山的诸多话题均提出了自己独到的见解。(5)胡文彬《〈红楼梦〉与北京》[2],该书除了对曹雪芹在北京的生活做了简明扼要的介绍之外,主要对《红楼梦》与北京话、北京风俗、北京的地名景观、北京游戏、北京饮食等元素之间的关系做了探讨,对曹雪芹在北京的交游行踪等则只是"略加点染"。(6)山民、杏林《曹雪芹与燕京》[3]以流畅的文笔概述了曹雪芹在"燕京""住过哪些地方,去过哪些地方",虽然非严谨的学术著作,仍具一定的学术参考价值。

综合来看,这些研究成果有的作为奠基之作,长于叙而略于论,在"史实"基础上的"史论"还留有较大空间;有的旨在表达一家之言,较少留意与反对意见之间的"对话",在一定程度上影响到了观点的说服力;由于著者的研究兴趣以及时效性问题,除了胡德平先生的著作对"正白旗39号"故居及题壁诗、"书箱"等问题有专题讨论之外,其他几种著作对本书前面提及的几桩曹学"公案"均较少关注。这几种著作留下的空间以及存在的一些问题,正是本书研究的逻辑起点。

除了上述几种专题著作之外,还有周汝昌《曹雪芹传》[4]、张书才《曹雪芹家世生平探源》[5]、黄一农《二重奏:红学与清史的对话》[6]、樊志斌《曹雪

---

[1] 胡德平《说不尽的红楼梦——曹雪芹在香山》,中华书局,2004年。
[2] 胡文彬《〈红楼梦〉与北京》,陕西人民出版社,2008年。
[3] 山民、杏林《曹雪芹与燕京》,山东美术出版社,2010年。
[4] 周汝昌《曹雪芹传》,百花文艺出版社,2003年。
[5] 张书才《曹雪芹家世生平探源》,白山出版社,2009年。
[6] 黄一农《二重奏:红学与清史的对话》,中华书局,2015年。

芹传》[1]《海淀史地考论》[2]等著作均从不同角度给本书提供了重要参考。

鉴于研究现状以及所涉问题的特点，本书将采取不求全、但求专而深的原则，集中精力深入讨论几个与"曹雪芹与北京"相关的代表性问题，力求对曹学有实质性的推动，研究成果拟以彼此关联又相对独立的系列论文形式呈现，亦即与既有的几种同类著作主要关注"面"的完整性不同，本书注重的是"点"的深入与突破。

鉴于以上研究内容与思路，本书主要采取文史互证、案头阅读与田野调查结合、实证考据与理论分析结合等研究方法，围绕"曹雪芹与北京"这一课题，对历来众说纷纭、莫衷一是的一系列重要问题，一一进行考镜源流、辩证分析的工作，主要包括以下几部分内容：

（一）曹雪芹在北京的"遗迹"考述：在详细占有资料的基础上，结合田野调查，对蒜市口16号院、石虎胡同右翼宗学、香山正白旗39号院等与曹雪芹相关的"遗迹"之历史沿革进行考查，制作曹雪芹在北京的生活"地图"。

（二）曹雪芹在北京的"朋友圈"考述：详细爬梳敦诚《四松堂集》、敦敏《懋斋诗钞》、张宜泉《春柳堂诗稿》等人诗文集以及其他一些资料中的相关材料，查考、编织曹雪芹在北京的"朋友圈"网络，从一个重要侧面还原曹雪芹在北京的生活与创作环境。

（三）关于曹雪芹"香山故居"的论辩。

（四）关于曹雪芹"书箱"问题的论辩。

（五）关于"曹霑墓石"问题的论辩。

（六）关于《废艺斋集稿》的来龙去脉及真伪论争。

---

[1] 樊志斌《曹雪芹传》，中华书局，2012年。
[2] 樊志斌《海淀史地考论》，新华出版社，2017年。

与蒜市口16号院、石虎胡同右翼宗学等话题相比较,香山正白旗39号院是否为曹雪芹"故居"以及其墙壁上的题壁诗何人所作、北京张行家保存的书箱是否曹雪芹遗物、张家湾发现的"曹霑墓石"与《废艺斋集稿》是否可信,等等,这四项问题争议尤其尖锐,因此,将这些话题独立出来,做专题性述评。此四项内容均拟在详细占有资料的基础上,对不同观点的理据与逻辑进行辨析,力求做出客观公允的判断,并在现有证据材料的基础上就所讨论的每一个具体问题提出实事求是的、有说服力的观点,为已有研究做必要的总结,并为进一步研究提供比较可靠的基础。

(七)《红楼梦》中的北京方言:《红楼梦》的"京味""官话"特征有目共睹,而文学首先是语言的艺术,语言研究无疑是文学自律性、本质性研究的重中之重。因此,《红楼梦》语言研究可谓任重道远、意义重大。限于时间、精力以及选题的重点,本书主要从《红楼梦》早期抄本之间、抄本与程高本之间的方言词修改问题切入,强调《红楼梦》方言并非一成不变,而是存在"去南趋北"的动态修改过程,且这一过程对版本研究、曹雪芹语言艺术研究、抄本与刻本艺术差异性研究、程高本的功过问题等均具有重要的意义。

(八)《红楼梦》前八十回中的北京人文景物原型考述。考虑到后四十回的作者问题仍然存疑,主要以前八十回为版本依据,对小说中所写到的宗教建筑、街巷、酒楼等原型进行考述,并适当分析这些景物描写所隐含的寓意。

总之,围绕"曹雪芹与北京"的几桩曹学"公案"多年来莫衷一是,已成为曹学发展的瓶颈;曹雪芹在北京的"足迹"直接关系到相关文物的保护问题;曹雪芹在北京的交友圈对还原曹雪芹的生活和创作情况、进一步解读《红楼梦》等都有重要意义;如何从形而上的层面思考曹雪芹对北京的历史和现实意义，曹雪芹有着怎样的"北京情结"；如何区别《红楼梦》抄本与刻本在"京味""官话"上的差异，等等，对这些问题的思考和解决，都将对曹学以及红学的发展起到一定的推动作用，并将对北京市的文物保护和文化建设工作起到比较重要的参考作用。

一

曹雪芹在北京的"遗迹"考述

自雍正六年（1728）春曹家举家返京后，曹雪芹在北京生活了三十多年，其足迹可以说是遍布大半个北京城，传说中和材料里的曹雪芹在北京曾经居住或者工作过的地方有二十几处，不妨统称为曹雪芹"遗迹"。不过，不算口碑资料，纯从文字材料来看，这二十几处遗迹中"有据可查"的有六处：蒜市口十七间半、石虎胡同右翼宗学、香山正白旗39号院、白家疃曹雪芹住处、克勤郡王府和槐园等，其中白家疃曹雪芹住处和槐园这两处"遗迹"已面目全非，无法考实。

笔者的关注点不在于这些"遗迹"与曹雪芹的关系本身，而是在既有相关研究的基础上进一步爬梳资料，并结合田野调查，对"有据可查"的六处"遗迹"之历史沿革进行追索，以便为厘清相关争议提供可资参考的辅证。

（一）蒜市口十七间半

据《关于江宁织造曹家档案史料》中第一六八折《上谕著江南总督范时绎查封曹𬖿家产》，可知曹家是在雍正五年（1727）被抄家。雍正六年（1728）春，曹家举家返京。曹家返京后的居处，在《刑部移会档案》

中有所记载："后因隋赫德见曹寅之妻孀妇无力……将赏伊之家产人口内，于京城崇文门外蒜市口地方房十七间半，家仆三对，给予曹寅之妻。"[1] 由此可见，少年曹雪芹在回京后最初是生活在"蒜市口地方""十七间半"的房子里。

关于曹家在蒜市口这一故居的确切地点，曹学界多有争议。这里，首先对这一问题做一简单梳理。

张书才先生最先对这一问题做了富有开创性的考察工作。张先生在1991年发表的《曹雪芹蒜市口故居初探》一文中根据《刑部移会档案》指出，曹雪芹在回京后的第一处居所确为蒜市口的曹家旧宅无疑，并依据《乾隆京城全图》和田野调查，在蒜市口找到了一处十七间半的院子——蒜市口16号院。张先生指出，曹寅《楝亭诗钞》中《南轩种竹》一诗里"西堂南辟市为邻""古寺凉风挽鹿车"两句所描绘的环境与16号院相吻合；同时结合《红楼梦》中的几处例证判定16号院马家私宅实为曹家旧宅。[2]

自张先生文章发表后，"蒜市口16号院是曹雪芹故居"这一观点持续多年在曹学界占据主流位置，直至2014年陆续出现了不同的声音。

最先就这一问题提出商榷意见的是兰良永先生，他于2014年发表了《曹雪芹蒜市口故居再议》一文。兰先生认为将蒜市口16号院作为曹家旧宅无法考实，其理由有二：一是蒜市口大街的范围可以由崇文门大街南口向西拓展，不局限于张先生所说的崇文门外大街南口东侧；二是十七间半之半间房的概念具有多义性，基于产权学概念的十七间半并不能够从基于建筑学绘制的《乾隆京城全图》中寻找。[3]

---

[1] 朱一玄编《〈红楼梦〉资料汇编》，南开大学出版社，1985年，第21页。
[2] 张书才《曹雪芹蒜市口故居初探》，《红楼梦学刊》1991年第2辑。
[3] 兰良永《曹雪芹蒜市口故居再议》，《曹雪芹研究》2014年第3期。

一 曹雪芹在北京的"遗迹"考述

2015年，台湾学者黄一农先生发表了《曹雪芹"蒜市口地方房十七间半"旧宅新探》一文，对蒜市口的范围提出了新的观点。黄先生认为可将范围重新界定为："北界为手帕胡同与东茶食胡同，西界为香串儿胡同与娘娘庙胡同，南界为西利市胡同，东界为汪太医胡同与石板胡同"，并在这一范围内找出了除16号院之外的其他十七间半房；同时指出文章中所界定的蒜市口范围可再向外扩展。[1]

2017年，杨泠先生发表了《曹雪芹蒜市口旧宅新考》一文。文章首先对上述三位学者的研究成果进行了梳理，由此指出"蒜市口地方"范围的界定是产生分歧的根本原因，提出解决蒜市口故居原址问题的关键就在于"蒜市口地方"范围的界定；进而试图通过论证蒜市口的变迁、分析曹寅《楝亭集》中有关蒜市口居所的描述并结合相关史料，得出曹雪芹蒜市口故居在锅腔胡同的结论。[2]

2018年，樊志斌先生发表《蒜市口 蒜市口大街 蒜市口地方：谈曹雪芹崇外故居研究中的几个概念——兼及曹雪芹的北京城市交游、成长与纪念》一文，进一步指明了上述几位学者对"曹雪芹蒜市口故居"问题的讨论焦点就在于"蒜市口地方"的概念内涵和厘定范围。[3]

梳理上述各家所言，不难发现诸位学者讨论的焦点的确在于"蒜市口地方"的概念内涵和界定范围。因此，要确定"蒜市口十七间半房"位于何处，首先需要界定"蒜市口地方"的概念和范围；而要确定"蒜市口地方"的概念和范围，则需要理清蒜市口的历史沿革。

---

[1] 黄一农《曹雪芹"蒜市口地方房十七间半"旧宅新探》，《红楼梦研究集刊》第10辑，香港文汇出版社，2015年。
[2] 杨泠《曹家蒜市口旧宅新考》，《红楼梦研究（壹）》2017年第1期。
[3] 樊志斌《蒜市口 蒜市口大街 蒜市口地方：谈曹雪芹崇外故居研究中的几个概念——兼及曹雪芹的北京城市交游、成长与纪念》，《北京文博文丛》2018年第3期。

关于蒜市口，笔者同意杨泠的观点，其《曹雪芹蒜市口旧宅新考》一文第一部分"蒜市口的变迁与广义性"一节提出："蒜市口是一片行政区域，而不仅仅是狭义的蒜市口街。"[1] 关于这一点，兰良永和杨泠的文章中都列举了充分的文字材料来证明，以下选取三例以做说明。

其一，吴长元《宸垣识略》载："泰山行宫在蒜市口，明天顺年建，有万历间太常寺少卿徐富、庶吉士姜逢元二碑。"[2] 其二，《钦定大清会典则例》称："南城粜米官方二所，一设崇文门外蒜市口香串胡同内指挥管理，一设广渠门内栏杆市街副指挥管理。"[3] 其三，《清实录高宗实录》卷一三四〇载："乾隆五十四年己酉，冬十月，癸丑朔，日食。……又谕曰：闫正祥等奏，拿获夹带腰刀火药之车夫田四海等，讯据系由蒜市口凭河南店店户杨六说合装载。"[4] 在这三则材料中，第一则《宸垣识略》中言"泰山行宫在蒜市口"，第二则《钦定大清会典则例》中又称香串胡同在蒜市口，但是从《乾隆京城全图》来看，泰山行宫和香串胡同都不在蒜市口街，而是处于蒜市口街东西两侧的胡同。但是上述两则材料中的表述都是将这两处地名置于蒜市口之后，可见蒜市口并不仅仅指狭义的蒜市口街，而应该是以蒜市口街为中心的一片行政区域。第三则《清高宗实录》中所说的"凭河南店"应该指的是漕河南岸的店铺，"蒜市口凭河南店"换言之就是蒜市口区域的漕河南岸。同样比照《乾隆京城全图》来看，漕河在地图中是位于蒜市口街东侧，这说明蒜市口在乾隆时期确实是指广义的行政区域，而且面积不小。

除上述三则文字材料外，笔者又找到一则新的文字材料及一幅乾隆时

---

[1] 杨泠《曹家蒜市口旧宅新考》，《红楼梦研究（壹）》2017年第1期。
[2] （清）吴长元辑《宸垣识略》，北京古籍出版社，1981年，第166页。
[3] （清）四库全书本《钦定大清会典则例》（卷一百四十九），第22页。
[4] （清）《清实录·高宗实录》（卷一四三零），中华书局1986年版影印本，第1173页。

期绘制的《京师全图》¹，可以进一步证明"蒜市口指包括蒜市口街在内的一片行政区域"而非狭义的蒜市口街。

其一，文字材料见《钦定大清会典事例》：

> 五城饭厂……中城饭厂二：一设正阳门外珠市口给孤寺副指挥散给，一设永定门内佑圣庵吏目散给，其米及薪银均副指挥支领分给吏目；东城饭厂二：一设朝阳门外海会寺副指挥散给，一设崇文门外蒜市口西利市营兴隆庵吏目散给……²

清代为安抚灾民设立了"五城饭厂"，其实就是粥厂，是清代赈粥制度下的产物。嘉庆时期的东城饭厂分设两处，一处在朝阳门外海会寺；另一处在蒜市口西利市营兴隆庵。"蒜市口西利市营兴隆庵"可以理解为"在蒜市口区域的西利市营胡同的兴隆庵"，西利市营在《乾隆京城全图》中位于蒜市口街的东南侧，这更进一步说明了蒜市口是一个包括蒜市口街在内的广义的行政区域。

其二，《京师全图》现藏于哈佛大学燕京图书馆，也是绘制于乾隆时期。将它所标注的蒜市口的位置（图一）与《乾隆京城全图》³上的蒜市口街的位置（图二）相比较，《乾隆京城全图》中的蒜市口街被标注在崇文门外大街南端口，而《京师全图》中的蒜市口位于崇文门外大街南端的西侧。这两幅同时绘于乾隆年间的地图，一标"蒜市口"，一标"蒜市口街"，而且，很明显两个地名的名称和位置存在差异，很大的可能就是：蒜市口指的是

1《京师全图》，哈佛大学燕京图书馆藏。
2（清）托津等奉敕《钦定大清会典事例》，清嘉庆二十五年武英殿刻本，第 10523 页。
3《乾隆京城全图》，日本国立情报学研究所东洋文库藏。

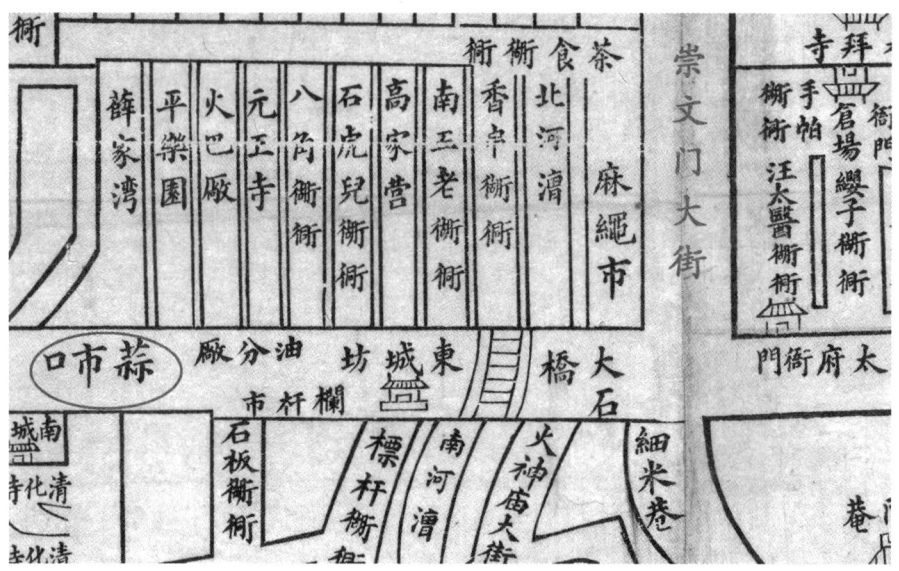

图一 乾隆年间（1736—1796）《京师全图》局部

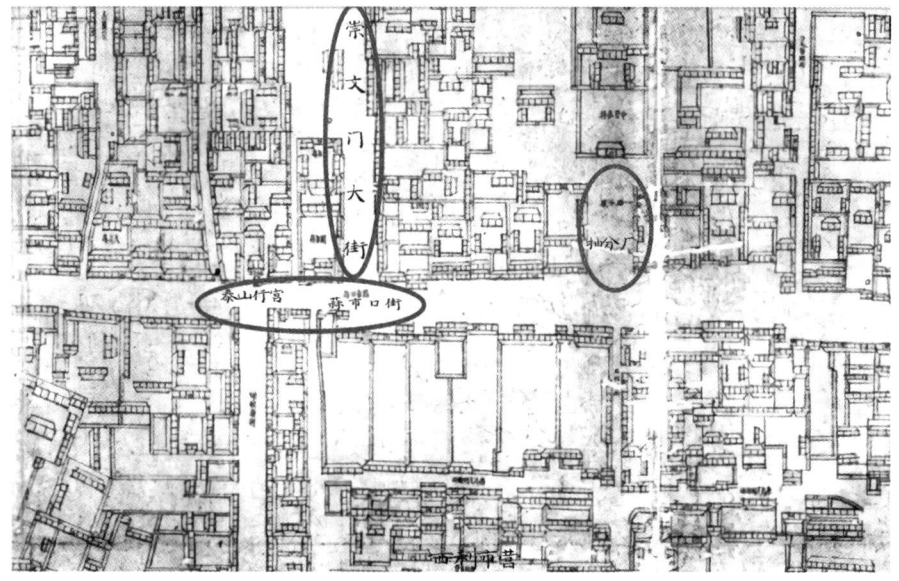

图二 《乾隆京城全图》局部

一片很大的行政区域，所以《京师全图》中将"蒜市口"标注在崇文门外大街的南端西侧；蒜市口街则指的是崇文门外大街南端口的这条东西走向的街道，因此在《乾隆京城全图》中"蒜市口街"被标注在崇文门外大街的南端口。

在明确"蒜市口是一个广义的行政区域"这一前提下，杨泠在《曹家蒜市口旧宅新考》一文中利用历代北京地图论述蒜市口之变迁的方法值得参考。不过，杨泠在文章中主要是追溯了清乾隆朝到1950年间的北京地图上对蒜市口的标注。并且，文中重点对比的是乾隆年间到1928年间的地图，而对于1928年到1950年间的地图，文中仅引1950年一例。此外，文中也未对1950年至今的北京市地图进行引用对比。所以，《曹家蒜市口旧宅新考》一文中对蒜市口变迁的考述有待补充。

笔者查找了自1736年至2019年间的十五幅具有代表性的北京地图，通过对比这些地图上的崇文门外大街南端的局部标注，对其进行分阶段论述。经过查找和对比后，笔者发现了两点值得注意：

第一，杨泠《曹家蒜市口旧宅新考》一文中所引用的一张地图的信息有误。文章中将清初（1644—1799）的《京师城内首善全图》（图三）误引为同治年间（1870）地图。《京师城内首善全图》在哈佛大学燕京图书馆有藏，燕京图书馆所标注的出版信息是清初（1644—1799）（图四）。

第二，在乾隆年间（1736—1796）至2019年间，蒜市口地区最明显的变化就是蒜市口这一标注名称的迁移和改变。在此基础上，笔者认为可以将蒜市口地方的历史沿革分为四个时段，分别为：乾隆年间（1736—1796）到光绪年间（1875—1908）；宣统元年（1909）到1927年；1928年到1960年前后；1960年前后至今。

具体地说，乾隆年间（1736—1796）到光绪年间（1875—1908），蒜

"曹雪芹与北京"考论

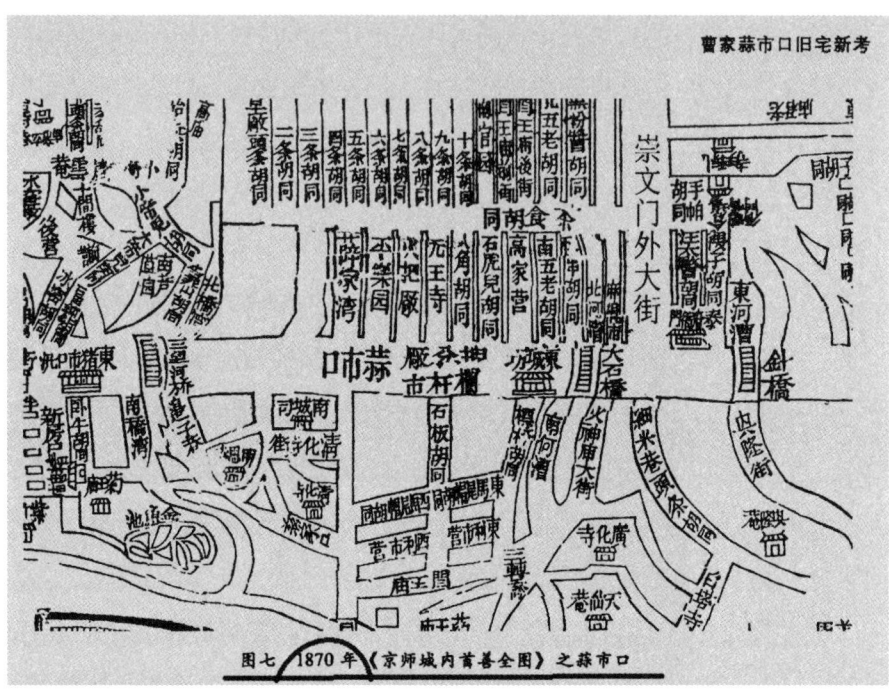

图三 清初(1644—1799)《京师城内首善全图》局部(图中图注为杨泠《曹家蒜市口旧宅新考》所标)

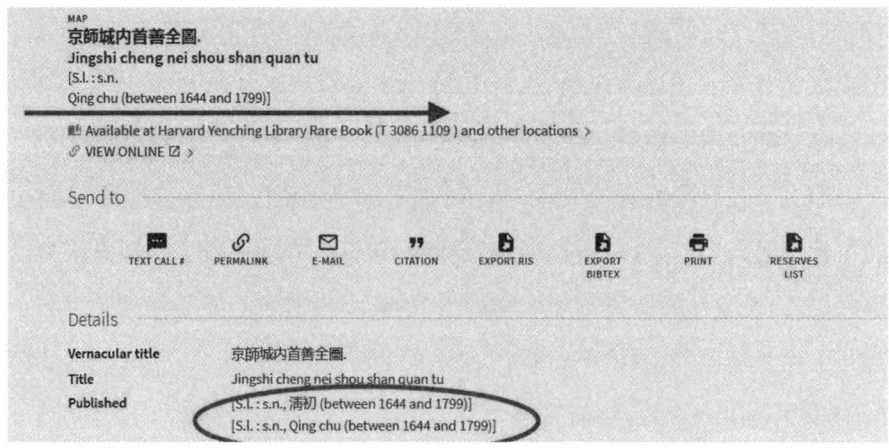

图四 《京师城内首善全图》在哈佛燕京图书馆的出版信息

市口街主要在崇文门外大街南端口和南端西侧来回移动；宣统元年（1909）到1928年，崇文门南端地标不再是蒜市口，而是被标注为瓷器口；1928年到1960年前后，蒜市口又出现在北京市的地图上，并从崇文门外大街南端西侧移向东侧；而20世纪60年代后，蒜市口街被并入广渠门内大街，且更名为磁器口。

第一阶段，乾隆年间（1736—1796）到光绪年间（1875—1908），蒜市口的沿革在《乾隆京城全图》、嘉庆年间（1796—1820）手绘《京城全图》[1]、咸丰（1851—1861）至光绪年间（1875—1908）的《北京全图》[2]和光绪末年的《京城各国暂别界址全图》[3]这四张地图上有最直观的反映，主要表现为：蒜市口街改为蒜市口，在崇文门大街南端口和南端西侧来回移动。从《乾隆京城全图》来看，蒜市口街是位于崇文门外大街南端口的街道，如图二所示：蒜市口街被标注在崇文门大街南口，西临泰山行宫，东为抽分厂。而在嘉庆年间（1796—1820）的《京城全图》（图五）中，蒜市口街变成了蒜市口，且从崇文门外大街南端口移向了南端西侧。此后，在《北京全图》（图六）中，蒜市口又被标注在了崇文门大街的南端口。然而在《京城各国暂别界址全图》（图七）中，不仅蒜市口又被移向了崇文门大街南端西侧，《乾隆京城全图》《京城全图》和《北京全图》中位于崇文门大街南端东侧的抽分厂、榄杆市、东城坊和大石桥也被移向了西侧。因此，《京城各国暂别界址全图》中的蒜市口在崇文门大街南端西侧的位置也又向西移动了一段距离。值得注意的是，《京城各国暂别界址全图》对蒜市口、抽分厂、东城坊和大石桥的标注和乾隆时期《京师全图》中的标注是一致的。

---

1 手绘《京城全图》，书格数字古籍图书馆藏。
2 《北京全图》，李明智绘，美国国会图书馆藏。
3 《京城各国暂别界址全图》，美国国会图书馆藏。

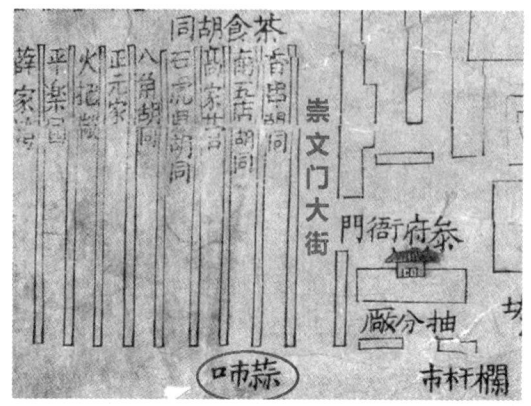

图五 嘉庆年间（1796—1820）手绘《京城全图》局部

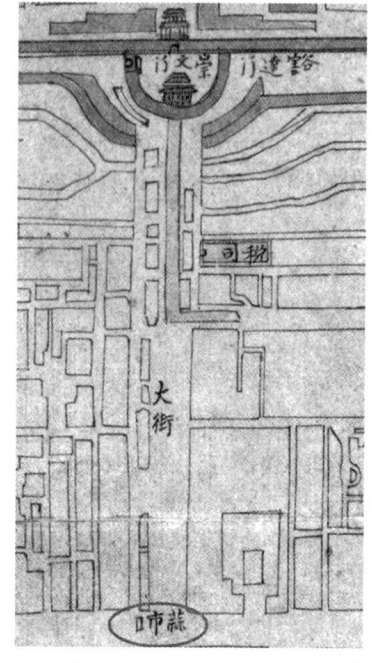

图六 咸丰（1851—1861）至光绪（1875—1908）年间《北京全图》局部

第二阶段，自宣统元年（1909）至1926年，在1900年《最新详细帝京舆图》[1]、1914年《北京地图》[2]、1920年《北京地图》[3]、1921年《北平市全图》[4]和1926年《最新北京地图》[5]这五张地图（图八—图十二）上，崇文门大街的南端都没有标注蒜市口，并且出现了瓷器口这一新地标名，具体原因暂无史料可考。

1《最新详细帝京舆图》，北京饷华书局与日本东京新社联合发行，清宣统元年（1909）石印本，哈佛大学燕京大学图书馆藏。
2《北京地图》，天津中东石印局，1914年版，美国国会图书馆藏。
3《北京地图》，日本国际观光局绘制，1920年版，书格数字古籍图书馆藏。
4《北平市全图》，日新舆地学社，1921年版，美国国会图书馆藏。
5《最新北京地图》，中华印刷局印行，1926年版。

一 曹雪芹在北京的"遗迹"考述

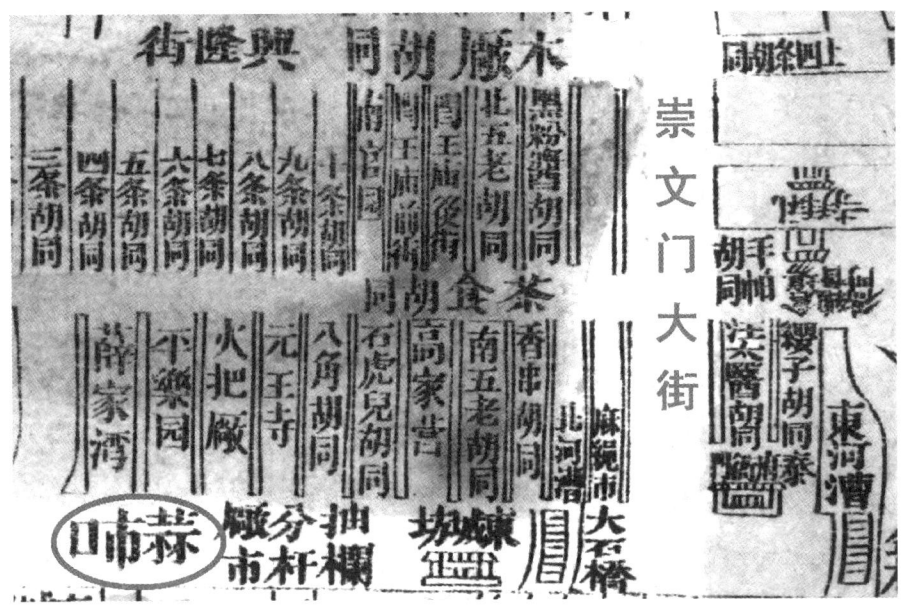

图七 光绪年间（1875—1908）《京城各国暂别界址全图》局部

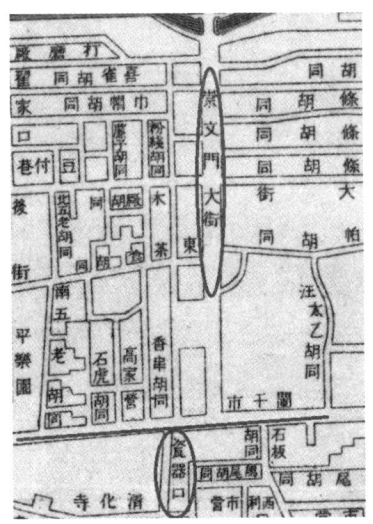

图八 宣统元年（1909）《最新详细帝京舆图》局部

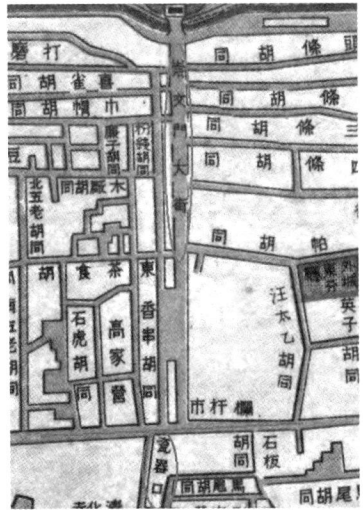

图九 1914年《北京地图》局部

 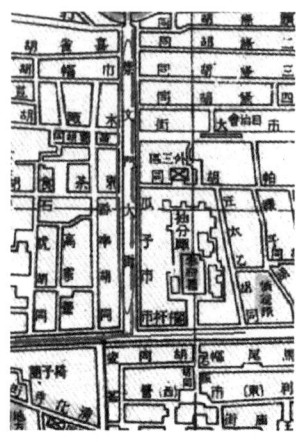 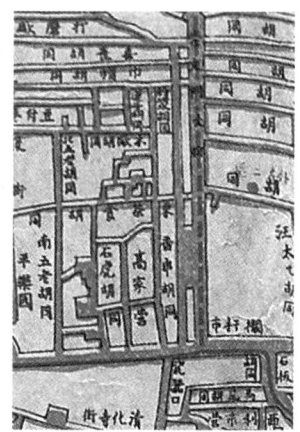

图十 1920 年《北京地图》局部　　图十一 1921 年《北平市全图》局部　　图十二 1926 年《最新北京地图》局部

第三阶段，自 1928 年至 1960 年前后。在 1928 年的《京师内外城详细地图》[1] 上，蒜市口的位置从原来的崇文门外大街南端西侧移动至东侧，如图十三所示。并且，自 1928 年到 1956 年间的地图上，蒜市口的标注位置是一致的，都是位于崇文门外大街南端东侧，这一点在 1938 年《北平市最新详细地图》[2]、1950 年《北京市街道详图》[3] 和 1956 年《北京游览图》[4] 这三张地图上都有最直观的反映，如图十四到十六所示。

第四阶段，1960 年前后至今。1956 年以后，蒜市口在 1968 年《北京地图》[5]（图十七）中消失了，取而代之的是广渠门内大街；此外，崇文门外

---

[1] 1928 年京师警察厅总务处印制《京师内外城详细地图》，中国书店出版社，2014 年，哈佛大学燕京图书馆有藏。
[2] 1928 年京师警察厅总务处印制《京师内外城详细地图》，中国书店出版社，2014 年。
[3]《北京市最新详细全图》，北京文雅社，1938 年。
[4]《北京市街道详图》，亚光舆地学社，1950 年。
[5]《北京地图》，地图出版社，1968 年。

一 曹雪芹在北京的"遗迹"考述

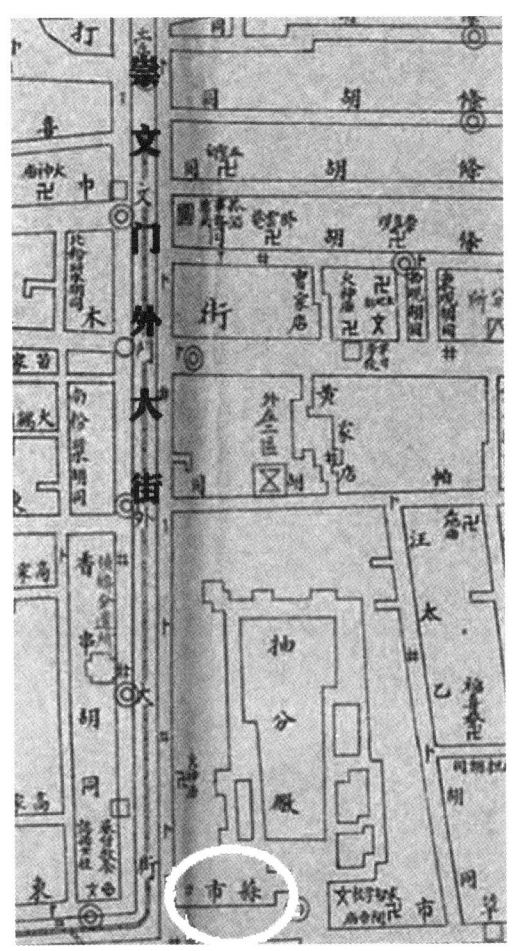

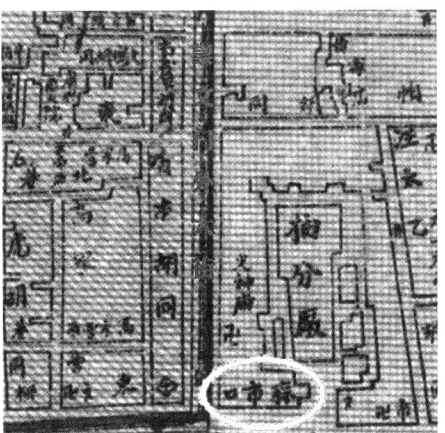

图十四 1938年《北平市最新详细全图》局部

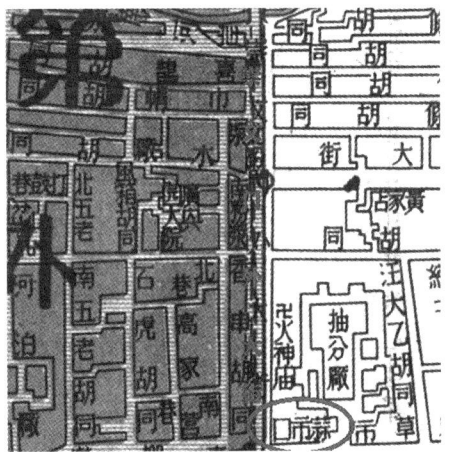

图十三 1928年《京师内外城详细地图》局部　　图十五 1950年《北京市街道详图》局部

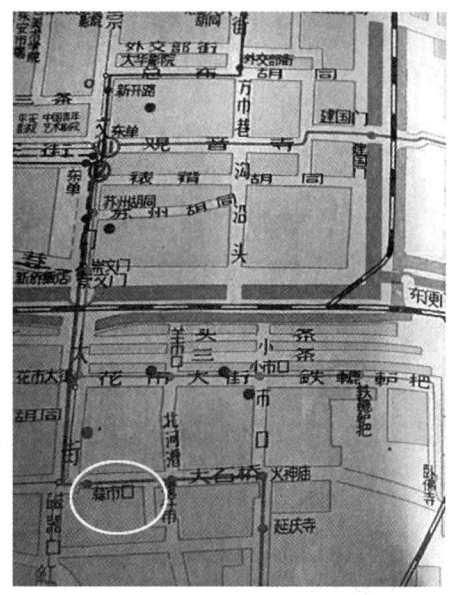
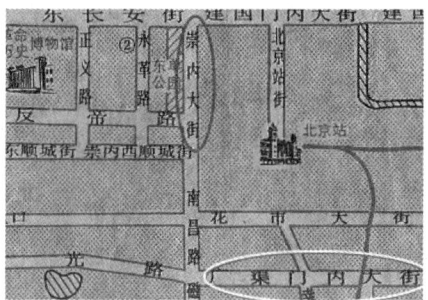

图十六 1956年《北京游览图》局部　　图十七 1968年《北京地图》局部

大街也变更为崇内大街。随后的1982年《北京城区街道图》[1]（图十八）中，崇文门外大街的南侧也是标注为广渠门内大街。由此可以确定蒜市口应是在1956年到1968年之间的某个时间内被并入了广渠门内大街，从此在北京地图中失去踪迹。至于确定的时间，笔者只在网上找到了一位老北京的口述资料。据这位老北京所言，蒜市口和揽杆市、大石桥、火神庙一起在20世纪60年代并入广渠门内大街。时至今日，北京市地图上的崇文门外大街南端（图十九）也是只有一条贯穿东西的广渠门内大街，再无蒜市口了。

综合前文所述，笔者基本理清了蒜市口从乾隆年间（1736—1796）至今日的历史沿革，并且通过对蒜市口历史变迁的考述，证明了蒜市口地区

---

1 《北京城区街道图》，地图出版社，1982年。

一　曹雪芹在北京的"遗迹"考述

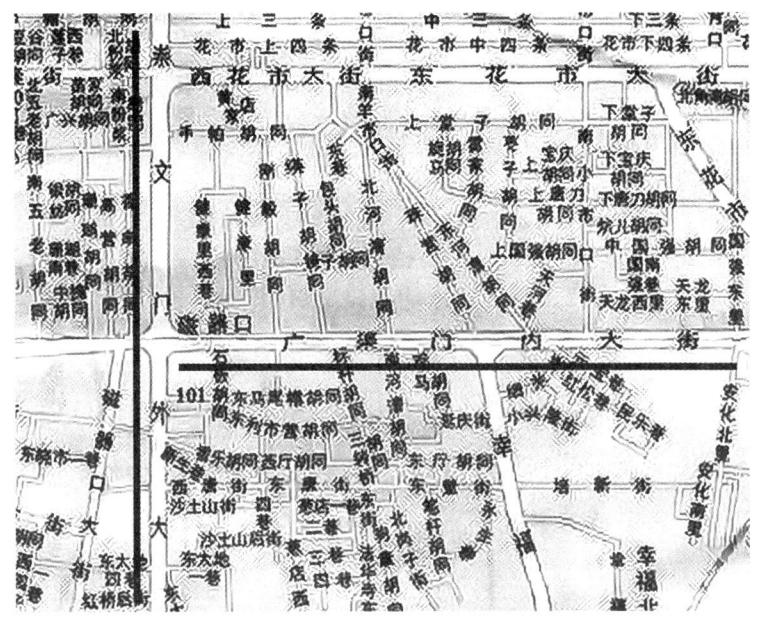

图十八　1982年《北京城区街道图》局部

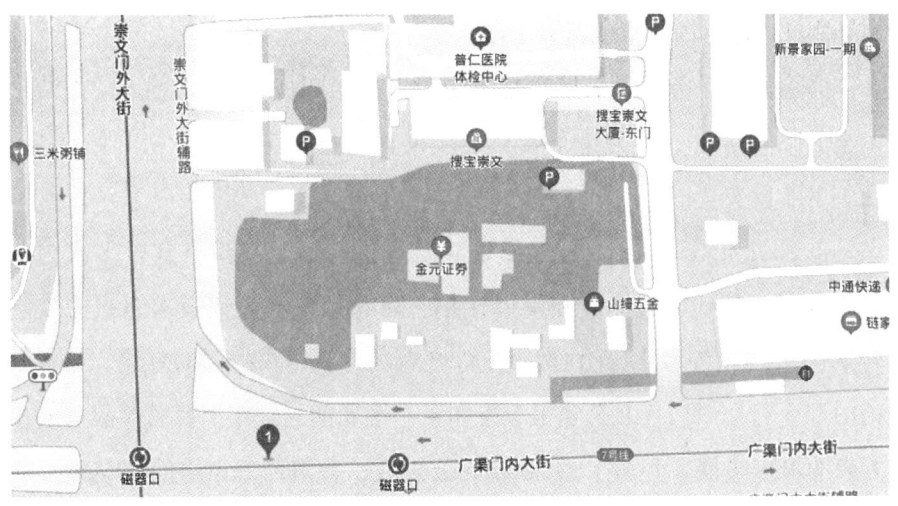

图十九　《北京城区街道图》局部

最明显的变化就是蒜市口这一标注名称的迁移和改变，也更进一步证实了蒜市口地方具有区域范围的广义性。在此前提下，关于曹家的十七间半的旧宅，也确实有了进一步研究考察的必要。

尽管如此，在未发掘到更多相关新材料之前，关于曹家蒜市口故居的具体位置，张书才先生所提出的"蒜市口16号院"的观点在曹学界仍占据主流地位。因此，笔者认为，考述曹家蒜市口故居的沿革不仅要关注蒜市口的历史，也不能忽略16号院的变迁。

自1991年到2019年，16号院经历了一个拆除又复建的过程。关于16号院拆除后易地复建的具体事宜，红建设在《蒜市口16号院房屋基础发掘纪实》一文中做了介绍："90年代末，因广安大街扩建改造提到议事日程，16号院面临拆除"；"有关部门同红学界多次论证16号院的存留问题，也曾设计了复原效果图。但是，几经反复，最终还是拆除后易地复建的意见占了上风。"[1] 也就是说，20世纪90年代末，关于蒜市口16号院的存留问题曾引发广泛讨论，最后有关方面决定异地重建。关于16号院拆除的具体过程，这篇文章也留下了记录：

拆除大致经历了三个月的时间：2000年10月初施工队进入院内清除私建的临时房屋；10月中下旬对房屋格局进行实测；11月初开始拆除；12月底拆除完毕。

自2001年蒜市口16号院原址建筑被拆除后，复建事宜曾多次为北京市市区的基础设施建设和发展让路，而北京市人大代表宋慰祖先生则自2006年以来连续12年在两会上呼吁曹雪芹蒜市口故居的复建。一直到2019年1月23日，《北京晚报》发布了一则新闻，介绍了曹雪芹故居复建工程的最新进展：经历了近20年的波折后，曹雪芹蒜市口故居易地复建

---

[1] 红建设《蒜市口16号院基础房屋发掘纪实》，《红楼梦学刊》2001年第3辑。

图二十　磁器口路口东北角远景　　　　图二十一　磁器口路口东北角近景

一事终于尘埃落定。[1]据这则新闻介绍，复建的故居地址选在磁器口路口东北角，并且复建工程将于2020年3月份完工。

笔者看到新闻报道之后，于2019年11月份前往工地做实地考察，发现其主体建筑已经大体复建完成，可以看出为一座清代三进四合院的雏形（图二十、二十一所示）。据现场的工作人员所说，故居将于2020年7月份完工，并预计在2021年开放参观，开放参观后的故居将作为红学和曹学对外交流的窗口。原蒜市口16号院是否是曹家老宅或许仍会争论下去；从文物保护的角度来说，16号院的拆毁无疑是一件很遗憾的事；有关部门能够在蒜市口16号院原址附近重建十七间半，为凭吊伟大的曹雪芹、弘扬中国传统文化提供一个重要的平台，其积极意义自不必赘言。

---

1 参考2019年1月23日《北京晚报》和2019年11月9日《北京日报》的两则新闻：1月23日《北京晚报》新闻网址 https：//baijiahao.baidu.com/s？id=1623438440056347660&wfr=spider&for=pc；11月9日《北京日报》新闻网址：https：//mbd.baidu.com/newspage/data/landingshare？pageType=1&isBdboxFrom=1&context=%7B%22nid%22%3A%22news_9595584777576731512%22%2C%22sourceFrom%22%3A%22bjh%22%7D&from=groupmessage&isappinstalled=0。

（二）石虎胡同右翼宗学

位于小石虎胡同的右翼宗学，是曹雪芹在北京"有据可查"的六处"遗迹"之一，其所据就是敦诚的《寄怀曹雪芹（霑）》一诗。

1957年，吴恩裕先生在《曹雪芹和右翼宗学——"虎门"考》一文中指出："敦诚在《寄怀曹雪芹（霑）》诗的'当时虎门数晨夕'一句中所用'虎门'一词意为宗学，且特指右翼宗学"，并在《懋斋诗抄》和《四松堂集》中找出了八条证据来论证这一观点，从而证实了曹雪芹确实曾在右翼宗学任职。[1]吴先生还在此文中根据口碑传说和文字材料进一步推断出了曹雪芹在右翼宗学任职的具体时间和工作内容。在这篇文章发表后，不仅"'虎门'一词特指'右翼宗学'"成为定论，文章中所论证的"曹雪芹曾在右翼宗学任职"这一说法也得到很多学者的认同。这是吴先生对曹雪芹生平经历研究所做出的重大贡献之一。

关于右翼宗学的具体位置，吴恩裕先生在《曹雪芹和右翼宗学——"虎门"考》一文中根据《宸垣识略》的相关资料，认为是在绒线胡同。1964年，周汝昌先生在其《曹雪芹》一书中说：

> ……朱一新《京师坊巷志稿》……宣武门大街条云："右翼宗学旧在瞻云坊北，今移绒线胡同。"按瞻云坊北，即指西单牌楼以北的石虎胡同。[2]

即周先生认为右翼宗学起先在西单牌楼以北的石虎胡同，后来才移至

---

[1] 吴恩裕《曹雪芹丛考》，上海古籍出版社，1980年，第80页。
[2] 周汝昌《曹雪芹》，作家出版社，1964年，第98页。

绒线胡同。

吴先生参考周汝昌的说法，在1972年对《曹雪芹和右翼宗学——"虎门"考》一文进行了修改，将"右翼宗学在绒线胡同"改为"小石虎胡同"。[1]因此，虽然吴恩裕先生最先对"右翼宗学地址"进行了考证，但将其落实为小石虎胡同则归功于周汝昌先生。

1992年，杨乃济先生发表了《右翼宗学遗址考辨》[2]一文。文章首先依据周汝昌《红楼梦新证》、吴恩裕《曹雪芹丛考》这两本书中收录的右翼宗学遗址照片进行实地查找，找出照片中的右翼宗学在1992年是中央民族学院附中的校舍。随后，杨先生通过对民院附中校舍的实地考察，又对照中国第一历史档案馆所藏的相关档案、地图和《乾隆京城全图》，进一步指出民院附中校舍其实是由两处独立的宅院组成，西边宅院应为乾隆朝的贝子绵德府，东边宅院至小石虎胡同东口可能是右翼宗学遗址。

1994年，中央民族大学附属中学的杨进铨老师发表了《蒙藏学校石虎胡同校址及其历史沿革考辨——兼考右翼宗学、松坡图书馆遗址》[3]一文。杨老师的文章主要是参考了杨乃济《右翼宗学遗址考辨》一文中的右翼宗学相关文字材料，对蒙藏学校遗址和右翼宗学遗址的关系进行溯本清源，详细考述了两处宅院的来龙去脉。并且，杨老师还在文章中对杨乃济未考实的"右翼宗学在小石虎胡同的位置问题"做了补充。据他所述，贝子绵德府隔壁的宅院就是右翼宗学，其根据是：这处院落在1949年时房屋为53间，如果加上第四进院和因糟朽拆除的房间，它就可以与《钦定八旗通

---

[1] 吴恩裕《曹雪芹丛考》，上海古籍出版社，1980年，第88页。
[2] 北京历史考古丛书编辑组编《北京文物与考古》，1983年，第178页。
[3] 杨进铨《蒙藏学校石虎胡同校址及其历史沿革考辨——兼考右翼宗学、松坡图书馆遗址》，《内蒙古大学学报》(哲学社会科学版)1994年第1期。

志》中对右翼宗学"共房八十八间"[1]的描述相吻合。

综合上述对右翼宗学相关研究成果的梳理，可以首先确定两点：其一，曹雪芹曾在右翼宗学任职；其二，右翼宗学遗址确在小石虎胡同。至于右翼宗学遗址在小石虎胡同的具体位置，笔者认同杨进铨老师的观点，即"它是贝子绵德府隔壁的宅院"。基于上述信息，笔者在下文对右翼宗学历史沿革的考述主要参考杨乃济先生和杨进铨老师的文章中所提供的相关材料，将右翼宗学时至今日的发展变迁分时段加以说明。

宗学指的是清朝的官学之一，是清政府为爱新觉罗氏近支宗室子弟所设立的学校。据《钦定八旗通志》中载，"右翼宗学于雍正三年（1725）初设在西单牌楼北口石虎胡同，共房八十八间"[2]，因此，笔者将雍正三年（1725）作为论述它历史沿革的首端，大致分为三个时期：雍正三年（1725）至1911年以前、民国时期、1949年后至今。

雍正三年（1725）清政府设立右翼宗学，其位置在西单牌楼北口石虎胡同。乾隆十九年（1754），"右翼宗学……移于绒线胡同内板桥巡东……"[3]。由此可知，右翼宗学在雍正三年（1725）至乾隆十九年（1754）间是位于小石虎胡同内，乾隆十九年搬迁至绒线胡同。在此之后，杨乃济先生在乾隆时期的《内务府奏案》中查找到了一条有关此地的记载："总管内务府谨奏，为请旨事。乾隆二十一年六月廿四日内阁奉旨：交内务府于内城官房中查一所赏给裘曰修居住……现有宣武门内石虎胡同宗学，因糟朽破坏交回房一所，计八十六间。若通融粘补收拾，可以得住房四五十

---

1 （清）《钦定八旗通志》（卷一百十五），乾隆五十一年奉敕，第3753页。
2 （清）《钦定八旗通志》（卷一百十五），乾隆五十一年奉敕，第3753页。
3 北京历史考古丛书编辑组编《北京文物与考古》，1983年，第178页。

间……奉旨：着将石虎胡同间赏给，钦此。"¹ 从此则史料可以得知两个讯息：其一，乾隆二十一年（1756）这处宅院被变更为裘曰修的府邸；其二，从乾隆十九年（1754）到乾隆二十一年（1756）此地应该是无人居住的。因奏折中提及"因糟朽破坏"，按照常理推断，应是在乾隆十九年（1754）右翼宗学搬走后这个院落两年时间无人居住看管所致。除《内务府奏案》以外，纪昀的《阅微草堂笔记》中也有关于"右翼宗学变更为裘曰修宅邸"一事的记载："裘文达公赐第，在宣武门内石虎胡同。文达之前，为右翼宗学。"² 纪昀和裘曰修同为《四库全书》的编修人员，其所言应为不虚。至于裘曰修在此处住了多久，杨先生文中所提供的一则《内务府奏案》中的史料可以为证，据奏折记载："乾隆五十四年十二月初二日，遵旨查得历年赏给汉大臣等居住房间，有伊子孙居住者八处，并无子孙居住者五处……谨分缮清单，恭呈御览。……奉旨：不必撤回，着仍赏给居住，钦此。"在这份清单中："赏给裘曰修石虎胡同房86间，现系伊孙国子监学正裘元复居住"。³ 由此可知，乾隆五十四年（1789）这里仍然是裘家府邸。而关于这处宅院在乾隆五十四年（1789）后到1994年间的变迁，笔者主要参考了杨进铨的考证：裘家人在此处住了80多年，直到道光年间裘氏后人将此处宅院转卖给潘氏，潘家成为这处宅院在裘家之后直至光绪宣统年间的归属者。光绪宣统年间，这处宅院被清政府收归公有，虽有在此建立海军部的计划，但并未实施，这处院落在民国前都是归清政府管辖。

民国时期，这处宅院被多次转手。最初，这处院落从清政府手中被移交至民国政府手中，划归为石虎胡同7号院。而后，7号院成为立宪派人

---

1 北京历史考古丛书编辑组编《北京文物与考古》，1983年，第183页。
2（清）纪昀《阅微草堂笔记》，嘉庆五年北平盛氏望益书屋刻本，第311页。
3 北京历史考古丛书编辑组编《北京文物与考古》，1983年，第183页。

物汤化龙的宅邸。也是在他入住后，这处宅院有了"凶宅"之名，原因是汤化龙之友在此猝死，而他本人也是 1918 年被刺杀后身亡。这当然是迷信思想在作祟，但他的家人却因此搬离。这处院落随后充公作为财政部金融学会的办公处。1923 年，梁启超在此处创办松坡图书馆第二馆。之所以称为第二馆，因为梁启超认为北洋政府拨给他的北海快雪堂地方太小，不敷使用，故称快雪堂为第一馆，用以储存中文书籍，将石虎胡同这处馆地作为第二馆，用来储存外文书籍。此处成为松坡图书馆第二馆后，徐志摩曾在此工作并居住。并且，徐志摩还为此处写过一首名为《石虎胡同七号》的诗，他组织创办的新月社也与此处有交集。松坡图书馆第二馆在当时的藏书量是十分可观的，鲁迅、郁达夫等人都经常出入此处。但是，梁启超在 1929 年去世后，松坡图书馆第二馆逐渐没落，只好将第二馆与第一馆合并，第二馆也从石虎胡同搬去了快雪堂。直至 1931 年，蒙藏学校从松坡图书馆手中将此处买下作为校舍。蒙藏学校购买此处院落的原因与院落隔壁的另一处院子直接相关。院落隔壁的另一处院子在民国时期被收归公产时定为石虎胡同八号院。而根据《蒙藏学校档案》所载，"蒙藏学校创办于 1913 年，其校址原是在西安门西南角的孙家花园，在 1916 年因孙家花园地方狭小而迁至石虎胡同八号院，与右翼宗学石虎胡同 7 号院一墙之隔"[1]。在 1931 年，蒙藏学校又"购东隔壁（石虎胡同七号）松坡图书馆合并校内，所有学生班次迭经变更"[2]。因此，石虎胡同 7 号院右翼宗学遗址在 1931 年后变成了蒙藏学校校园的一部分，直至 1949 年后。

---

[1] 田琳、于布仁巴雅尔编《中央民族大学附属中学校史述略》，中央民族大学出版社，2008 年，第 70 页。
[2] 田琳、于布仁巴雅尔编《中央民族大学附属中学校史述略》，中央民族大学出版社，2008 年，第 81 页。

一　曹雪芹在北京的"遗迹"考述

1949年后，蒙藏学校被改为中央民族学院附中。关于蒙藏学校的历史以及变更为中央民族学院附中的时间，在《中央民族大学附属中学校史述略》中都有确切记载："1951年6月，改为中央民族学院附中。"[1]蒙藏学校作为中央民族大学附属中学的前身，其校史所载应为可靠。在中央民族大学附中1987年搬迁之前，右翼宗学遗址石虎胡同7号院一直属于中央民族大学附属中学校区。1988年，为了解决就业问题，在两处院落旧宅基础上搭建临时房办起了民族大世界服装市场。直至2001年，北京市文物局将两处院落旧宅列为文物保护单位。2006年，这里又被列为全国重点文物保护单位，北京市文物局和消防局为保护古建筑，要求民族大世界服装市场拆除临危建筑，但这次文保行动并未真正得以实施。直到2013年，商场才真正关闭，并开始了文物保护修缮工作。也正是因为民族大世界商场的开办，石虎胡同右翼宗学遗址中的古建筑遭受了极大程度的破坏。笔者田野调查时发现，小石虎胡同犹在，现如今这处遗迹却被西单各大商场包围着。7号院和八号院都是被围起来的状态，询问相关人员称仍在修缮古建筑无法进入，只能从天桥上窥得右翼宗学遗址是位于东边的相对于蒙藏学校遗址比较小的一处院落。希望文物局能够早日完成修复工作，使7号院这处曹雪芹曾工作过的地方得以重见天日。

综上所述，笔者制成了以下表格以清晰列出石虎胡同7号院的历史沿革：

表1　右翼宗学遗址石虎胡同7号院的发展变迁

时间	发展变迁
雍正三年至乾隆十九年（1725—1754）	右翼宗学
乾隆二十一年（1756）至道光二十年前后（1756—1840前后）	裘曰修府邸

---

[1] 田琳、于布仁巴雅尔编《中央民族大学附属中学校史述略》，中央民族大学出版社，2008年版，第82页。

(续表)

时间	发展变迁
道光二十年前后至光绪宣统年间（1841—1900）	安徽潘家居住
光绪宣统年间至1912年前	收归清政府
1912—1918	汤化龙府邸
1918—1923	收归"民国"政府
1923—1931	松坡图书馆第二馆
1931—1956	蒙藏学校
1956—1987	中央民族大学附属中学
1988—2013	民族大世界商场
2013至今	被文物局圈围进行修缮

附：笔者田野调查所观察到的右翼宗学遗址实景图（图二十二、二十三，摄于2019年2月25日）

图二十二 石虎胡同八号院　　　图二十三 石虎胡同八号院东侧院落相对较小的右翼宗学遗址

（三）正白旗39号院

1971年，正白旗39号院（原38号）的题壁诗文一经发现就引发了诸多学者和红迷的兴趣，并引发了旷日持久的论争。有关"正白旗39号院是否为曹雪芹香山故居"的论争笔者将另外撰文介绍，这里主要梳理该房子的历史沿革，大致可分为三个阶段：营房时期；舒家住宅时期；曹雪芹纪念馆时期。

第一阶段，营房时期。首先，笔者在梳理相关研究成果后发现，学界关于"39号院的建造时间"这一问题有三个不同说法：

一说认为39号院始建于乾隆十四年（1748）以后。这一说法的依据是"乾隆皇帝在1748年平定金川之役后下令在香山脚下专设健锐营"[1]。根据健锐营的设立时间及其在静宜园两侧向左右两方向伸展的布局，39号院应为乾隆十四年（1748）以后建造的健锐营营房。

另一说认为39号院建于雍正十三年（1735）以前。这一说法是舒成勋先生提出的，他认为39号院是雍正时期建造的八旗护军营房，健锐营其实是和八旗护军合并了。

而在2019年，胡铁岩先生又对这一问题提出了新见解，此即第三种说法。他在《〈清宫内务府奏案〉中健锐营营房建造史料简识——兼谈健锐营正白旗39号"老屋"与曹雪芹关系问题》一文中指出："根据2015年出版的《清宫内务府奏案》中关于健锐营早期建造的新资料可知：健锐营营房并非一次性建造完成的，而是由内务府分时间、分地段逐步建造起来的。乾隆十四年在实胜寺附近为云梯兵建造营房一千间；乾隆十八年又在红石山一带建造营房2000间；而乾隆二十八年为八旗护卫所建造的3000余间营房地点并不明确，或应包括现今北京植物园一带的健锐营正白旗营房在内。所以，39号院的建造时间上限应当不早于乾隆二十八年。"[2]

---

[1] 柳茂坤《清朝健锐营概述》，《历史档案》1999年第4期。
[2] 胡铁岩《〈清宫内务府奏案〉中健锐营营房建造史料简识——兼谈健锐营正白旗39号"老屋"与曹雪芹关系问题》，《内江师范学院学报》2019年第7期。

值得肯定的是，胡先生所发现的《清宫内务府奏案》中的关于健锐营营房建造的新资料确实补充了"健锐营营房建造时间"问题研究上的一些空白。因此，笔者比较同意胡先生根据新资料所提出的"健锐营营房并非一次性建造完成的，而是由内务府分时间、分地段逐步建造起来的"[1]的观点。但是，根据胡先生文章所述，这一批新资料中并未记载乾隆二十八年（1763）所建的第三批健锐营营房的确切地点，因此并不能够确实判定 39 号院是乾隆二十八年（1763）新建的第三批健锐营营房。并且，假如题壁诗的丙寅纪年为乾隆十一年（1746）可信，则 39 号院始建于乾隆二十八年（1763）以后明显与此相矛盾。所以，胡先生所提出的"39 号院的建造时间上限不早于乾隆二十八年"的观点值得商榷，只能说 39 号院作为健锐营正白旗营房的时间上限应当不早于乾隆二十八年（1763）。

而对于舒成勋先生所提出的"39 号院是雍正时期建造的八旗护军营房，健锐营其实是和八旗护军合并了"的观点，笔者认为：健锐营是否与八旗护军合并尚且存疑，但是 39 号院建造于健锐营创设以前是完全有可能的。因为据乾隆《静宜园记》所载："昔我皇祖于西山名胜古刹……率建行宫数宇于佛殿侧……"[2] 可知香山自康熙时期就设有行宫。正如胡德平先生所说："香山行宫从康熙、雍正直到乾隆改名静宜园以前，一直没有废弃，这样一所重要的行宫，四周没有护军保卫简直是不能想象的，也是不合清朝制度的。"[3] 香山行宫周围在未创设健锐营之前应当就有护军，那么在健锐营创设之前此地已有护军营房是完全可能的。

---

1 胡铁岩《〈清宫内务府奏案〉中健锐营营房建造史料简识——兼谈健锐营正白旗 39 号"老屋"与曹雪芹关系问题》，《内江师范学院学报》2019 年第 7 期。
2 香山公园管理处编《清·乾隆皇帝咏香山静宜园御制诗》，中国工人出版社，2008 年，第 512 页。
3 胡德平《香山曹雪芹故居所在的研讨》，《红楼梦学刊》1982 年第 2 辑。

一　曹雪芹在北京的"遗迹"考述

综合以上所述，39号院在营房时期的历史应当是分为护军营房和健锐营营房两个阶段，而它由护军营房变更为健锐营营房的时间可能是在乾隆二十八年（1763）第三批健锐营营房建造时，并且39号院在这两个阶段的具体历史沿革皆模糊不清。假如此处为曹雪芹故居可信，则只能推测曹雪芹应该是在护军营房阶段迁入此居，并在此处继续写作《红楼梦》。

第二阶段，舒家住宅时期。健锐营创设于乾隆十四年（1749），乾嘉时期是其鼎盛期，后随着清朝政府的衰亡而衰亡，它在乾隆朝至清朝灭亡前都一直存在。因此，虽然这处院落在舒家人迁入之后为舒家住宅，但它仍然是属于健锐营的。舒家人在此住了五代，直到1971年题壁诗被发现。关于题壁诗的发现，舒成勋、胡德平两位先生合著的《曹雪芹在西山》一书有比较详细的介绍：

> 当时的屋主舒家第五代人舒成勋的妻子陈燕秀在搬动其西屋内的床时不小心用床板上的铁钩把西墙的墙皮碰掉了，然后发现了剥落墙皮内还有一层墙皮，并且存有字迹。[1]

于是舒成勋先生就让侄子拍照后反映给街道办，随后题壁诗被北京文物管理处揭走，并迅速吸引了社会各界人士的关注。

第三阶段，曹雪芹纪念馆时期。20世纪80年代，在胡德平先生的呼

---

[1] 舒成勋、胡德平《曹雪芹在西山》，文化艺术出版社，1984年，第66页。值得注意的是，吴恩裕先生所说题壁诗发现过程细节有所不同。吴先生在《曹雪芹在北京西郊的居处》一文中说："1971年舒君因修单独那间的西壁，拆墙时发现有复壁，壁上有诗文"；从1972年到1977年，吴恩裕曾多次访问舒成勋，舒成勋认为他的那四间房子就是曹雪芹当日在正白旗的居处，"他的主要根据是他修房拆墙时发现写在复墙上的一些诗句"。见吴恩裕《曹雪芹丛考》，上海古籍出版社，1980年，第119、126页。

吁下，在39号院始建曹雪芹纪念馆。1984年，曹雪芹纪念馆在这处宅院开馆，身为曹雪芹故居的正白旗39号院也找到了它的当代归宿。

综上所述，笔者制作了正白旗39号院历史沿革表。

表2 正白旗39号院历史沿革表

时间	发展变迁	
？至乾隆二十八年（1763）存疑	营房时期	护军营房
乾隆二十八年至乾嘉之际（1726—1820）		健锐营营房
乾嘉之际—1971年（发现题壁诗）—20世纪80年代始建曹雪芹纪念馆	舒家住宅	
1982年至今	曹雪芹纪念馆	

（四）"白家疃"

将白家疃作为曹雪芹从正白旗39号院搬迁后的故居所在地，其实是存有诸多疑点和争议的。但是既然本文论述的中心是曹雪芹在北京的相关"遗迹"，白家疃作为北京西郊的一处与曹雪芹相关的地方，必定存在一些"遗迹"。因此，将"白家疃"列为一小节纳入全文是非常必要的。不过，需要特别说明的是，此节所用"白家疃"之名并不是指白家疃这个村落是曹雪芹在北京的"遗迹"，而是指白家疃村内所存有的曹雪芹相关"遗迹"。

关于"白家疃是否存有曹雪芹故居"问题的争论，其实就是关于"《废艺斋集稿》的真伪"问题的论争。曹雪芹曾移居白家疃一事记载于《废艺斋集稿》第二册敦敏的《瓶湖懋斋记盛》（《南鹞北鸢考工志》附录）中，文中云："春间芹圃曾过舍以告，将徙居白家疃。"[1] 这是一条孤证，那么寄希望于此条孤证来夯实白家疃存有曹雪芹故居这一结论，首先就要证明记

---
[1] 吴恩裕《曹雪芹佚著浅探》，天津人民出版社，1979年，第251页。

载此事的《废艺斋集稿》并非伪书。

然而自 1973 年吴恩裕先生发表《曹雪芹的佚著和传记材料的发现》[1]一文来介绍他从孔祥泽处发现的一些关于曹雪芹的"新材料"（包括《南鹞北鸢考工志》在内的部分《废艺斋集稿》）后，曹学界就开始了对此书是否为曹雪芹佚著的论争。论争主要分为两派：以吴恩裕先生为代表的肯定派和以陈毓罴、刘世德先生为代表的辨伪派。《废艺斋集稿》的真伪问题也成为论辩 40 多年的又一桩曹学界公案。关于这桩公案形成的具体过程，笔者在本书中另有主题梳理、辨析，本节的论述重点在于白家疃现存与曹雪芹相关的"遗迹"的沿革。

随着科学技术的发展，对"《废艺斋集稿》真伪问题"的研究也得到了一定的推进。2008 年，文检专家李虹曾对《南鹞北鸢考工志》、题壁诗和书箱五行书目的"曹雪芹书法笔迹"做过鉴定，认为都是一人所书。以及最近黄一农教授也试图用大数据证明《废艺斋集稿》并非作伪。因此，笔者认为《废艺斋集稿》的真伪问题一定会在未来得以解决。而在这一问题没有得到确实解决之前，不妨以宁信其有的眼光来看待曹雪芹曾移居白家疃一事，以保护的方法来对待白家疃处的曹雪芹相关"遗迹"的存在。所以笔者在本节的立场是在假设《废艺斋集稿》为真的前提下，论述白家疃现存的曹雪芹相关"遗迹"的历史沿革。

首先，白家疃是位于北京西郊的一个面积较大的村落，并且是一个有着悠久历史的古村落。据赤飞在《曹雪芹与白家疃》一书中所考，它除了名为白家疃外，还有"白家滩、白家潭"[2]两个名字。白家疃处的曹雪芹故居已无存，并且仅依据《瓶湖懋斋记盛》中所存孤证，它的具体位置也无

---

[1] 吴恩裕《曹雪芹佚著浅探》，天津人民出版社，1979 年，第 239 页。
[2] 赤飞《曹雪芹与白家疃》，新华出版社，2008 年，第 347 页。

法考实。

　　按照《瓶湖懋斋记盛》中所载和相关传说所言，村内存有六处与曹雪芹相关的遗迹：小石桥、空空庙、香炉峰、贤王祠、曹雪芹小道和小花栏。然而，笔者在查找这六处遗迹相关资料后发现，空空庙、香炉峰这两处遗迹与曹雪芹之间的相关性完全是以《红楼梦》为依据的，即将《红楼梦》中的空空道人和空空庙联系起来，将香炉峰和《红楼梦》里"大观园试才题对额，荣国府归省庆元宵"这一回中的"赛香炉"[1]一词联系起来。其实，在吴恩裕先生未发现《废艺斋集稿》之前，空空庙并未有空空庙之名，"赛香炉"的"香炉"也不是指北京白家疃地区的香炉峰。很显然，这种相关性很大程度上是当地居民在听闻曹雪芹住过白家疃这一消息后的主观臆测。此外，小花栏之所以与曹雪芹相关，是因为有传言说曹雪芹死后曾葬于此地，但是这一传说没有任何材料支撑，同时也与张家湾地区发掘出的曹雪芹墓石相矛盾。而曹雪芹小道，指的是白家疃到香山的一条山路，传说曹雪芹曾通过这条山路从香山到白家疃为白家疃村民治病。传说纵然有可取之处，但在没有其他材料来相互论证的情形下，它的真实度是需要考量的。

　　所以，上述四处曹雪芹"遗迹"的可信度均只能存疑。因此，笔者仅对小石桥、贤王祠这两处"遗迹"进行具体考述。

　　《瓶湖懋斋记盛》中除了记载曹雪芹徙居至白家疃，还讲述了曹雪芹徙居之处的大致方位，即"越〈石〉桥〈再南折〉"[2]，很巧的是白家疃村内确有一座古石桥（村内人称之为小石桥）。小石桥是一座以花岗岩石条搭建

---

1 （清）曹雪芹《红楼梦》，人民文学出版社，2018年，第219页。
2 吴恩裕《曹雪芹佚著浅探》，天津人民出版社，1979年，第251页。值得注意的是，吴恩裕先生最初抄写补录《瓶湖懋斋记盛》残文时，就是将此句补为"越〈石〉桥〈再南折〉"，后来学者引用时也有写为"越石桥乃达"的，这里引用的是吴恩裕先生最初的补录。

一　曹雪芹在北京的"遗迹"考述

而成的架在温泉河支流上的石桥，其位置在白家疃村西，与贤王祠相邻近。据白家疃村内的老人言，它已经有几百年的历史了，但是具体修筑于哪一年已不可考。小石桥的历史几乎找不到书面材料，一直以来只能从村内老

图二十四　白家疃小石桥

人的口头得知一些简略的信息。其实主要原因也很容易理解，就是在没有发现《废艺斋集稿》之前，白家疃只是北京西郊一个偏僻的村庄，并没有人重视这个地方，更不要说村里的一座普通石桥了。但是在白家疃与曹雪芹产生关联后，小石桥一下成为判定曹雪芹白家疃故居的标记物，其重要性当然是不可同日而语了。旧时小石桥的宽度应该是可以过马车的，但小石桥的跨度并不大，应为"中间有一桥墩的两孔桥"[1]。在过去河水充盈时，"要上几节石台阶才能到石桥上"[2]，但是随着河水的干涸，小石桥逐渐被弃用，以至于村民将其石条运走建房，现今只留下几块石条（图二十四）。

白家疃村内的贤王祠指的是清代怡亲王胤祥的祠堂。胤祥是康熙皇帝第十三子，因与胤禛关系亲厚而在胤禛登基后受其重用，是雍正朝非常有作为的一位亲王，而白家疃的贤王祠其实是他生前的别墅改建而成。

贤王祠之所以与曹雪芹产生联系，主要是依据曹頫与怡亲王、《红楼梦》己卯本与怡亲王府以及曹雪芹与白家疃之间的关系做出的推测。

在雍正二年（1724）"江宁织造曹頫请安折"中，雍正皇帝对曹頫批示：

---

[1] 赤飞《曹雪芹与白家疃》，新华出版社，2008年，第58页。
[2] 梁欣立《北京古桥》，北京图书馆出版社，2007年，第174页。

"若有人恐吓诈你，不妨你就求问怡亲王，况王子甚疼怜你，所以朕将你交与王子……"[1]这则材料中所说的"王子甚疼怜你"说明曹頫与怡亲王之间有比较好的交情。而且经吴恩裕先生等人的考证，《红楼梦》己卯本出自怡亲王府已毋庸置疑。这二者结合来看，可以说曹家和怡亲王府之间的关系并不寻常。曹雪芹移居白家疃的原因是否与怡亲王或怡亲王府相关暂且撇开不谈，按照常理来讲，曹雪芹在移居白家疃后，与贤王祠肯定会产生某种感情上或者生活中的联系，从这个意义说，贤王祠也可以作为凭吊曹雪芹的"遗迹"来看待。

贤王祠的历史要从贤王与雍正皇帝的关系讲起。上文已提及二人关系亲厚，胤祥在雍正皇帝登基后受到重用，做出了诸多政绩，其中一项就是总理水利营田事务，包括负责治理京畿水利，而白家疃就是他曾兴修水利之处。应该是由于这一渊源，胤祥后来在白家疃修建自家别墅。但是别墅尚未修成，胤祥就在雍正八年（1730）因病离世。

而后，据雍正八年（1730）六月谕旨所载："从前怡亲王常在朕前奏称，白家疃一带居民忠厚善良，深知感激朝廷教养之恩。今王仙逝，而彼地居民人等感念王之恩德，欲自备资本建立祠宇岁时致祭，舆情恳切足徵王之遗爱在人……"[2]可知白家疃一带村民在胤祥离世后因感念其恩德而去自费修筑祠堂，这也是贤王祠得以修筑的缘由。但是贤王祠并不是重新修筑的，而是将未完工的怡亲王别墅改建的，在雍正十年（1732）建成后因胤祥谥号为"贤"而被命名为贤王祠。

其实出于与雍正皇帝的特殊关系，胤祥曾到访过的诸多地方都有修筑

---

1 朱一玄《〈红楼梦〉资料汇编》，南开大学出版社，1985年，第17页。
2 中国第一历史档案馆编《雍正朝汉文谕旨汇编》第8册《上谕内阁》，广西师范大学出版社，1999年，第139页。

贤王祠，但是在乾隆帝登基后，除北京白家疃外，其他地方的贤王祠都被改为关帝庙，白家疃处的贤王祠是保存最为完好的一处。1950年，"香山静宜友学曾搬迁到贤王祠内，后贤王祠又改为白家疃小学"[1]。在70年代吴恩裕

图二十五 白家疃贤王祠

先生发现《废艺斋集稿》后，白家疃从默默无名一跃成为曹雪芹的居住地，贤王祠也得到了社会各界更多的关注，在80年代初被确定为海淀区区级重点文物保护单位，从而得到了政府组织的修缮。如今修缮过的贤王祠仍然为海淀区白家疃小学院内的一部分，有着和克勤郡王府非常相似的命运（图二十五）。

（五）克勤郡王府

在雍正五年（1727）被抄家后，重返京城的曹家，其经济条件与昔日金陵曹家之钟鸣鼎食当然不可同日而语。在这种情形下，曹家要凭一己之力在京城度日，显然很艰难。但是，曹家在京城有一门非常显赫的姻亲——平郡王纳尔苏家。

据《江宁织造曹寅奏王子迎娶情形折》[2]所载，曹雪芹的姑母曹佳氏应该是在康熙四十五年（1706）十一月与平郡王纳尔苏完婚。那么，在曹家

---

[1] 赤飞《曹雪芹与白家疃》，新华出版社，2008年，第62页。
[2] 故宫博物院明清档案部编《关于江宁织造曹家档案史料》，中华书局，1975年，第45页。

落魄归京后，平郡王府家必然会给予一定的帮助，而平郡王府也应该是曹雪芹来往走访的地方。

在《关于江宁织造曹家档案史料》中，存有关于绥赫德钻营老平郡王一案的奏折。这则奏折中有一句话，可以作为上述推断的例证。绥赫德的儿子富璋在绥赫德卷入钻营案后也被传讯，他在供言中说："从前曹家人往老平郡王家行走……"[1]这则史料足以证明曹家返京后确实与平郡王府保持着联系，而曹雪芹作为曹頫入狱后家中的男丁，往来平郡王府寻求帮助更是理所当然的事。

此外，笔者在田野调查的过程中发现：位于西单小石虎胡同的右翼宗学和平郡王府之间距离并不远，步行只需要十五分钟左右。那么，曹雪芹在右翼宗学当值期间完全有可能常到自己姑母家去。因此，平郡王府可以作为是曹雪芹在北京的相关"遗迹"之一。

平郡王纳尔苏的高祖是克勤郡王岳托。顺治八年（1651），纳尔苏的祖父罗克铎袭爵后改封号为平，乾隆四十三年（1778），纳尔苏的孙子庆恒袭爵后又将号改回克勤，因此平郡王府又称克勤郡王府。

在乾隆年间，此府位于北京西城的铁匠胡同南侧，现今在西城区新文化街53号，其地理方位自乾隆年间至今并未发生变化。联系清代王府的世袭制度，这也在情理之中。郡王府的地理方位虽然不变，但是在历史车轮的碾压下，王府的归属人却随着时间变迁而发生了一些改变。

在清王室覆亡之前，这处府邸一直归克勤郡王世系子弟所有。在辛亥革命后，清王室荡然无存，最后一个克勤郡王昱森就将府邸变卖给熊希龄。邓之诚《骨董琐记》中载："克勤郡王府为熊希龄所得"[2]，并且，现今

---

[1] 故宫博物院明清档案部编《关于江宁织造曹家档案史料》，中华书局，1975年，第195页。
[2] 邓之诚《骨董琐记全编》，生活·读书·新知三联书店，1955年，第101页。

图二十六 府内记载熊希龄捐献事宜的石碑

图二十七 现今的克勤郡王府

院内仍存有关于1932年熊先生将府邸捐献给北京救济会一事的石碑（图二十六）。由此可知两条讯息：其一，可以确定王府在1911年至1932年为熊希龄故居；其二，熊希龄的接手和转赠在一定程度上保护了王府的古建筑。然而遗憾的是，院内的古建筑在"文化大革命"期间还是遭到了很大的破坏：建筑内房梁糟朽，墙体变形，墙壁外侧斑驳，兽件也被盗取得差不多了，离昔日王府建筑原貌已相去甚远。直至1984年，克勤郡王府被北京市列为重点保护文物单位，并聘请故宫老专家在现场指导，将其遭受破坏的古建筑进行了完整修缮。现今，修缮过的克勤郡王府基本恢复了原有风貌，被北京市第二实验小学作为校舍使用（图二十七）。

（六）槐园

敦氏两兄弟作为曹雪芹的挚友，两人的诗文集中都存有一些研究曹雪芹生平经历的重要材料。西园和槐园是敦氏两兄弟的私园，西园为敦诚所有，槐园为敦敏所有。其实从以往的研究来看，两处园子与曹雪芹的相关性都已被诸多学者考察过。但此处只提槐园不提西园，原因有二：一是即使西园与曹雪芹相关，也没有夯实的证据来证明曹雪芹到访过此处；二是西园的位置信息已无从考证，更不用说考述它的历史沿革了。因此，这里只介绍槐园的情况。

槐园之所以是六处"有据可查"的曹雪芹北京相关"遗迹"之一，其例证存于敦诚《佩刀质酒歌》的题注之中。

敦诚《佩刀质酒歌》题注云："秋晓，遇雪芹于槐园……"这则材料中明确指出敦诚曾在槐园遇见过曹雪芹。虽然现有材料还不能够将曹雪芹至槐园的具体时间、次数和事由考实，但是依照敦氏兄弟和曹雪芹私交之亲密程度，可以推断出曹雪芹生前应该是不止一次到访过槐园。

关于槐园的位置，能够从敦氏兄弟的诗文集中找到一则简略的信息。敦诚的《四松堂集》中，《山月对酒有怀子明先生》诗末注云："兄家槐园在太平湖侧。"[1] 敦敏是敦诚的哥哥，敦诚对自家兄长的园子的记载，应为属实。

但要将其位置信息落于实处，还存有两个问题。其一是太平湖的具体位置在哪里，其二是"在太平湖侧"是哪一侧。这两个问题都必须通过《乾隆京城全图》来寻找答案。

1（清）爱新觉罗·敦敏、爱新觉罗·敦诚《懋斋诗抄 四松堂集》，上海古籍出版社，1984年，第177页。

图二十八 《乾隆京城全图》太平湖局部图缩小版

经笔者在《乾隆京城全图》中查找，太平湖位于北京城内的西南角，如图二十八、二十九所示。而且通过这两张地图，很明显可以看到，太平湖侧的建筑主要集中在东侧。将《乾隆京城全图》绘制的时间结合槐园建造的时间和具体情况，应该可以大致判断出槐园是否在东侧建筑群内。

槐园为敦氏兄弟之父瑚玎"予告后于城西第所筑园亭"[1]。值得注意的是，"予告后于城西第所筑园亭"这则材料包含两个重要讯息：一是槐园是瑚玎告老退休后建造的；二是槐园是在原有城西府邸中建造的园子。

从第一个讯息来看，瑚玎的告老时间应该就是槐园建造的大概时间。而在敦诚的《四松堂集》中存有一文，载道："昔先公与寓斋、兰谷二公

---

[1]（清）爱新觉罗·敦敏、爱新觉罗·敦诚《懋斋诗抄 四松堂集》，上海古籍出版社，1984年，第424页。

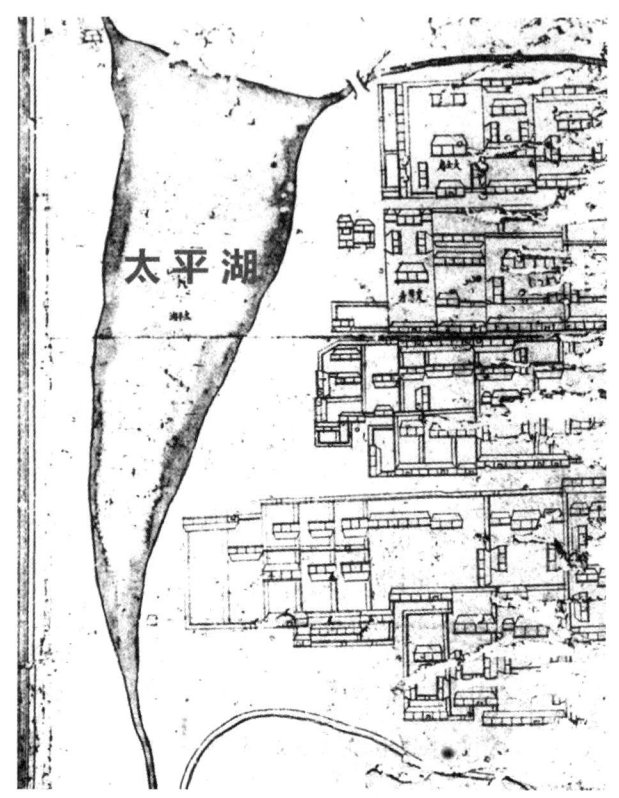

图二十九 《乾隆京城全图》太平湖局部图放大版

为道义之交,及己卯先公予告后……"此处所云之"己卯"应为乾隆己卯年,是为乾隆二十四年(1759)。可见瑚玘是在乾隆二十四年退休回家养老,那么槐园也应该是建于乾隆二十四年(1759)后。而《乾隆京城全图》是在乾隆十五年(1750)就已经绘制完成了。槐园的建造时间显然不在《京城全图》绘制时间内。

但是上述材料中所含纳的第二个讯息可以提供一个新的思路:既然槐园是在敦家原有城西府邸中建造的园子,尽管槐园的建造在《乾隆京城全图》的绘制完成后,但是敦家城西的住宅却有很大的可能在《乾隆京城全图》绘制时间内已经存在了。通过上述推断，笔者认为槐园十分可能是在太平湖之东侧的建筑群内，但其具体位置仍然无法考实。

综上所述，太平湖东显然是考证槐园遗址的重要标记点，而太平湖东现今为中央音乐学院的校园，也许校园中的某地就曾是曹雪芹到访过的槐园吧。

结语

综上所述，笔者比较详细地梳理了蒜市口十七间半、石虎胡同右翼宗学、香山正白旗38号、"白家疃"、克勤郡王府、槐园等六处曹雪芹"遗迹"的历史沿革，希望对厘清曹学的相关问题起到辅助作用。概括来说，本文的要点如下：

在以往的研究成果中，"蒜市口地方"多被当作一条狭义的街道，新近研究显示，乾隆年间的"蒜市口地方"应该是指一个广义的区域。笔者将最新查找到的乾隆年间的《京师全图》和学界已经熟悉的《乾隆京城全图》进行对比，强化了"蒜市口地方"指包括蒜市口街在内的广义的行政区域这一观点。除此以外，它从乾隆朝至今的沿革变迁在历代的北京市地图上有直观地反映。因此，曹家蒜市口十七间半旧宅遗址有进一步研究和考察的必要。而且，正因为蒜市口指向一个行政区域，所以尽管十七间半原址不能确定，蒜市口这片行政区域却一定是曹雪芹生活过的地方。由此看来，不论拆除前的蒜市口16号院，还是易址重建的曹雪芹蒜市口故居，对于曹雪芹的生平经历研究都具有积极意义。

右翼宗学的变迁包含丰富的历史信息，它不仅仅是曹雪芹相关"遗迹"，还曾是裘曰修故居、松坡图书馆第二馆旧址和中央民族大学附中的前身——蒙藏学校的校舍。

正白旗39号院（原38号）建造于何时一直是一个存在争议的问题，笔者在梳理相关材料后认为，正白旗39号院应该是建造于乾隆十四年（1749）前的健锐营营房。在此基础上，39号院的历史沿革主要可分为营房时期、舒家住宅时期和曹雪芹纪念馆时期这三个阶段。39号院在乾隆二十八年（1763）前是护军营房，乾隆二十八年后至乾嘉之际（1736—1820）为健锐营营房，乾嘉之际到20世纪80年代建立曹雪芹纪念馆前都是舒家住宅，1982年后至今为曹雪芹纪念馆的一部分。

说白家疃村存在有曹雪芹"遗迹"，主要是依据《废艺斋集稿》中的一则材料。然而相较于其他五处"遗迹"所找到的具有说服力的材料而言，《废艺斋集稿》的真伪问题尚存争议。笔者对白家疃村落内的曹雪芹相关"遗迹"的考述，都是在假设《废艺斋集稿》为真的前提下进行的。而关于白家疃村内所存有小石桥和贤王祠这两处"有据可查"的曹雪芹相关"遗迹"的具体情况是：小石桥今日只留下几块石条；贤王祠则被改造为白家疃小学（图三十）。

克勤郡王府在清代一直是王室府邸，清朝灭亡后，最后一个克勤郡王昱森将其变卖给熊希龄。熊希龄接手后又转赠给北京救济会。今日的克勤郡王府是北京市第

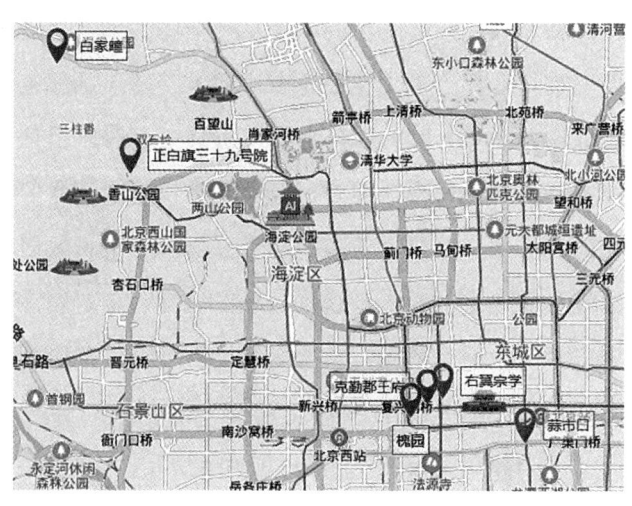

图三十　曹雪芹北京相关"遗迹"简略标注地图（刘天地绘制）

二实验小学的校舍。

槐园应该是敦敏之父瑚玐告老退休后在原有的城西府邸中建造的园子，所以应该是位于《乾隆京城全图》中太平湖东侧的建筑群中。太平湖东侧现在为中央音乐学院，也许音院校园中的某处就曾是曹雪芹到访过的槐园。

二

曹雪芹在北京的"朋友圈"考述

曹家于雍正六年（1728）返京，曹雪芹此后有无短暂南游一直存在争议。即使曾经南游，时间也非常短暂。因此，自1728年随家人返京，至1763年去世，曹雪芹在北京生活了三十多年。由于有关其生平的第一手资料十分有限，曹雪芹在北京的"朋友圈"也就弥足珍贵，故而向来受到学界的格外关注。自胡适、顾颉刚，到周汝昌、吴恩裕、冯其庸，再到胡文彬、张书才、曾宝泉、黄一农等各位先哲时贤，经过几代学人的不断努力，曹雪芹在北京的"朋友圈"网络越来越清晰。

为了更好地整合资料，为曹雪芹生平研究提供线索，笔者拟在既有研究的基础上，简明扼要地介绍与曹雪芹朋友相关的文献以及曹雪芹在北京的"朋友圈"情况。

（一）与曹雪芹交游相关的文献简介

迄今为止，学界提及的与曹雪芹交游相关的文字和绘画资料主要包括《懋斋诗钞》《四松堂集》《春柳堂诗稿》《废艺斋集稿》《李谷斋墨山水、陈子澜字合册》《种芹人曹霑画册》等数种，这些资料的真实性有的为学界公认，有的则存在争议。另有曾风靡一时的陆厚信绘《雪芹先生小照》[1]以及王冈绘《雪芹先生小像》[2]两幅"曹雪芹画像"，亦牵涉曹雪芹的交游情况，经过一段时间的讨论，已基本确定为赝品，本文略过。这里，首先对上述与曹雪芹交游相关的文献资料做一简单介绍。

1.《懋斋诗钞》

爱新觉罗·敦敏著。稿本，一册，内收敦敏乾隆二十三年（1758）（戊寅）至乾隆二十九年（1764）（甲申）所作诗。原为恩华收藏，后由文化部购归国家图书馆收藏。其中《芹圃曹君霑别来已一载余矣，偶过明君琳

---

[1] 关于陆厚信绘《雪芹先生小照》的真伪论争，主真方主要代表作有：周汝昌《红楼梦新证》相关章节，中国书局，2016年；宋谋瑒《陆厚信〈雪芹先生小照〉辨》，《山西大学学报》（哲社版）1979年第4期；宋谋瑒《陆厚信绘〈雪芹先生小照〉的再辩护》，《中原文物》1984年第4期。主伪方代表作有：史树青《曹雪芹和永忠小照辨析》，《文物》1978年第5期；梅节《曹雪芹画像考信》，收入文雷编《香港红学论文选》，百花文艺出版社，1982年；郭若愚《陆厚信绘"雪芹小照"目验记》，《中原文物》1984年第4期；武志远《关于陆厚信绘"雪芹先生"画像的调查报告》，《中原文物》1983年第2期；程德卿《揭开"曹雪芹画像"之迷的经过》，《中原文物》1983年第2期；潘德熙《"陆厚信"印章辨》，《中原文物》1984年第4期；河南商丘市档案局《一份文件底稿弄清了画像真伪》，《河南档案》1984年第4期；冯其庸《曹学叙论（续完）》，《红楼梦学刊》1992年第2辑；刘世德《曹雪芹画像辨伪补说》，见《刘世德论红楼梦》，文化艺术出版社，2006年。

[2] 关于王冈绘《雪芹先生小像》的真伪论争，主真方主要代表作有：吴世昌《论王冈绘曹雪芹小像——驳胡适谬论》，见氏著《红楼梦探源外编》，上海古籍出版社，1980年；宋谋瑒《"曹雪芹小像"像主非俞瀚辨——与陈毓罴、刘世德两同志商榷》，《文学遗产》1981年第1期。主伪方主要代表作：胡适《所谓"曹雪芹小像"的谜》，见姜义华主编《胡适学术文集·中国文学史（下册）》，中华书局，1998年；陈毓罴、刘世德《曹雪芹画像辨伪》，见氏著《红楼梦论丛》，上海古籍出版社，1979年；陈毓罴、刘世德《论曹雪芹画像真伪问题》，《学术月刊》1979年第2期；陈毓罴、刘世德《曹雪芹画像辨伪补说》，《红楼梦研究集刊》1980年第3辑；陈毓罴、刘世德《谈新发现的"曹雪芹小像"题词》，《文学遗产》1980年第2期；刘世德《曹雪芹画像辨伪补说》，见《刘世德论红楼梦》，文化艺术出版社，2006年；朱南铣《曹雪芹小像考释——兼谈曹雪芹的生年及经历》，《红楼梦学刊》1980年第1辑；郭若愚《王冈绘"曹雪芹小像"辨伪兼分析四幅乾隆时人题咏的内容》，《红楼梦研究集刊》1982年第9辑。

养石轩,隔院闻高谈声,疑是曹君,急就相访,惊喜意外,因呼酒话旧事,感成长句》《赠芹圃》《题芹圃画石》《访曹雪芹不值》《小诗待简寄曹雪芹》《河干集饮题壁兼吊雪芹》等诗,描绘了曹雪芹的性格、爱好、气质、为人、晚年居住环境和生活状况,是考察曹雪芹生平的珍贵资料。[1]

2.《四松堂集》(附《四松堂诗钞》《鷦鷯庵杂志》)

爱新觉罗·敦诚著。本书在敦诚去世之后由其兄长敦敏及从弟宜兴(桂圃)整理刊刻。《四松堂集》底稿本藏于北京大学图书馆,其中包括全部刊本诗文及未刊之诗,并在书上端注明诗文写作年代。另有《四松堂诗钞》,竹纸抄本1册,藏于中国社会科学院文学研究所,其中收录敦诚从乾隆二十二年(1757)(丁丑)至乾隆四十九年(1784)(甲辰)所作诗,各诗均注明写作年代,保存有刊本删落之诗15题39首。再有《鷦鷯庵杂志》(《笔麈》),乾隆抄本,张次溪原藏,第一页署"鷦鷯庵杂志",题下有"卢文弨撰"墨印楷书4字,盖为卢文弨用自己撰著用本所抄敦诚《鷦鷯庵杂志》(《笔麈》),但所抄全部是诗,分类,无系年,存他本所无诗29题。《四松堂集》《四松堂诗钞》《鷦鷯庵杂志》抄本中所载《寄怀曹雪芹(霑)》《赠曹雪芹》《佩刀质酒歌》《挽曹雪芹》等诗文,涉及曹雪芹个性、气质、才能、晚年处境、身后情形等方面的情况,是关于曹雪芹生平研究的珍贵资料。[2]

3.《春柳堂诗稿》

《春柳堂诗稿》,光绪年间刊本,署"宜泉先生著",其中直接涉及曹雪芹的诗有《怀曹芹溪》《和曹雪芹〈西郊信步憩废寺〉原韵》《题芹溪处士》《伤芹溪居士》等,这些诗及注文涉及曹雪芹的字号、存年、个性、爱好、

---

[1] 冯其庸、李希凡主编《红楼梦大辞典》(增订本),文化艺术出版社,2010年,第387页。
[2] 冯其庸、李希凡主编《红楼梦大辞典》(增订本),文化艺术出版社,2010年,第387页。

居住西郊的环境等许多重要信息。

关于《春柳堂诗稿》(简称《诗稿》)是否可以作为曹雪芹研究的参考材料学界一直存在争议。恩华纂集《八旗艺文编目》别集五载："《春柳堂诗稿》，汉军兴廉著。兴廉原名兴义，字宜泉，隶镶黄旗，嘉庆己卯(1819)举人，官侯官知县，鹿港同知"；[1] 杨钟羲纂集《白山词介》卷三载："兴廉原名兴义，字宜泉，汉军镶黄旗人，嘉庆二十四年举人，官侯官令，升鹿港同知，工画。"[2]

1955年，王利器在《重新考虑曹雪芹的生平》一文中，未加辨析、全盘接受了这两则材料，认为《诗稿》作者"宜泉先生"即汉军兴廉，为"曹雪芹的忘年之交"，进而以《诗稿》中的相关材料用于曹雪芹的字号、结庐西郊、"画苑"、卒年等问题的研究。[3]《春柳堂诗稿》中有关曹雪芹材料是否是可靠的争议自此拉开序幕，至今仍莫衷一是。

争议的焦点主要围绕汉军兴廉是否是《诗稿》作者张宜泉、曹雪芹是否是芹溪、《春柳堂诗稿》成书年代等问题展开，吴恩裕、刘世德、蔡义江、欧阳健、张书才、刘广定、黄一农、胡铁岩、张志等诸多学者参与了讨论，刘相雨《回顾与展望：关于〈春柳堂诗稿〉问题的论争》[4]、樊志斌《〈春柳堂诗稿〉创作年代及相关信息考辨》[5] 两篇文章先后对论争情况做了比较全面的梳理和比较客观的评价，值得参考。综合来看，笔者同意樊志斌的结论：《诗稿》没有作伪，《诗稿》作者宜泉先生与汉军兴廉宜泉非同一人，《诗

---

[1] (清)恩华纂辑、关纪新整理/点校《八旗艺文编目》，辽宁民族出版社，2006年，第146页。
[2] (清)杨钟羲纂集《白山诗词 白山词介》，吉林文史出版社，1991年，第85页。
[3] 王利器《重新考虑曹雪芹的生平》，原载《光明日报》1955年7月4日，见收入刘梦溪《红学三十年论文选编》(上)，百花文艺出版社，1983年。
[4] 刘相雨《回顾与展望：关于〈春柳堂诗稿〉问题的论争》，《红楼梦学刊》2006年第1辑。
[5] 樊志斌《〈春柳堂诗稿〉创作年代及相关信息考辨》，《曹雪芹研究》2014年第4期。

二　曹雪芹在北京的"朋友圈"考述

稿》中的曹霑、曹雪芹、曹芹溪与敦敏敦诚兄弟笔下的曹霑、雪芹是同一个人。总之，笔者认为《春柳堂诗稿》成书于乾隆朝可以作为曹雪芹研究的可靠资料使用。[1] 在所有相关证据中，笔者特别强调两点：

第一，在外缘考证方面，"兴廉原名兴义，字宜泉"的记载不可靠。正如吴恩裕、刘世德所指出的，恩华《八旗艺文编目》的记载源自杨钟羲《白山词介》，而杨氏的记载没有提供任何证据，后人也未能找到其他证据，因此有关"兴廉原名兴义，字宜泉"的记载不可信，具代表性的欧阳健的质疑建立在相信恩华记载为真的前提之下，因而不具说服力。总之，没有证据可以证明汉军兴廉与"宜泉先生"有关。[2] 第二，在《诗稿》内证方面，笔者同意《诗稿》"自序"中的"我皇上"一词指当朝皇帝乾隆。从《诗稿》中的内容分析诗歌创作年代是个值得参考的视角，但是对诗歌内容的理解存在见仁见智的问题，比如《曹雪芹研究》2014年第1期同时刊发了黄一农和胡铁岩的文章，均是从《诗稿》内证出发考证其成书年代，结果却得出迥异的结果。黄一农对《春柳堂诗稿》的体例、用语以及张宜泉的生平做了较详细的考察，其结论为：张宜泉的年纪与曹雪芹相近，唯晚数年卒，两人或曾分别考任官学教习，张宜泉在期满之后很可能曾获授县训导或者县丞之类的低阶官职，并历升江东一带的地方官，亦即张宜泉与曹雪芹生活在同一时空，两人之间应该存在互动。[3] 胡铁岩则主要从内证出发，对《春柳堂诗稿》中《陪吴三兄钓鱼台访友》、试贴诗"四时殊气"、《孟

---

[1] 关于《春柳堂诗稿》的论争仍在继续，相关论争不影响笔者的基本判断。
[2] 吴恩裕《考稗小记》，见《有关曹雪芹八种》，中华书局，1959年，第96页；刘世德《张宜泉的时代与〈春柳堂诗稿〉的真实性、可靠性——评欧阳健同志的若干观点》，《红楼梦学刊》1993年第3辑；欧阳健：《〈春柳堂诗稿〉曹雪芹史料辨疑》，《明清小说研究》1992年第1期。
[3] 黄一农《宜泉先生及其〈春柳堂诗稿〉新考》，《曹雪芹研究》2014年第1期。

冬二十五日恭纪驾幸瀛台北海阐福寺道场》《和龙二府〈在滇游螳螂川赠空谷先生〉原韵》《寓宿卜云庵席间闻卜府君在任凶讣即时留别》等五篇作品反映的写作时间进行考辨，认为《春柳堂诗稿》作者张宜泉大约生于乾隆三十八年（1773），道光十二年（1832）仍在世，因此，张宜泉与《红楼梦》作者曹雪芹在时间上没有交集。¹

在有关内证分析中，《春柳堂诗稿》"自序"中"我皇上"一词比较特殊。《诗稿》自序云："想昔丁丑礼部试，我皇上钦定乡会小考，增试无言排律八韵。"一般认为，序中"我皇上"指乾隆皇帝，这一材料乃《春柳堂诗稿》成书于乾隆年间的铁证。黄一农在上引文章中即以此判断，《诗稿》之成书不得晚于乾隆六十年（1795）。胡铁岩在《对黄一农先生〈春柳堂诗稿〉若干考论的商榷》一文中专设一节讨论"张宜泉《诗稿》自序中涉及的几个问题"，认为"我皇上"也可以用来指称前朝皇帝。以此，序中的"我皇上"不能作为《春柳堂诗稿》成书于乾隆年间的证据。²张书才撰文指出，结合相关资料，这里的"我皇上"乃指作者当朝皇帝乾隆，进而推断《诗稿》自序最迟写于乾隆六十年（1795），张宜泉最迟生于乾隆十年（1745），故而胡铁岩有所失察。³胡铁岩撰《"我皇上"一词用于称谓前朝皇帝事例举隅》一文，举了八个例子，证明"我皇上"可以用于称谓前朝皇帝，回应了张书才的观点，坚持认为"我皇上"有时可指先皇，故而《诗稿》不一定作于乾隆年间。⁴张志《"我皇上"称谓前朝皇帝八个例证的考证讹误》对胡铁岩文中的八个例子一一进行辨析，指出了胡铁岩对"我皇上"一词的误

---

1 胡铁岩《〈春柳堂诗稿〉写作时间考》，《曹雪芹研究》2014年第1期。
2 胡铁岩《对黄一农先生〈春柳堂诗稿〉若干考论的商榷》，《曹雪芹研究》2014年第3期。
3 张书才《原可避免的疏忽与失误——胡铁岩先生两篇有关〈春柳堂诗稿〉文章读后》，《曹雪芹研究》2015年第1期。
4 胡铁岩《"我皇上"一词用于称谓前朝皇帝事例举隅》，《曹雪芹研究》2015年第3期。

解。¹几个回合下来，笔者认为，《诗稿》自序之"我皇上"当指当朝皇帝、《春柳堂诗稿》当作于乾隆年间、曹雪芹与张宜泉当有交集为是。

4.《李谷斋墨山水、陈子澜字合册》（简称《李陈合册》）

2011年3月30日上海《文汇报》发表了朱新华《关于曹芹溪的一则史料》一文，披露了清代张大镛（1770—1838）所著录的道光十四年（1834）甲午刊本《自怡悦斋书画录》，其中有一幅画的题词中有"曹君芹溪"等语，朱新华认为此曹君芹溪即《红楼梦》作者曹雪芹。²

《自怡悦斋书画录》卷十九"册页类"第一件为《李谷斋墨山水陈紫澜字合册》（以下简称《李陈合册》）。该册页或已不存。据张大镛记录，《李陈合册》凡共六开。前五开都是每开两幅，右图左字，图均为李世倬（1687—1770）仿元代四大家之一倪瓒（号云林，1301—1374）的山水画；前四开题词作者为陈浩（1695—1772），第五开的题词作者为陈浩之子陈本敬（1729—1778）；第六开在画的留白处有乾隆状元钱维城（1720—1772）的题跋，左边空白。即：该册页合计共六开十一幅。第一开陈浩题跋署时"辛巳秋日"，为乾隆二十六年（1761），第六开钱维城题跋署时"己卯夏午月又二日"，即乾隆二十四年（1759）五月初二日。³其中，第四开第八幅陈浩题跋先写李白《秋登宣城谢朓北楼》一诗，又：

> 曹君芹溪携来李奉常仿云林画六幅质予，并索便书。秋灯残酒，觉烟云浮动在尺幅间，因随写数行，他时见古斋，不知以为何如？

---

1 张志《"我皇上"称谓前朝皇帝八个例证的考证讹误》，《曹雪芹研究》2019年第1期。
2 朱新华《关于曹芹溪的一则史料》，上海《文汇报》2011年3月30日笔会副刊。
3 黄一农《〈李谷斋墨山水、陈紫澜字合册〉的发现》，收入氏著《红楼梦外：曹雪芹〈画册〉与〈废艺斋集稿〉新证》，台湾"清华大学"出版社，2020年。

李奉常即李世倬。陈浩跋文的大意是，曹雪芹拿来六幅李世倬仿倪瓒（云林）的画作"就正"于他，并求题跋。[1] 如此，则曹雪芹当与陈浩、李世倬熟识。

《李陈合册》经朱新华披露之后引起学界关注，关于陈浩题跋中的"曹君芹溪"是否是《红楼梦》作者曹雪芹引发了争议，主要围绕陈浩与曹雪芹是否存在交集、乾隆二十四年（1759）或者二十六年（1761）是否有相见时间等问题展开。

沈治钧《读陈浩〈生香书屋诗集〉书后》率先呼应朱新华的观点，以陈浩《生香书屋诗集》卷七《和周立崖奉常晚崧韵（有引）》为据，证明曹雪芹与陈浩有交集，因为周立崖即敦诚《哭复斋文》中之复斋，可能为曹雪芹的友人；同时还根据《李陈合册》题跋中两条署时信息推测曹雪芹与陈浩相见的时间可能是乾隆二十四年（1759）或者乾隆二十六年（1761）。[2]

黄一农在《试探曹雪芹在乾隆朝书画界的人际网络》一文中首度指出《种芹人曹霑画册》（简称《画册》，详见下文）与《陈本敬书诗稿》[3]、《陈本敬、陈云锦、顾之炎等书法册页》上的书迹和钤印均高度相似。[4] 此外，黄一农还就周于礼与陈浩的关系对沈治钧的论述做了进一步补充，指出：苏州狮子林廊壁尚存周于礼所刻《听雨楼法帖》，其中蔡襄《与亲家评事书》、

---

[1] 此"质予"有人释为典押，黄一农认为不确，应理解为"就正"，当是。参见黄一农：《曹雪芹与陈浩、陈本敬父子的互动》，见氏著《红楼梦外：曹雪芹〈画册〉与〈废艺斋集稿〉新证》，台湾"清华大学"出版社，2020年。
[2] 沈治钧《读陈浩〈生香书屋诗集〉书后》，《红楼梦学刊》2011年第5辑。
[3] 《陈本敬书诗稿》即2001年秋季上海敬华艺术品拍卖有限公司古籍尺牍名人墨迹收藏品专卖中的"陈本敬书诗稿"。
[4] 黄一农《试探曹雪芹在乾隆朝书画界的人际网络》，《台湾大学美术史研究集刊》第35期，2013年。作者本人在特别注明该文于2012年春已投稿给该杂志，见氏著《红楼梦外：曹雪芹〈画册〉与〈废艺斋集稿〉新证》"画册中的陈本敬跋是否是真迹"注释。

二　曹雪芹在北京的"朋友圈"考述

苏轼《清虚堂吟雪七古并序》、黄庭坚《学书法度帖》、米芾《研山铭贴》四件作品上都有周于礼及陈浩两人的题跋，据此推断周陈过从甚密。[1]

顾斌《贵州图书馆藏〈种芹人曹霑画册〉考释》亦将《李陈合册》第五开陈本敬之题跋与《画册》第七开陈本敬之题跋对照看，并参考了2001年秋季拍卖品中的"陈本敬书诗稿"、2010年春北京保利国际拍卖有限公司第10期精品拍卖会古代书画专场拍卖中的陈本敬书法作品之"苏体"分格、落款签名、印章等，从而指出：《画册》中的"种芹人曹霑"、《李陈合册》中的"曹君芹溪"在同一年（即辛巳年）与陈浩、陈本敬父子联系起来了，从而推断"曹雪芹与陈家的交往或许比较密切"。[2] 宋庆中则关注到了《李陈合册》与《画册》中其他一些未曾引起注意的内容，推出三个结论：第六开题跋者钱维城与曹雪芹交往的可能性不大；曹雪芹应该是受李世绰之托而索题于陈浩，而联结李世绰、曹雪芹、陈浩三人的纽带是"倾慕倪云林画风"；《画册》所收八幅画作亦可看出曹雪芹对云林画风的借鉴与承传。[3]

之后刘广定撰文从《李陈合册》上陈浩题跋中的"辛巳"署年入手，考证说该年陈浩不在北京，不可能给李世绰的画作题词，进而断定陈浩、周于礼未与曹雪芹有交集。[4] 而事实上，早在刘广定文章刊发之前，黄一农、董志新已经注意到"辛巳秋日"这个时间点，撰文证明乾隆二十六

1　黄一农《二重奏：红学与清史的对话》，中华书局，2015年，第494—495页。
2　顾斌《贵州图书馆藏〈种芹人曹霑画册〉考释》，《红楼梦研究辑刊》第7辑，香港文汇出版社，2013年
3　宋庆中《"曹君芹溪携来李奉常仿云林画"及〈种芹人曹霑画册〉漫谈》，《曹雪芹研究》2015年第2期。
4　刘广定《陈浩、周于礼未与曹雪芹交游之证》，《红楼梦研究辑刊》第12辑，香港文汇出版社，2016年。

年（1761）（辛巳）十一月，陈浩、李世倬都在北京参加了乾隆皇帝的母亲、崇庆皇太后七十寿诞。¹ 在刘广定的文章发表之后，樊志斌补充证明了"乾隆二十五年秋陈浩在京师"，认为曹雪芹有可能在此时请陈浩为乾隆二十六年秋日某个特殊事件题词，落款"辛巳秋日"也是有可能的。²

胡铁岩于 2017 年刊文继续质疑陈浩与曹雪芹见面的时间问题，认为《陈李合册》上所署乾隆二十四年（1759）（己卯）、二十六年（1761）（辛巳）以及樊志斌所提出的乾隆二十五年（1760），陈浩都不可能在北京与曹雪芹见面，因此，陈浩所见"曹君芹溪"并非曹雪芹。³

面对胡铁岩的质疑，沈治钧部分修改了自己的观点，在最新刊发的《重读〈生香书屋诗集札记〉》一文中，在仍然坚持陈浩与曹雪芹相识的前提下，引陈浩《生香书屋诗集》卷七《留别诗（有序）》中的相关材料证明，陈浩于乾隆二十三年（1758）戊寅至三十三年（1768）戊子居河南开封，辛巳年因路途和天气的原因并不在京；而敦敏作于乾隆二十六年（1761）之诗《访曹雪芹不值》则证明，此年曹雪芹不在北京，因此，辛巳年曹雪芹有可能与陈浩在开封相会。此外，沈治钧还根据《高宗实录》卷八四中的相关材料，指出陈浩和曹雪芹还有通过平郡王福彭和怡亲王弘晓两条渠道相识的可能。⁴ 此外，值得关注的还有，沈治钧就钱维城与曹雪芹的关系做了详细考证，提出了与宋庆中不同的看法，认为曹雪芹有可能经由其表兄

---

1 黄一农《曹雪芹现存诗画考论》、董志新《卖画钱来付酒家》，均见《红楼梦研究辑刊》第 11 辑，香港文汇出版社，2015 年。
2 樊志斌《论〈种芹人曹霑画册〉的真伪及研究中存在的几个问题》，《曹雪芹研究》2016 年第 4 期。
3 胡铁岩《陈浩所见"曹君芹溪"并非曹雪芹——陈浩与"曹君芹溪"见面时间三说辨析》，《河南教育学院学报》2017 年第 6 期。
4 沈治钧《重读〈生香书屋诗集札记〉》，《曹雪芹研究》2018 年第 1 期。

平郡王福彭接触到钱维城,还提出该册页之题签"李谷斋墨山水陈紫澜字合册"十二字"应出曹雪芹手"。[1]

综合相关论争情况,笔者认为,胡铁岩说乾隆二十四年(1759)、二十五年(1760)、二十六年(1761)等三个时间点陈浩不可能在北京与曹雪芹相会的考证有一定的说服力;沈治钧关于乾隆二十六年曹雪芹有可能在开封与陈浩相见的推断亦能自圆其说。而正如黄一农、顾斌所指出的,《陈李合册》《种芹人曹霑画册》、2001年拍卖专品中的《陈本敬书诗稿》以及2010年拍卖会中"陈本敬书法作品"等几种资料可以互证,陈浩、陈本敬父子与曹雪芹有交集,因此,笔者偏向于相信《陈李合册》的"曹君芹溪"即曹雪芹。至于题签十二字如果能有更多的证据证明的确出自曹雪芹之手,则该册页的价值确如沈治钧先生所说,"堪称稀世瑰宝"。

5.《种芹人曹霑画册》

1988年赵竹《〈种芹人曹霑画册〉真伪初辨》介绍了贵州省博物馆藏《种芹人曹霑画册》(简称《画册》)[2],1989年经中国古代书画鉴定组评估认为该画册上的诗与画或为乾隆时人所作,但是否为曹雪芹真迹则待考。[3]此后少有人关注,该画册亦曾一度迷失,后经北京曹学会、贵州省博物馆、中华书局、贵州省文化厅、贵州省红学会等多家机构以及黄一农、任晓辉、薛龙春等诸多学者持续不断地努力,终于在2016年7月自贵州博物馆旧馆尘封的库房中重新找了出来,引起学界极大的兴趣。[4]《画册》共收8幅图,

---

[1] 沈治钧《关于〈李陈合册〉及钱维城》,《曹雪芹研究》2019年第4期。
[2] 赵竹《〈种芹人曹霑画册〉真伪初辨》,《贵州文史丛刊》1988年第4期。后收入其父赵荣:《人杰地灵话贵州》,中国国际文化出版社,2012年。一般认为,该文实际作者当为赵荣。
[3] 任晓辉《杨仁恺老对〈种芹人曹霑画册〉的鉴定》,《文汇报》2016年11月18日。
[4] 参见北京曹学会《〈种芹人曹霑画册〉品鉴会综述》;胡德平《关于〈种芹人曹霑画册〉的几点意见》,均见《曹雪芹研究》2016年第4期。

诗页题跋分别为闵大章 3 幅、陈本敬 2 幅、铭道人 1 幅、歇尊者 1 幅、曹霑 1 幅,其中第六幅画为西瓜(一说为南瓜),题跋署名"种芹人曹霑并题",跋云:"冷雨寒烟卧碧尘,秋田蔓底摘来新。披图空羡东门味,渴死许多烦热人。"[1]

或许因为专家认为《画册》是否为曹雪芹真迹待考,1989 年之后的一段时间,《画册》少有人问津。如上所述,直到 2013 年黄一农刊文关注《画册》与《李陈合册》等材料之间的关联,随即有顾斌、宋庆中等学者跟进。

值得注意的是,黄、顾、宋均以《画册》与《李陈合册》互证为真为基本立场。另外一些学者,则从不同角度提出了质疑。刘梦溪在为黄一农《二重奏:红学与清史的对话》一书所写的书评中认为第六幅图曹霑题画诗风格与曹雪芹有"天壤之别",故而认为"所谓《种芹人曹沾画册》依愚见与《红楼梦》作者应毫无干系"[2]。季稚跃在一篇短文中简单表达了自己的观点,认为"种芹人"不能解释为芹圃,《画册》的画作与"曹雪芹之绘画水平不在一个档次",从而否定《画册》为曹雪芹作品。[3] 张志亦认为《画册》曹霑题诗所蕴含的情感、态度以及石头图案的造型风格等有不合理之处。[4]

2016 年 7 月《画册》再现,立即引起广泛关注并掀起一波研究高潮。据不完全统计,自 2016 年 7 月至今,有关文章达 20 余篇,黄一农最新出

---

[1] 关于《画册》再现过程以及包括画作、题跋以及印章识读等在内的内容介绍参见黄一农:《曹雪芹〈画册〉与〈废艺斋集稿〉新证》上编第一章,台湾"清华大学"出版社,2020 年。
[2] 刘梦溪《红学研究的集成之作:读黄一农教授〈二重奏:红学与清史的对话〉》,《中华读书报》,2015 年 4 月 1 日;亦刊于《清华大学学报》2015 年第 1 期。
[3] 季稚跃《关于〈种芹人曹霑画册〉的几点浅见》,《红楼梦研究辑刊》第 12 辑,香港文汇出版社,2016 年。
[4] 张志《〈种芹人曹霑画册〉献疑》,《九江学院学报》(社科版)2016 年第 2 期。

二　曹雪芹在北京的"朋友圈"考述

版的著作《红楼梦外：曹雪芹〈画册〉与〈废艺斋集稿〉新证》中有关《画册》的部分更可谓该课题研究的集成之作。[1]

纵观《画册》再现之后的相关研究，内容主要分为三类：

一是介绍"再现"过程及相关原始信息。代表作有黄一农《曹雪芹唯一存世的画册再现》[2]、顾斌《〈种芹人曹霑画册〉再现始末及其鉴定》[3]，两篇文章介绍了《画册》再现过程以及鉴定等情况。另有任晓辉《杨仁恺老对〈种芹人曹霑画册〉的鉴定》介绍了1989年专家组鉴定的相关情况。[4] 值得指出的是，2016年9月9日，在北京植物园北京曹雪芹文化中心由北京曹学会与贵州省博物馆联合举办了"《种芹人画册》品鉴会"，北京、贵州两地三十余位学者出席，经过热烈讨论，最后北京曹学会会长胡德平先生做了总结性发言，对《种芹人曹霑画册》的鉴定、考证、推论发表了七点倾向性意见，总体倾向《画册》为真：（一）接受中国古代书画鉴定组及其重要成员杨仁恺和随组成员劳继雄关于此《画册》年代判断的意见，即《画册》确是清代乾隆时人所作；（二）有坚实的资料可证明：画册中题诗人曹霑与陈浩、陈本敬父子在生活年代上有交集，并且有交往；（三）陈本敬在此《画册》上的题诗、印章不假；（四）《画册》的八幅图画属文人没骨写意画，不是工笔画，不是商品画，均属作者抒情自娱的文人画，均反映了"种芹人"的心态与情趣；（五）闲章不闲，画册中有多枚印章，第六幅图上的长形引首闲章"忆昔茜纱窗"之"茜纱窗"在《红楼梦》中多次出现，这一印章应该与《红楼梦》中的"茜纱窗"有直接关系；（六）

---

[1] 黄一农《红楼梦外：曹雪芹〈画册〉与〈废艺斋集稿〉新证》，台湾"清华大学"出版社，2020年。
[2] 黄一农《曹雪芹唯一存世的画册再现》，《文汇报》2016年9月2日。
[3] 顾斌《〈种芹人曹霑画册〉再现始末及其鉴定》，《红楼梦研究》（壹），2017年。
[4] 任晓辉《杨仁恺老对〈种芹人曹霑画册〉的鉴定》，《文汇报》2016年11月18日。

第六幅图的落款"种芹人曹霑并题"之"曹""种""芹""题""霑"字带有明显的章草笔意，与孔祥泽先生所说的曹雪芹书法特点吻合；（七）曹霑落款中的"并题"两字不是"再题"，而是"并题"。[1]

二是质疑、"证伪"。《画册》再现之后，质疑、"证伪"者大都是沿着上述刘梦溪等人的思路，从《画册》的画作、题跋、印章等内证上分析，认为相关内容、风格、水平等与曹雪芹及《红楼梦》不符，代表作先后有静轩《〈种芹人曹霑画册〉还应"存疑"》[2]、王伟波《〈种芹人曹霑画册〉证伪》[3]、张志《关于〈种芹人曹霑画册〉相关研究的几点商榷》[4]、吴佩林《从裕瑞闲章看〈种芹人曹霑画册〉之伪》[5]、张志《〈种芹人曹霑画册〉三疑》[6]等等。需要指出的是，这些质疑文章中也有一些涉及外证方面的疑点，比如王伟波《〈种芹人曹霑画册〉证伪》一文除了款识、题跋，还从画作题签、装潢方面提出了疑点，认为有作伪的可能；张志在《〈种芹人曹霑画册〉三疑》一文中则就赵竹早年所说的《画册》来历和递藏提出了疑点。

三是"证真"并回应相关质疑。沈治钧《王虞凤诗"轻纱"实例跋尾——三谈〈种芹人曹霑画册〉》一文注意到《画册》第一幅图闵大章所题明万历朝少女王虞凤《春日闲居》诗之首句最后两字为"轻纱"（浓阴柳色罩轻纱）而非"窗纱"，从诗歌流传的版本入手，推断画作创作时间应为乾隆时期，从而为画作不伪提供了有一定说服力的辅证。[7]黄一农先后

---

[1] 胡德平《关于〈种芹人曹霑画册〉的几点意见》，《曹雪芹研究》2016年第4期。
[2] 静轩《〈种芹人曹霑画册〉还应"存疑"》，《红楼梦研究》（壹），2017年第1期。
[3] 王伟波《〈种芹人曹霑画册〉证伪》，《曹雪芹研究》2017年第3期。
[4] 张志《关于〈种芹人曹霑画册〉相关研究的几点商榷》，《内江师范学院学报》2018年第1期。
[5] 吴佩林《从裕瑞闲章看〈种芹人曹霑画册〉之伪》，《内江师范学院学报》2018年第1期。
[6] 张志《〈种芹人曹霑画册〉三疑》，《内江师范学院学报》2019年第5期。
[7] 沈治钧《王虞凤诗"轻纱"实例跋尾——三谈〈种芹人曹霑画册〉》，《曹雪芹研究》2016年第4期。需要说明的是，此文撰于《画册》"再现"之前。

有《〈种芹人曹霑画册〉再考》[1]、《〈种芹人曹霑画册〉考实》[2]等在证真的基础上进一步考证落实曹雪芹的人际网络等。樊志斌《论〈种芹人曹霑画册〉的真伪及研究中存在的几个问题》在整体"证真"的同时,部分回应了真伪者的质疑。[3] 拾井磊《〈种芹人曹霑画册〉析真》[4]、崔川荣《〈种芹人曹霑画册〉中的"闰周"印章及可能推出的雪芹生年》[5]等则是联系曹雪芹生平证《画册》为真。沈治钧《〈种芹人曹霑画册〉面面观》一文指出,"册中画幅与题诗未显露出凿实的造假迹象"[6],恰与刊于同期杂志的王伟波文构成有趣"对话"。

综上所述,《画册》在装潢、递藏、来源等外证方面的疑点值得重视,但是,即使存在改装以及递藏过程不清等问题,仍不足以否定"画作"为真;从画作及题跋水平判断是否符合曹雪芹原作的要求,这是一个见仁见智的问题,逻辑上不具有必然的说服力;与这两点形成对照的是,《画册》与《李陈合册》《陈本敬书诗稿》、"陈本敬书法作品"等来自不同途径的其他几种材料在一些关键信息上存在的交集以及黄一农、沈治钧等学者从不同角度提供了"证真"成果,则并非偶然所能解释。因此,在未有确凿反证出现之前,笔者倾向于《画册》与《李陈合册》同时为真。

---

1 黄一农《〈种芹人曹霑画册〉再考》,《文汇报》2016年10月21日。
2 黄一农《〈种芹人曹霑画册〉考实》,《长江学术》2018年第1期。
3 樊志斌《论〈种芹人曹霑画册〉的真伪及研究中存在的几个问题》,《曹雪芹研究》2016年第4期。
4 拾井磊《〈种芹人曹霑画册〉析真》,《曹雪芹研究》2018年第4期。
5 崔川荣《〈种芹人曹霑画册〉中的"闰周"印章及可能推出的雪芹生年》,《曹雪芹研究》2018年第4期。
6 沈治钧《〈种芹人曹霑画册〉面面观》,《曹雪芹研究》2017第3期。

6.《废艺斋集稿》

吴恩裕于1973年发表《曹雪芹佚著和传记材料的发现》[1]一文，首次向学界介绍了《废艺斋集稿》。据说，大约1943年，当时在北京北华美术专科学校学习绘画与雕塑的孔祥泽，经人介绍认识了任教于北京艺术专科学校的日籍教师高见嘉十，两人合作从日本商人金田氏手里借到了《废艺斋集稿》手稿，全部共八册，其中第二册题为《南鹞北鸢考工志》，有曹雪芹自序、董邦达序并附录敦敏所撰《瓶湖懋斋记盛》，他们抄录了一部分。孔祥泽于1970年给吴恩裕提供了曹雪芹的《南鹞北鸢考工志》自序、董邦达的序；[2]于1972年又给了吴恩裕"不全的一页""双钩的曹雪芹《南鹞北鸢考工志》手写自序"；[3]1972年还给吴恩裕看了《瓶湖懋斋记盛》3页残文[4]以及"在后半部未丢失前他根据全文写的一篇《懋斋记盛的故事》"。[5] 吴恩裕认为，《南鹞北鸢考工志》之曹序、董序、敦敏撰《瓶湖懋斋记盛》以及孔祥泽撰《懋斋记盛的故事》是研究曹雪芹生平思想的重要材料，其中也涉及曹雪芹多位朋友。

---

[1] 吴恩裕《曹雪芹佚著和传记材料的发现》，《文物》1973年第2期。
[2] 吴恩裕《曹雪芹〈废艺斋集稿〉丛考》，当代中国出版社，2010年，第149页。不过，同书第5页又说："这部包括曹雪芹八种遗著的《废艺斋集稿》手稿的内容，是抄录其中的一种——《南鹞北鸢考工志》的孔祥泽君在1971年告诉我的。"
[3] 吴恩裕说："双钩的曹雪芹《考工志》手写自序，则是我在干校结束后去上海时，得到他由东北他的女儿家来信才知道的，他说要给我，但直到我回京后他才给了我那不全的一页。"吴恩裕《曹雪芹〈废艺斋集稿〉丛考》，当代中国出版社，2010年，第149页。按：据吴季松介绍，吴恩裕1970年去安徽濉溪"五七"干校，到1971年才解除"专政"。1972年经周总理亲自批示，吴恩裕等7名政法学院教授才从安徽濉溪"五七"干校调回北京。（见吴季松《我的父亲吴恩裕教授》，北京科学技术出版社，2004年，第97—98页）所以，孔祥泽提供双钩半页曹序给吴恩裕的时间应该是1972年。
[4] 吴恩裕《曹雪芹佚著和传记材料的发现》，《文物》1973年第2期。
[5] 吴恩裕《曹雪芹〈废艺斋集稿〉丛考》，当代中国出版社，2010年，第60页。

二 曹雪芹在北京的"朋友圈"考述

自吴恩裕《曹雪芹佚著和传记材料的发现》一文发表至今近五十年，关于《废艺斋集稿》的真伪一直存在很大争议，笔者《〈废艺斋集稿〉的来龙去脉及真伪论争》[1]一文对相关问题有比较详细的梳理，此处不赘。另有黄一农《红楼梦外：曹雪芹〈画册〉与〈废艺斋集稿〉新证》[2]可谓集大成者，值得参考。

就目前所见资料以及讨论情况，笔者对《废艺斋集稿》真伪问题持谨慎保留的态度，期待有更具说服力的新材料被发现，尤其是据传流落日本的《废艺斋集稿》原稿能够重新面世。

要之，根据相关研究，对上述与曹雪芹交游有关的六种主要文献，笔者的态度是：《懋斋诗钞》《四松堂集》《春柳堂诗稿》分别为曹雪芹的朋友敦敏、敦诚、张宜泉所撰，其中有关曹雪芹的资料真实可靠；《李谷斋墨山水、陈子澜字合册》《种芹人曹霑画册》笔者倾向于比较可靠；《废艺斋集稿》则倾向于持保留态度。在此前提下，笔者将曹雪芹的朋友分为"确定的"和"可能的"两种，分述如下。

（二）曹雪芹确定的朋友

曹雪芹"确定的朋友"指根据《懋斋诗钞》《四松堂集》《春柳堂诗稿》《陈李合册》《画册》等资料上所提供的有直接证据能够证明为曹雪芹朋友的人。

---

[1] 段江丽《〈废艺斋集稿〉的来龙去脉及真伪论争》，《曹雪芹研究》2019年第3期。
[2] 黄一农《红楼梦外：曹雪芹〈画册〉与〈废艺斋集稿〉新证》，台湾"清华大学"出版社，2020年。

1. 证之以《懋斋诗钞》《四松堂集》

（1）敦敏

敦敏（1729—1796），字子明，号懋斋，努尔哈赤第十二子英亲王爱新觉罗·阿济格五世孙，理事官瑚玐长子，约十六岁，进入右翼宗学读书，在此与曹雪芹相识。他二十七岁时在宗学考试中列为优等，二十八九岁时曾协助父亲在山海关管理税务，在锦州做税务官，不久即回北京长期闲居。三十七岁时，授右翼宗学副管，四十六岁升总管。五十四岁因病辞官，如前所述，其著作《懋斋诗钞》中《芹圃曹君霑别来已一载余矣……感成长句》《赠芹圃》《题芹圃画石》《访曹雪芹不值》《小诗待简寄曹雪芹》《河干集饮题壁兼吊雪芹》等诗文是研究曹雪芹生平最重要的、可靠的资料之一。

（2）敦诚

敦诚（1734—1791），字敬亭，号松堂，敦敏之弟。敦诚比其兄敦敏略早慧。五岁入家塾，十一岁进右翼宗学读书。二十二岁在宗学考试中列为优等，以宗人府笔帖式记名。二十四岁时曾受父命在喜峰口松亭关管税务。二十六岁因父罢官而随父返回北京闲居。三十三岁补宗人府笔帖式，旋授太庙献爵。四十岁丁母忧，随即闭门不仕，以诗酒自娱，与宗室诗人如永忠等诗酒唱和。著有《四松堂集》，其中与曹雪芹交往有关的诗文有《寄怀曹雪芹（霑）》[1]《佩刀质酒饮》[2]等。

敦敏、敦诚的先辈与曹雪芹的祖上有着很深的历史渊源。关于曹雪芹先祖的旗籍，张书才先生在《曹雪芹旗籍考辨》一文中认为，曹雪芹的先祖曹世选在辽东被俘虏后为多尔衮部下，多尔衮死后获罪，曹世选转为顺

1（清）爱新觉罗敦诚《四松堂集》，新文丰出版股份有限公司，1977年，卷一。
2（清）爱新觉罗敦诚《四松堂集》，新文丰出版股份有限公司，1977年，卷一。

二　曹雪芹在北京的"朋友圈"考述

治帝直接管理。[1] 黄一农先生在《崇祯朝的"吴桥兵变"重要文献析探》一文提出了不同意见。据黄先生考证，曹振彦家自天命癸亥八年（1623）以来一直是阿济格府中的汉姓包衣。阿济格因争夺权力失败被削去宗籍并被顺治皇帝赐死。曹家所属牛录因此收归皇帝所属的内务府正白旗，且"此后，其旗分固定，成为内务府三旗下的皇属包衣，并与曾担任他家旗主的阿济格兄弟之裔孙断绝主属关系"[2]。而敦诚、敦敏正是英亲王阿济格的后人。正因为如此，顾斌认为，曹雪芹与敦氏兄弟的交往不仅仅是言谈相投的原因，还与两家祖上的关系有关，"雪芹在生活一时窘迫、告贷无门之时，寻求旧主的帮助，也是有可能的"[3]。

总之，黄一农先生对曹雪芹先祖旗籍的考证有助于理解曹雪芹与敦氏兄弟的关系。

（3）明琳

明琳身份不祥。敦敏《懋斋诗钞》中有《芹圃曹君（霑）》一诗，诗前小序云：

> 芹圃曹君霑别来已一载馀矣，偶过明君琳养石轩，隔院闻高谈声，疑是曹君；急就相访，惊喜意外！因呼酒话旧事，感成长句。[4]

这首诗写于乾隆二十五年（1760），敦敏在诗注中明确说，他在明琳的养石轩意外遇到已分别一载有余的曹雪芹，由此可见曹雪芹与明琳是相

---

1 张书才《曹雪芹旗籍考辨》，《红楼梦学刊》1982年第3辑。
2 黄一农《崇祯朝的"吴桥兵变"重要文献析探》，《汉学研究》2004年第2期。
3 顾斌《曹雪芹与敦敏、敦诚兄弟交游因缘探析》，《曹雪芹研究》2015年第1期。
4 （清）敦敏《懋斋诗钞》，新文丰出版股份有限公司，1977年，第39页。

识的朋友。

明琳何许人？周汝昌先生曾推测，明琳"大约就是著名将领明瑞的弟兄，是大学士傅恒的侄辈"[1]。周策纵先生进一步推测，"裕瑞提到的'前辈姻戚'和曹雪芹交好者，大约是指他的亲舅明琳和堂舅明义"[2]，即认为明琳是《枣窗闲笔》作者裕瑞的亲舅舅，与《绿烟琐窗集》（内有《题红楼梦》绝句二十首）的作者明义是堂兄弟。《红楼梦大辞典》"明琳"条云："姓富察氏，满洲镶黄旗人。明义堂兄。"[3] 显然是采纳了周汝昌、周策纵等先生的观点。

黄一农先生据新近公布的《沙济富察氏宗谱》考证，以富察氏第六世哈锡屯为同祖的裔孙当中，第十世与明瑞同辈的族昆弟共有五十二位，虽有十四位以"明"字命名，但另一字多不从同一偏旁，亦未见明琳或同声调之字，其余之人则取名大多无行字；尤其，裕瑞的外祖父傅文确定只有明瑞、明芳、奎亮、奎林四子，因此，"以明琳为明瑞胞兄弟之假说乃误。明琳既不是明义的堂兄弟，亦非傅恒的侄辈或裕瑞的亲舅！"[4] 黄先生还进一步推论，明瑞乃承恩公傅文之子、乾隆帝孝贤皇后之侄，乾隆二十一年（1756）就以因军功升授户部侍郎，如果明琳为明瑞胞兄弟，则其府第理应是深宅大院，敦敏或不容易"隔院闻高谈声"，且敦敏亦不至于会在诗中说"可知野鹤在鸡群"——揄扬曹雪芹为"野鹤"而将明琳及其友人比拟为"鸡群"。此说不无道理。

总之，明琳的身份暂时只能存疑。

---

1 周汝昌著，周伦苓协助整理《曹雪芹新传》，外文出版社，1992年，第276页。
2 [美]周策纵《有关曹雪芹的一件切身事：胖瘦辨》，《读书文摘》（上半月）2005年第12期。
3 冯其庸、李希凡《红楼梦大辞典》（增订本），文化艺术出版社，2010年，第370页。
4 黄一农《〈红楼梦〉早期读者间之亲属关系辨误》，《红楼梦学刊》2012年第3辑。

二 曹雪芹在北京的"朋友圈"考述

（4）复斋

复斋，名吉元(1727—1775)。敦敏《懋斋诗钞》中有《复斋宗叔邀同敬亭寅圃饮酒赏雪余因事未往即用敬亭同复斋寅圃城南酒楼原韵却寄》一诗[1]，从诗题可知复斋乃敦诚、敦敏的同宗叔。

敦诚《四松堂集》中有《哭复斋文》云："未知先生与寅圃、雪芹诸子相逢于地下作如何言笑，可话及仆辈念悼亡友情否？"[2] 既说复斋与雪芹在地下会相逢"言笑"，可知他们两人在生前当是相识无疑。

2. 证之以《春柳堂诗稿》

（5）张宜泉

如前文所述，《春柳堂诗稿》作者张宜泉是否与曹雪芹是同时代人，学术界有不同意见，总体来看，正方的观点是有说服力的。据徐恭时先生考证，张宜泉生于康熙五十九年（1720）冬，约于乾隆三十五年（1770）春后卒，存年五十一岁。满人，上世为内务府镶黄旗包衣。其曾祖在康熙八年或涉鳌拜案件，以致棺柩无下落。十三岁丧父，乾隆二十七年（1762）母故，兄弟不睦，屡遭纠纷。其居处在京西海甸（淀）镇上，近长河之畔。[3] 而据传说，曹雪芹从京城内迁居西郊，最早住过海甸（淀），其《春柳堂诗稿》中的涉曹内容是研究曹雪芹的珍贵资料。[4]

1（清）敦敏《懋斋诗钞》，新文丰出版股份有限公司，1977年，第60页。
2（清）敦诚《四松堂集》，新文丰出版股份有限公司，1977年，卷四。
3 徐恭时《有谁曳杖过烟林——曹雪芹和张宜泉在北京西郊活动之断片》，原刊《红楼梦研究集刊》第1辑，上海古籍出版社，1979年；见氏著《红雪缤纷录》，阅文出版社，2019年，第62—63页。
4 冯其庸、李希凡主编《红楼梦大辞典》（增订本），文化艺术出版社，2010年，第369页。

3. 证之以《陈李合册》《画册》

（6）陈浩

陈浩（1695—1772），字紫澜，号未斋，室名生香书屋，故自称"生香老人"，直隶昌平人。雍正二年(1724)甲辰科进士，官至詹事府詹事。平生好学，精于鉴赏，并有善书之名，有《生香书屋诗集》传世。如前所述，即使乾隆二十六年（1761）曹雪芹与陈浩在河南开封相会，因为曹雪芹成年后长期生活于北京，似可仍将陈浩视为曹雪芹在北京的朋友。沈治钧新近有《陈浩事辑》[1]一文披露了有关陈浩的诸多材料，有助于对陈浩的进一步了解与研究。

（7）李世倬

李世倬生年不详，卒于1770年，字天篆、汉章、天涛，号谷斋、星辰、太平拙吏、清在居士，三韩（今内蒙古喀喇沁旗西南）人，一作奉天（今辽宁沈阳）人，清代画家。擅长画山水、人物和花鸟。乾隆皇帝有诗高度评价李世倬的山水画，并曾将其与董邦达并列："胸中常有万里意，一溪一壑亦无穷。契乎妙者倪云林，近来董（邦达）李（世倬）颇能工。"[2] 跋文中就提到曹雪芹带给陈浩六幅画就是由李世倬委托的。足见曹雪芹和李世倬相知。

（8）闵大章

闵大章生平不详。黄一农先生查阅了上海图书馆藏十多种相关闵姓家谱后，在道光《吴兴闵氏宗谱》中寻得东西五房鹤皋公支系第十七世孙的闵焕元（1714—1780），字大章，曾入国子监为太学生。经考证，黄先生

---

[1] 沈治钧《陈浩事辑》，《曹雪芹研究》2020年第2期。
[2] 石光明等选编《乾隆御制文物鉴赏诗》，书目文献出版社，1993年，第144页。

认为此闵焕元即为《种芹人曹霑画册》题跋的闵大章。[1]

（9）陈本敬

陈本敬，字仲思，上述陈浩之子，乾隆二十五年（1760）进士，翌年以庶吉士授为检讨；二十八年五月因在翰、詹诸臣的考试中被评为最差等第，而奉旨休致；三十五年四月通过考试再以检讨任用。[2]据黄一农先生考证，陈本敬女婿史积容的祖父史玉节"与曹寅友人朱彝尊、汤右曾、姜宸英、查慎行等前辈来往密切"[3]。

（10）铭道人

暂无考。

（11）歇尊者

暂无考。

（12）鄂比

除了文献资料，曹雪芹的朋友还有香山地区传说中的鄂比，曾送了他一副对联，即"远富近贫以礼相交天下有，疏亲慢友因财绝义世间多"，这副对联乃考证香山39号院是否是曹雪芹故居的证据之一，详见《关于曹雪芹"西山故居"的论辩》一节。

---

[1] 黄一农《曹雪芹唯一存世的画册再现》，《文汇报》2016年9月2日。关于闵焕元即闵大章的说法，胡铁岩先生提出了不同意见，参见《闵焕元怎就成了闵大章——试说黄一农先生对闵焕元、闵大章的考证》，《曹雪芹研究》2017年第2期；黄一农先生再撰《再论"闵大章即闵焕元"之说》回应了胡氏的质疑进一步强化了自己的观点，见《曹雪芹研究》2017年第3期。黄一农先生关于闵大章的相关考证详见《〈种芹人曹霑画册〉考实》，《长江学术》2018年第1期及氏著《红楼梦外：曹雪芹〈画册〉与〈废艺斋集稿〉新证》第2章，台湾"清华大学"出版社，2020年。

[2]《清高宗实录》，见《清实录》，中华书局，1986年，卷614第902页、卷636第101页、卷687第690页、卷857第484页。

[3] 黄一农《〈种芹人曹霑画册〉考实》，《长江学术》2018年第1期。

(三) 曹雪芹可能的朋友

曹雪芹"可能的朋友"包括两类：一是根据《懋斋诗钞》《四松堂集》《春柳堂诗稿》等文献所提供的材料推测，有些人可能是曹雪芹的朋友；二是根据《废艺斋集稿》《李谷斋墨山水、陈子澜字合册》《种芹人曹霑画册》中所提及的曹雪芹的朋友。此外，在香山一带的民间传说中也有关于曹雪芹朋友的信息。

1. 证之以《懋斋诗钞》《四松堂集》及其他资料

敦诚《四松堂集》中《寄大兄》说："每思及故人，如立翁、复斋、雪芹、寅圃、贻谋、汝猷、益庵、紫树，不数年间皆荡为寒烟冷雾。曩日欢笑，那可复得！时移事变，生死异途。所谓此中日夕只以眼泪洗面也。"[1] 这里，将曹雪芹与立翁等其他七人并提，七人中已知复斋与雪芹相识，其他六人亦很有可能是曹雪芹的朋友。[2]

（1）立翁

立翁，即周于礼 (1721—1779)。据朱桂昌《试述敦敏敦诚兄弟与云南文士之交往》一文介绍，周于礼"字绶远，一字立崖，号亦园，云南嶍峨人"[3]。《国朝滇南诗略补遗》有《周于礼传》，指其善断狱，著有《听雨楼诗草》等。

（2）复斋

敦诚宗叔吉元（1727—1775），字号为复斋。

---

1 （清）敦诚《四松堂集》，新文丰出版股份有限公司，1977年，卷三。
2 黄一农《曹雪芹之人际网络》，见氏著《二重奏：红学与清史的对话》，中华书局，2015年，第 496—499 页。
3 朱桂昌《试述敦敏敦诚兄弟与云南文士之交往》，《云南民族学院学报》1991年第2期。

二　曹雪芹在北京的"朋友圈"考述

（3）寅圃

寅圃，爱新觉罗氏，名敏诚，字寅圃，敦诚宗兄。寅圃有可能通过敦敏敦诚兄弟与曹雪芹交往。黄衍伯先生《敦诚〈过寅圃墓感作〉小释》[1]一文指出，敦诚《过寅圃墓感作》一诗中有"谁编昌谷飘残帙，惭说当年沈亚之"句，是将曹雪芹与李贺相比。而敦诚在怀念寅圃的诗歌中提及曹雪芹，很可能寅圃生前与曹雪芹相识。此说不无道理。

（4）贻谋

贻谋，名宜孙，敦诚叔恒仁次子，亦即敦诚之堂兄弟。据吴肃民、莫福山《中国少数民族文学古籍举要》记载："恒仁(1712—1747)，字月山、一字育万，姓爱新觉罗氏。清太祖努尔哈赤子阿济格四世孙。"[2]恒仁有《月山诗集》四卷。曾保泉先生推测，"贻谋若与雪芹有交往或相识的话，当与敦诚有关"[3]。

（5）汝猷

敦诚同母弟敦祺（1740—1780），字号汝猷。

（6）益庵

益庵，名明仁，与敦诚等人是朋友。吴恩裕先生曾推测明仁是明义之兄、老怡亲王胤祥之婿、小怡亲王弘晓之姐丈。[4]不过，黄一农先生全面考察了胤祥四个女儿的婚嫁情况，发现没有一个嫁与明仁，故推断"明仁应非弘晓之姐夫"[5]。即便如此，并不影响明仁可能与曹雪芹相识的推断。

---

1 黄衍伯《敦诚〈过寅圃墓感作〉小释》，《社会科学辑刊》1982年第3期。
2 吴肃民、莫福山《中国少数民族文学古籍举要》，天津古籍出版社，1990年，第27页。
3 曾保泉《曹雪芹与北京》，中国妇女出版社，1993年，第170页。
4 吴恩裕《曹雪芹丛考》，上海古籍出版社，1980年，第243—244页。
5 黄一农《二重奏：红楼与清史的对话》，中华书局，2015年，第491页。

（7）紫树

紫树，名龚怡，字爱督，号紫树，曾官布政司。另外，龚怡之兄龚协，字荇庄，曾官司务。曾保泉先生说，龚氏"兄弟二人均与敦诚有交往。不排除与雪芹相识或交往"[1]。陈章先生据敦诚《四松堂集》中《与荇庄饮叠前韵》[2]一诗所提供的信息，推进一步考证出："龚协当为王士禛之外曾孙，龚礼部之子，董诰弟子，韦谦恒之女婿。"[3] 黄一农先生考证敦诚与龚协诗酒联句有涉及曹雪芹之处，故而认为"曹雪芹应是他俩共同的知交"[4]。

（8）卜邻

敦敏《懋斋诗钞》有诗《吊宅三卜孝廉》，其一云："昔年同虎门，联吟共结社。"[5] 敦诚《四松堂集》有诗《寄怀曹雪芹（霑）》云："当时虎门数晨夕，西窗剪烛风雨昏。"[6] 这两首诗都是作者回忆在"虎门"时与友人一起的情形，敦敏是吊念卜宅三的，敦诚是怀念曹雪芹的。

据《八旗通志》载："右翼宗学于雍正三年初设在西单牌楼北口石虎胡同，共房八十八间。"[7] 由此可知虎门乃指位于西单牌楼北口石虎胡同的右翼宗学。

据王其淦等《武进阳湖县志》可知，卜邻，字宅三，武进人，寄籍顺

---

[1] 曾保泉《曹雪芹与北京》，中国妇女出版社，1993 年，第 170 页。
[2]（清）敦诚《四松堂集》，新文丰出版股份有限公司，1977 年，卷二。
[3] 陈章《〈四松堂集〉所涉"龚紫树"及"荇庄"考略》，《中国四库学》2019 年第 1 期。
[4] 黄一农《曹雪芹卒后与其关涉之乾隆朝诗文》，《长江学术》2015 年第 4 期。
[5]（清）敦敏《懋斋诗钞》，新文丰出版股份有限公司，1977 年，第 50 页。
[6]（清）敦诚《四松堂集》，新文丰出版股份有限公司，1977 年，卷一。
[7]（清）鄂尔泰等修，李洵、赵德贵主点校：《八旗通志》，东北师范大学出版社，1985 年，第 945 页。

天，乾隆十五（1750）年为贡生，二十一年（1756）中举。[1] 又依据《常州卜氏宗谱》中新发现的材料，知其号孟堂，康熙五十八（1719）年生，乾隆十五年（1750）顺天副榜，二十六年（1761）参加恩科会试之前三日卒，享年四十三岁。据黄一农先生考，卜邻在参加会试之前曾任职右翼宗学。[2]

关于曹雪芹在虎门出任何职，尚无定论。吴恩裕先生认为曹雪芹担任的是"事务管理性质的工作"[3]。石昕生先生认为"扬州旧梦久已觉，且著临邛犊鼻裈"一句，"并非泛泛用典，而是说雪芹在右翼宗学任厨工"[4]。《钦定学政全书·官学事例》："（宗学）清书教习二人，选罢闲满官及进士、举贡、生员善翻译者补充……"[5] 黄一农先生据此认为："曹雪芹应可用'善翻译生员'之资格考授右翼宗学的清书教习。"[6] 综合几位学者的说法，曹雪芹在右翼宗学所任职务应该是小差事。

既然曹雪芹与卜邻都曾在右翼宗学与敦氏兄弟相遇，说明两人在大致相同的时间段任职于右翼宗学，因此，他们有可能相识。

（9）黄克显

敦敏、敦诚的诗中还提及一位叫黄克显的人。敦敏《懋斋诗抄》有诗《黄去非先生以四川县令内升比部主事进京相晤话旧感成长句》："虎门绛帐遥回首，深愧传经负郑玄。"[7] 敦诚《四松堂集》有《黄西江（克显，字去

---

[1] 王其淦等《武进阳湖县志》，见《中国地方志集成》，凤凰出版社影印光绪五年刊本，卷19第34页、卷20第8页。
[2] 黄一农《析探〈春柳堂诗稿〉作者宜泉之交游网络》，《红楼梦学刊》2013年第6辑。
[3] 吴恩裕《曹雪芹的故事》，收入石尚存选编：《曹雪芹在北京的日子》，陕西人民出版社，2008年，第103页。
[4] 石昕生《曹雪芹在右翼宗学的职务》，《红楼梦学刊》1983年第2辑。
[5] 霍有明、郭海文校注《钦定学政全书》，武汉大学出版社，2009年，第271页。
[6] 黄一农《二重奏：红学与清史的对话》，中华书局，2015年，第439页。
[7] （清）敦敏《懋斋诗钞》，新文丰出版股份有限公司，1977年，第99页。

非)先生自蜀来京话旧感作》,在诗题中指出了黄克显的字号。此外,上文提及的敦诚、敦敏族叔恒仁所著《月山诗集》中有《黄去非见慰再叠前韵奉答》一诗,题下桂圃注:"先生讳克显,后陞比部正郎,时为先仲兄贻谋业师。"[1]可知黄克显是敦诚、敦敏兄弟以及贻谋在宗学的老师。

据周汝昌先生考证:"黄克显,江西上高县人,为宋代黄庭坚的后人,爱好文学,曾修《岳池县志》。由拔贡考取宗学教习,为敦诚入学后的老师。"[2]

与卜邻的情况类似,黄克显很可能与曹雪芹在同一时段任职于右翼宗学而相识。

黄一农先生进一步考证得知,黄克显"曾以外甥身份于乾隆三十二年序《马湖员山曹氏族谱》,黄氏时任刑部主事兼管北京海运仓监督。由于员山曹氏与曹雪芹家族同认曹彬为显祖,知黄克显与曹雪芹当时很可能以联宗之姻亲相交"[3]。即黄克显与曹雪芹因为连宗之姻亲关系而相交的可能性更大一些。

(10)孙灏

孙灏(1700—1760)字载黄,号虚船,有室名曰道盥斋。浙江省钱塘县人,著有《汝州三宝诗》。周汝昌先生考证"孙灏任敦诚在宗学时期的稽查宗学。曾在上书房当差,为皇子老师。善诗,因愤世嫉俗遭落职降调"[4]。周汝昌认为孙灏和曹雪芹右翼宗学存在职务上存在上下级的关系,且二人兴趣品性相投,他也有可能在右翼宗学与曹雪芹相交。

---

1 (清)恒仁《月山诗集》,商务印书馆,1939年,第44页。
2 周汝昌《曹雪芹传》,百花文艺出版社,2003年,第129页。
3 黄一农《二重奏:红学与清史的对话》,中华书局,2015年,第434页。
4 周汝昌《曹雪芹传》,百花文艺出版社,2003年,第131页。

二　曹雪芹在北京的"朋友圈"考述

(11) 钱维城

钱维城 (1720—1772)，字宗磐，号茶山，晚署稼轩，谥文敏，江苏武进人。乙丑状元，官至刑部尚书，能书善画，诗文俱佳，有《钱文敏公全集》传世。

《李陈合册》第六开题跋者钱维城，如前所述，宋庆中认为曹雪芹不大可能与他相识，沈治钧则认为曹雪芹有可能与他相识。故这里将其归为曹雪芹可能的朋友。

(12) 明义

明义《题红楼梦》中云："曹子雪芹出所撰《红楼梦》一部"[1]，吴恩裕先生指出，看这样的口气，明义很可能认识曹雪芹。[2]

富察明义，字我斋，生卒年存争议，生年有乾隆五年（1740）[3]、乾隆十五年（1750）[4]等不同说法。镶黄旗满洲人，明仁之弟。据介绍，"富察氏家族为世家大族，历代'以官为业'。乾隆、嘉庆以前，佐君之相比比皆是……乾嘉以后，'政坛失意，文坛得意'家族内涌现出一批文苑才俊"[5]。明义之父傅清曾任都统和驻藏大臣，乾隆十五年（1750）死于西藏叛乱。其兄长明仁曾承袭一等子爵，后亦死于军中。明义本人远离名利，一生都在上驷院做侍卫。敦诚《四松堂集》中《答念园即次来韵》云："无波舫（原注：念园斋名）里得相逢，又听环溪万壑松（原注：我园斋）"，说明敦诚

---

[1] 富察明义《题红楼梦》，见朱一玄编《红楼梦资料汇编》，南开大学出版社，2001年，第25页。
[2] 吴恩裕《曹雪芹丛考》，上海古籍出版社，1980年，第243页。
[3] 参看吴恩裕《明义的〈绿烟琐窗集诗选〉及其〈题红楼梦〉二十首诗》，见氏著《曹雪芹丛考》，上海古籍出版社，1980年，第203—209页。
[4] 吕晓华《富察明义生平考》，《科技信息》2009年第31期。
[5] 陶诗媛《清代富察氏家族文化研究》，西南大学2012年硕士论文。

曾前往明义的环溪别墅做客,他们应该是熟识的朋友。曹雪芹有可能通过敦诚认识明义。

(13)弘晓

虽然没有直接证据能够证明弘晓与曹雪芹之间有关系,但是,有线索显示,他们很可能认识。

弘晓(1722—1778),号秀亭,又号冰玉道人,别署讷斋主人。康熙十三子怡亲王允祥第七子,雍正八年(1730)8岁时袭怡亲王。乾隆八年(1743),因与宦官交结受到处分。[1]

曹家与怡亲王府关系颇为特殊。曹家被抄家后,雍正或顾及曹家与康熙之间的旧情,曾叮嘱曹频:"……你是奉旨交与怡亲王传奏你的事的,诸事听王子教导而行。你若自己不为非,诸事王子照看得你来;你若作不法,凭谁不能与你作福。不要乱跑门路,瞎费心思力量买祸受。除怡王之外,竟不用再求一人拖累自己。……若有人恐吓诈你,不妨你就求问怡亲王,况王子甚怜疼你,所以朕将你交与王子。"[2] 由此推断,曹家被抄家后或得到过怡亲王府的照顾。而现存己卯本《石头记》底本避"祥""晓"两代怡亲王的名讳,应该是以弘晓为首及其子侄们一起抄录的。[3] 基于怡王府与曹家的关系,有学者推测弘晓与曹雪芹很有可能相识,甚至脂怡本(己卯本)的底本可能直接借自曹雪芹。赵冈先生还推论,删改《红楼梦》后四十回并且进呈给乾隆的满人有可能就是怡亲王弘晓。[4]

---

1 赵尔巽等撰《清史稿》卷一百六十四,表四,《皇子世表》四,圣祖系,中华书局,1977年,第5121页。
2 故宫博物院明清档案部《关于江宁织造曹家档案史料》,二百六十四 江宁织造曹频请安摺雍正二年。
3 秋心《弘晓简介》,《满族研究》2000年第3期。
4 [美]赵冈《〈红楼梦〉删削进呈的当事人是否是怡亲王弘晓?》,《红楼梦学刊》2006年第6辑。

二 曹雪芹在北京的"朋友圈"考述

2. 证之以《废艺斋集稿》

《废艺斋集稿》第二册《南鹞北鸢考工志》(简称《考工志》)有董邦达所作"序",《瓶湖懋斋记盛》(简称《记盛》)残文及孔祥泽所撰《懋斋记盛的故事》(简称《记盛的故事》)的中心内容是记乾隆二十三年(1758)腊月二十四日敦敏在其家里举办的一次聚会,参加者共七人,董邦达是主客,过子龢、端隽、于叔度是陪客,敦敏、敦惠是主人,还有一位陪客是曹雪芹,另外还提到一位在白家疃与曹雪芹住在一起的白姓老妪。因为《废艺斋集稿》的真实性存疑,笔者将这些人视为曹雪芹可能的朋友。这些人中,除董邦达之外其他人的信息都很有限,黄一农先生提供的最新考证成果值得关注。

(14) 董邦达

董邦达(1696—1769),字孚存、争存,号东山、非闻,浙江富阳人。雍正十一年(1733)进士,乾隆二年(1737)授编修,官终礼部尚书,谥文恪。好书、画,篆、隶,得古法,山水取法元人,善用枯笔。其风格在娄东、虞山派之间,与董源、董其昌并称"三董"。依据《废艺斋集稿》中的相关内容,董邦达是瓶湖之会的主客,曾为曹雪芹所著《考工志》题签并撰序言。而且,在瓶湖之会前,曹雪芹与董邦达就认识。[1]

(15) 于景廉

据《考工志》"曹序"残文云:"于景廉(原注:字叔度,江宁人,从征伤足,旅居京师,家口繁多,生计艰难,鬻画为业)。"[2]曹雪芹正是为了教前来求助的于景廉"脱其困境之术"而教他扎制风筝,还常常为他绘制新图样谱,此即《考工志》的创作起因。

---

[1] 吴恩裕《曹雪芹〈废艺斋集稿〉丛考》,当代中国出版社,2010年,第22页。
[2] 吴恩裕《曹雪芹〈废艺斋集稿〉丛考》,当代中国出版社,2010年,第60页。

（16）过子龢

《记盛》及《记盛的故事》都提到了过子龢，也称过公、过三爷。《记盛的故事》云："过三爷号子龢，与敦敏是老交前辈，和董邦达是好友，今天敦敏特地请过三爷来，是为作陪的。……老人家七十多岁了，耳不聋、眼不花，精神头儿很足壮。"黄一农先生在《曹雪芹〈废艺斋集稿〉的证真》一文中对过子龢的身份做了考证，认为过子龢很可能是董邦达应该认识的过秉钧。过秉钧为奕譜长子，因在乾隆二十三年（1758）懋斋之会时已七十多岁，其生年应介于康熙二十九年（1690）至三十七年（1698）间，举人出身，曾历官从七品内阁中书。[1]从过公开始时问敦敏"何时得晤芹圃？今日能来否？"既见之后则云"今日可云幸会矣！"等语来看，过子龢与曹雪芹当为初次见面。

（17）惠哥

《记盛》中有过公对敦敏之语云："汝家惠哥学画事，岂少烦董公耶？"其中"汝家惠哥"曾经成为考证《废艺斋集稿》真伪的关键点之一。吴恩裕先生曾推测"惠哥"名为"敦惠"，为敦敏之堂弟、《废艺斋集稿》流传过程中重要人物之一的金福忠之先祖。[2]陈毓罴、刘世德两位先生从《爱新觉罗宗谱》中只找到了一位"敦慧"，且只传了两代到道光年间已绝嗣，从而成为质疑《废艺斋集稿》真实性的有力证据之一。[3]黄一农新近的考证

---

[1] 转引自黄一农《曹雪芹〈废艺斋集稿〉的证真》，《中国文化》2019年第1期。
[2] 《孔祥泽自述（上）》说："金福忠是敦诚、敦敏的叔伯弟弟的后代，（敦敏这个弟弟）应该叫惠哥儿，过继出去后改为惠敏，金福忠是敦惠的第六代孙。"据笔者掌握的资料，这是孔祥泽先生口中第一次出现"惠敏"，并与"敦惠"混用。黄一农按此线索，近期在《爱新觉罗宗谱》中查到了"惠敏"，并认为《宗谱》中的惠敏很可能即《记盛》中的"惠哥"，参见黄一农《曹雪芹〈废艺斋集稿〉证真》，《中国文化》2019年第49期。关于敦惠—惠敏的疑惑详见下文。
[3] 陈毓罴、刘世德《曹雪芹佚著辨伪》，《中华文史论丛》1978年第7辑，收入陈毓罴、刘世德《红楼梦论丛》，上海古籍出版社，1979年。

二　曹雪芹在北京的"朋友圈"考述

成果认为,"惠哥"("惠老四")的真名不是敦惠,而是为宗室敦敏的族弟惠敏。惠敏是额尔登图（或作额尔登格）第四子,且与敦敏同为努尔哈赤曾祖福满的第九世孙,乾隆二十年（1755）两岁时过继给前一年去世的堂房伯父武尔图。黄先生进一步考证出敦敏过继之后的曾祖为散秩大臣佛伦（1664—1735）,而佛伦与李煦家族有姻亲关系,由此推测,曹雪芹和敦敏均有可能透过李煦家而认识惠敏嗣父武尔图（雍正十三年即1735年卒）、祖父关保住（乾隆十五年即1750卒）,故而曹雪芹和敦敏都特别照顾惠敏。[1]

（18）□舅钮公

《记盛》残文云："先是,□舅钮公自闽返京（原注：七月会公初度,亲友多往〔贺〕者。世家子弟,〔鲜〕衣华服,与公酬酢,〔谗〕语佞色,公甚厌之,顾余曰：'富贵而骄奢者,未有不败也者,〔反〕不如布衣之足以傲王侯也。'）,度以所得藏画出示,而其伪莫辨。嘱余择所善者,即以为〔贶〕。"[2] 这位"□舅钮公"是《记盛》故事中的关键人物,他从福建回到北京,带回来许多字画,并将其中的宋代李龙眠《如意平安（图）》和明代商祚《秋葵彩蝶图》,瓶湖之会的主要目的就是请董邦达前来帮忙鉴定这两幅画的真伪。

黄一农先生最新考证的结果认为,"敦敏所称之'□舅'钮公只能是国舅",其真实身份是崇庆皇太后亦即乾隆生母钮祜禄氏之弟伊松阿,其大致论述思路如下：（1）钮公之"钮"字应该是满人的汉名或其氏族名的首字。（2）"□舅"后加"○公"的表述,有两种情况：一种是与当事人有姻亲关系,如母舅、娘舅、哲舅与家舅皆指母亲的兄弟等等；另一种是

---

[1] 黄一农《〈瓶湖懋斋记盛〉中的惠哥》,见氏著《红楼梦外：曹雪芹〈画册〉与〈废艺斋集稿〉新证》,台湾"清华大学"出版社,2020年。
[2] 吴恩裕《曹雪芹〈废艺斋集稿〉丛考》,当代中国出版社,2010年,第43—44页。

与当事人无姻亲关系,而是用来指称皇帝嫡母或生母之兄弟的国舅或皇舅。据《爱新觉罗宗谱》,敦敏家族除敦诚妻族外,无近支有可能被他称作"□舅钮公",敦敏所称之"□舅"只能是国舅,而雍正九年(1731)定爵位之名时,以外戚封承恩公并可世袭罔替,由此可知,国舅或其父必封承恩公,但承恩公不见得有"国舅"的称号。(3)据《记盛》记载,钮公曾获赐宅第,而赐第乃皇帝所给予的特殊恩宠,但能获此宠遇的人并不多。查相关资料,"乾隆二十三年共有六位承恩公同时在世,分别为佟佳氏的那穆图、钮祜禄氏的伊松阿、富察氏的明瑞、赫舍里氏的法尔萨、乌雅氏的柏永、纳喇氏的德禄,其中只有伊松阿是皇帝的母舅,也只有他因族名而可能被称作'钮公',知'□舅钮公'应就是崇庆皇太后钮祜禄氏之弟伊松阿。"[1]

(19)白姓老妪

《记盛》提到一位曾得到曹雪芹救助的老妪:"媪自称白姓,得雪芹顾恤,相处如一家人。"还记录了白姓老妪自述的身世经历以及与曹雪芹交往的详情,曹雪芹救助了孤寡无告的老妪,老妪以其家族坟侧之树助曹雪芹在白家疃构筑房屋,竣工之后,"以一室安白媪"。[2]

(20)端隽

出现在《记盛的故事》中的端隽,暂无考。

四、结语

综上,根据《懋斋诗钞》《四松堂集》《春柳堂诗稿》等材料推断,曹雪芹在北京交往密切的朋友有敦敏、敦诚、明琳、复斋、张宜泉等五位,

---

[1] 黄一农《曹雪芹〈废艺斋集稿〉的证真》,《中国文化》2019年第1期。
[2] 吴恩裕《曹雪芹〈废艺斋集稿〉丛考》,当代中国出版社,2010年,第45—46页。

可能认识的朋友有立翁、寅圃、贻谋、益庵、紫树、卜邻、黄克显、孙灏等八位。根据《题红楼梦》等其他材料推断曹雪芹可能的朋友有明义、弘晓等两位。

根据《李谷斋墨山水、陈紫澜字合册》所提供的材料，曹雪芹的朋友有陈浩与李世倬等 2 位，可能认识的朋友有钱维城，3 人生平均可考。

根据《种芹人曹霑画册》所提供的材料，曹雪芹的朋友有陈本敬、闵大章、铭道人、歇尊者等 4 位，其中，铭道人、歇君者不可考；陈本敬乃陈浩之子，生平可考；据黄一农先生考证，闵大章很可能是曾入国子监太学的闵焕元。

此外，在香山地区传说中，曹雪芹还有一位朋友叫鄂比，生平不可考。

根据《废艺斋集稿》所提供的资料，曹雪芹的朋友有董邦达、于景廉、过子龢、惠哥、□舅钮公、白姓老妪、端隽等 7 位，其中，董邦达生平可考，于景廉、白姓老妪、端隽生平不可考；据黄一农先生考证，过子龢有可能是董邦达熟识的过秉钧，惠哥有可能是与敦敏同为努尔哈赤曾祖福满的第九世孙惠敏，□舅钮公有可能是崇庆皇太后亦即乾隆生母钮祜禄氏之弟伊松阿。这些说法是否可靠，在下文相关章节中还会论及。

在上述相关材料中，《四松堂集》《懋斋诗钞》的真实性确定无疑；《春柳堂诗稿》《李陈合册》《画册》《废艺斋集稿》等几种材料的可靠性均有争议。就目前所掌握的材料及谈论的情况，笔者认为，《春柳堂诗稿》作者张宜泉为曹雪芹朋友的结论应该是可信的；《李陈合册》《画册》可谨慎倾向于"证真"；《废艺斋集稿》则宜谨慎持保留态度。

大致了解曹雪芹成年之后的可靠的以及可能的朋友圈，有利于更大范围地关注有效线索，进而为进一步研究曹雪芹的生平、思想以及创作提供帮助。

三

关于曹雪芹香山故居的论辩

据《关于江宁织造曹家档案史料》所载《上谕着江南总督范时绎查封曹頫》，曹家于雍正五年（1727）年底被抄家，随后接任江宁织造的隋赫德上奏雍正报告了曹家人口、财产情形，其中提道："曹頫家属蒙恩谕少留房屋以资养赡，今其家不久回京，奴才应将在京房屋人口酌量拨给。"[1] 此则史料可证曹雪芹与家人一起于雍正六年（1728）移住北京。至于曹家返京之后的住处，先住"蒜市口地方十七间半"，后来曹雪芹即迁出城里，[2] 住北京西郊，详细住处众说纷纭。

学界对曹雪芹西郊住处的讨论，主要依据两项材料，一是曹雪芹友人敦敏敦诚兄弟以及张宜泉的有关诗句；一是有关曹雪芹在西山的种种传说。这里，首先对这两项资料进行介绍，再集中梳理围绕香山正白旗39号院是否是曹雪芹故居这一问题的论争情况，以为进一步研究相关问题提供必要的参考。

---

[1] 故宫博物院明清档案部编《关于江宁织造曹家档案史料》，中华书局，1975年，第188页。
[2] 参见本书《曹雪芹在北京的"遗迹"考述》。

（一）曹雪芹友人的相关诗作

从曹雪芹友人敦敏敦诚兄弟以及张宜泉的有关诗作中可知，晚年曹雪芹曾栖身北京西郊某地，为了便于讨论，先将相关作品提供如下。

1. 敦敏《赠芹圃》

碧水青山曲径遐，薜萝门巷足烟霞。

寻诗人去留僧舍，卖画钱来付酒家。

燕市哭歌悲遇合，秦淮风月忆繁华。

新愁旧恨知多少，一醉酕醄白眼斜。——《懋斋诗钞》

2. 敦敏《访曹雪芹不值》

野浦冻云深，柴扉晚烟薄。

山村不见人，夕阳寒欲落。——《懋斋诗钞》

3. 敦诚《寄怀曹雪芹（霑）》

少陵昔赠曹将军，曾曰魏武之子孙。

君又无乃将军后，于今环堵蓬蒿屯。

扬州旧梦久已觉，（雪芹曾随其先祖寅织造之任）且著临邛犊鼻裈。

爱君诗笔有奇气，直追昌谷破篱樊。

当时虎门数晨夕，西窗剪烛风雨昏。

接䍦倒著容君傲，高谈雄辩虱手扪。

感时思君不相见，蓟门落日松亭樽。（时余在喜峰口）

劝君莫弹食客铗，劝君莫扣富儿门。

三　关于曹雪芹香山故居的论辩

残羹冷炙有德色，不如著书黄叶村。——《四松堂集》卷上

4. 敦诚《赠曹芹（雪芹）圃》

满径蓬蒿老不华，举家食粥酒常赊。

蓟门僻巷愁今雨，废馆颓楼梦旧家。

司业青钱留客醉，步兵白眼向人斜。

阿谁买与猪肝食，日望西山餐暮霞。——《四松堂集》卷上

5. 张宜泉《和曹雪芹西郊信步憩废寺原韵》

君诗曾未等闲吟，破刹今游寄兴深。

碑暗定知含雨色，墙颓可见补云阴。

蝉鸣荒径遥相唤，蛩唱空厨近自寻。

寂寞西郊人到罕，有谁曳杖过烟林。　——《春柳堂诗稿》

6. 张宜泉《题芹溪居士（姓曹，名霑，字梦阮，号芹溪居士，其人工诗善画）》

爱将笔墨呈风流，庐结西郊别样幽。

门外山川供绘画，堂前花鸟入吟讴。

羹调未羡青莲宠，苑召难忘立本羞。

借问古来谁得似？野心应被白云留。——《春柳堂诗稿》

7. 张宜泉《伤芹溪居士（其人素性放达，好饮，又善诗画，年未五旬而卒）》

谢草池边晓露香，怀人不见泪成行。

北风图冷魂难返，白雪歌残梦正长。

琴里坏囊声漠漠，剑横破匣影铓铓。

> 多情再问藏修地，翠叠空山晚照凉。——《春柳堂诗稿》

在上述诗作中，敦敏《赠芹圃》之"碧水青山曲径遐，薜萝门巷足烟霞"、《访曹雪芹不值》之"山村不见人，夕阳寒欲落"，敦诚《寄怀曹雪芹（霑）》之"于今环堵蓬蒿屯"、《赠曹芹圃（即雪芹）》之"满径蓬蒿老不华""日望西山餐暮霞"，张宜泉《和曹雪芹西郊信步憩废寺原韵》之"寂寞西郊人到罕"、《题芹溪居士》之"庐结西郊别样幽""门外山川供绘画"、张宜泉《伤芹溪居士》之"谢草池边晓露香""翠叠空山晚照凉"等诗句均被认为是曹雪芹栖居西郊之环境写照，至于具体与何处环境吻合，则不同论者解读不同。

早在1949年之前，研究者即根据敦诚《赠曹芹圃》之"日望西山餐暮霞"诗句，推测曹雪芹住在西山，但是，西山地区范围很大，北京西北连绵200余里的那条山脉，都泛称西山，曹雪芹的具体住处无法确定。后来，周汝昌先生在《红楼梦新证》一书的初版和再版中，曾设想西郊指海淀，但未加证实。

最早比较全面地研究曹雪芹西郊住处的是吴恩裕先生。1954年开始，吴先生着手调查研究，直到1977年5月写定《曹雪芹在北京西郊的住处》[1]一文，介绍了他本人以及其他相关学者20多年来在此问题上的研究情况，为后续研究者提供了非常重要的参考。

（二）有关曹雪芹西山居处的种种传说及推论

这里，主要参考吴恩裕先生《曹雪芹在北京西郊的住处》一文，介绍

---

[1] 吴恩裕《曹雪芹在北京西郊的住处》（文末注明1973年5月脱稿，1977年5月改定），见《曹雪芹丛考》，上海古籍出版社，1980年，第116—135页。下引此文，不再出注，只随文标出页码。

三 关于曹雪芹香山故居的论辩

几种主要传说或观点的来源。

1. 香山健锐营说

1954年，承德一位名叫赵常恂的镶红旗满人看到吴恩裕先生在《新观察》杂志上发表的《关于曹雪芹》一文后，主动写信告知吴恩裕，他幼年在北京西城丰盛胡同满蒙文学校读书时，有个家住香山健锐营的同学对他说，写《红楼梦》的曹雪芹当初住在香山健锐营，当地有人还可以指出他的故居遗址（图三十一）。吴恩裕先生回信反复询问详情，赵先生回信说，因为事隔年久，已不知那位同学的下落，也忘记了姓名，并且强调："关于曹雪芹穷居北京西郊健锐营说，系出于同学友谊的闲话，并无其他作用，故余虽未能征实，确信绝非诳语。"（《曹雪芹丛考》，第117页）

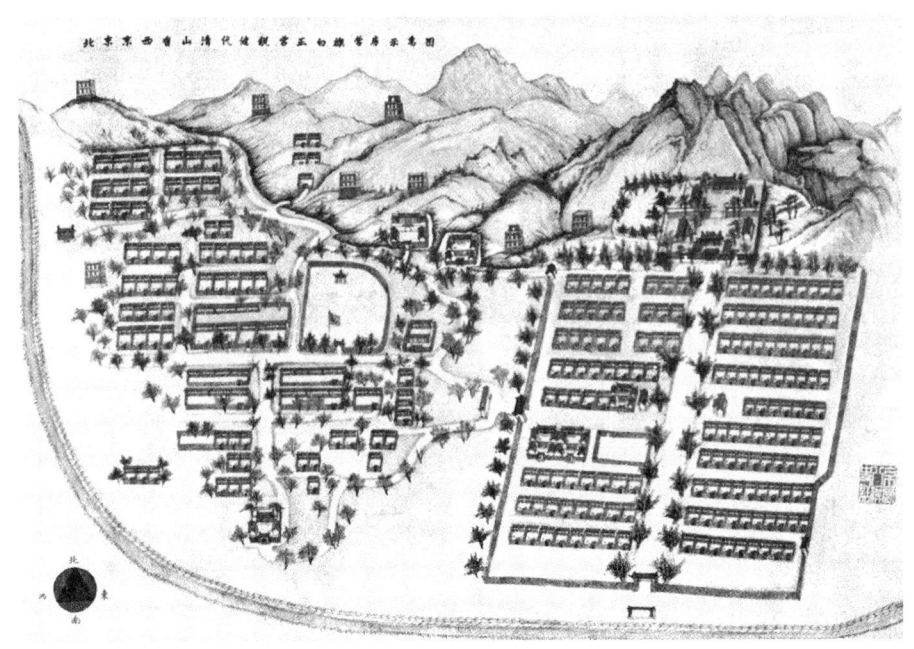

图三十一 北京京西香山清代健锐营正白旗营房示意图（曹雪芹纪念馆绘制）

2. 镶黄旗营说

1954年9月，住在上海的曹未风同样因为看到吴恩裕先生《新观察》杂志上发表的《关于曹雪芹》一文，来信告知吴恩裕："记得在1930年曾在北京西郊到过一个村子（在颐和园后过红山口去温泉的路上附近）名叫'镶黄旗营'。曾听到一位当地人士谈到，曹晚年就住在那里并死在那里。……事隔多年，可能记忆有误，提出来仅供参考。"（《曹雪芹丛考》，第117—118页）

3. 南辛庄杏石口说

吴恩裕先生曾于1959年出版《有关曹雪芹八种》一书，主要内容包括《四松堂集外诗辑》《四松堂集外诗集跋》《懋斋诗钞稿本考》《鹪鹩庵笔麈手稿考》《永忠的延芬室集底稿残本》《明义及其绿烟琐窗集诗选》《敦敏敦诚与曹雪芹》《考稗小记》等[1]，引起极大关注。1961年秋，北京市有关部门根据吴恩裕先生的《有关曹雪芹八种》，就曹雪芹的生平事迹在香山一带展开广泛调查，参与调查工作的周维群先生提出，与曹雪芹故居在健锐营之说相比，"勿论说在南辛庄的可能性更大些"（《曹雪芹丛考》，第118页），其理由主要是南辛庄的自然景物与"日望西山餐暮霞""门外山川供绘画""薜萝门巷足烟霞""山村不见人""庐结西山别样幽""蓬门僻巷愁今雨"等诗句所写比较吻合。

4. 卧佛寺左近北沟村说

周汝昌先生1963年出版的《曹雪芹》以及新版《红楼梦新证》都认为曹雪芹在西郊的住址在卧佛寺西南侧的北沟村，主要理由有二：一则根

---

[1] 吴恩裕《有关曹雪芹八种》，中华书局上海编辑所，1959年。后将第一种与第二种合并为《四松堂集外诗辑跋》，并增加《红楼梦脂砚斋批语浅探》《曹雪芹卒年考辩存稿三篇》《记关于曹雪芹的传说》三种，题为《有关曹雪芹十种》出版，中华书局上海编辑所，1963年。

三 关于曹雪芹香山故居的论辩

据传说认为"曹雪芹当日的故居左近,曾有成片的竹林子",卧佛寺旁樱桃沟、退谷地方的北沟村至今尚有竹子;二则认为"碧水青山曲径斜,薜萝门巷足烟霞""庐结西山别样幽""谢草池边晓露香""山村不见人,夕阳寒欲落"等诗句所写与此地环境吻合。

5. 由香山健锐营正白旗营迁至镶黄旗西营说

1963年3月,吴恩裕访问香山门头村正黄旗的张永海,据后者说,曹雪芹按"拨旗回营"的例,住在正白旗,在四王府之西、地藏沟左边靠近河滩的地方。那儿至今还有一棵二百多年的大槐树。曹雪芹每月应该拿四两银子,每季一石米,住三间房。乾隆二十年(1755)春天雨大,雪芹住的房子塌了,他住在香山的朋友鄂比帮他在镶黄旗营北上坡的碉楼下找到两间东房,曹雪芹生前就一直住在这里。

6. 正白旗39号说

香山正白旗39号院一共四间北房,靠东三间为一明两暗,西面连着单独一间。1971年因为修单独那间房的西壁,拆墙时发现有复壁,壁上有诗文。据说这四间房到二十世纪七十年代已有两百多年,户主舒成勋家自祖父起住在这里,也已一百多年。舒成勋根据题壁诗文结合传说,断定他们家那四间房子就是曹雪芹当年的故居。墙上共有古诗八首、对联两副[1],其中与曹雪芹研究最为相关的有以下三种(图三十二):

(1)无题(七律)

蒙挑外差实可怕,惟有住班为难大。

往返程途奏奔驰,风吹雨洒自喷嗟。

---

[1] 题壁诗具体内容及出处参见赵迅:《"曹雪芹故居"题壁诗的来源》,《红楼梦研究集刊》第1辑,上海古籍出版社,1979年。

图三十二 香山正白旗 39 号院题壁诗文

　　　　借的衣服难合体，人都穿单我还夹。
　　　　赴宅画稿犹可叹，途穷受气向谁发。
　　　　学题拙笔

（2）菱形对联

　　　　远富近贫以礼相交天下少　疏亲慢友因财而散世间多。真不错！

（3）扇形题诗

　　　　富贵途人骨肉亲，贫贱骨肉亦途人。
　　　　试看季子貂裘敝，举目亲人尽不亲。
　　　　岁在丙寅清和月下旬偶录于抗风轩之南几
　　　　拙笔学书

三 关于曹雪芹香山故居的论辩

此即引起学界极大兴趣的正白旗39号院题壁诗之代表作,其中"学题拙笔"与"拙笔学书"之诗被一些学者认为笔迹与传说为曹雪芹遗物之书箱[1]上的"五行书目"与《废艺斋集稿·南鹞北鸢考工志》之双钩"自序"相同,彼此互证三者均为曹雪芹笔迹;亦有学者认为此处两"拙笔"与书箱上"拙笔写兰"之拙笔亦字迹相同,均为曹雪芹笔迹。[2] 相关论争情况详见下文有关章节。

7. 公主坟迁正白旗旗营外说

1975年,香山正红旗席振瀛老人对吴恩裕先生说,曹雪芹是包衣正白旗,包衣不能"拨旗回营",被抄了家的人等于被剥夺了政治权利,更不能"回营"居住,所以,曹雪芹不可能住在正白旗营子内,而是在正白旗外的民房。席老先生认为,曹雪芹到了香山是住在镶黄旗营的坡上、玉皇顶下面的公主坟。乾隆时该地有一条小街,是一般居民、小商人以及更夫、马夫、杂役等人居住的地方。

8. 蓝靛厂火器营、门头村、大有庄等说法

韩永曾听说曹雪芹住过蓝靛厂的火器营;席振瀛和其他人还说,曹雪芹住过门头村;舒成勋说,他的一个朋友说,曹雪芹住过颐和园附近安河桥一带的大有庄等地。

从吴恩裕先生的介绍中可知,上述种种说法,周维群提出的南辛庄杏石口说、周汝昌提出的卧佛寺左近北沟村说属于按照相关诗作推测而来;舒成勋提出的正白旗39号说乃根据传说与题壁诗结合推测而来;其他几种说法纯为口头传说。

---

1 详见本书《关于曹雪芹书箱真伪的论辩》。
2 邓遂夫《曹雪芹箱箧镌刻字画新探——兼与吴恩裕、冯其庸商榷》,见氏著《红学论稿》,重庆出版社,1987年;又见氏著《草根红学杂俎》,东方出版社,2004年。

（三）吴恩裕的观点及之后的相关讨论

吴恩裕先生在介绍了上述各种传说和推论之后，对曹雪芹西山住处问题提出了自己的看法，包括以下几个方面。

1. 曹雪芹由北京城里迁住西郊的时间

关于曹雪芹由北京城里迁出北京城的时间，周汝昌在《红楼梦新证》中认为是乾隆二十一年（1756）。[1] 吴恩裕根据《南鹞北鸢考工志》"自序"及孔祥泽提供的《瓶湖懋斋记盛》"阙文"中的相关内容推测，认为应该是乾隆十五（1750）、十六年（1751）间；再则，上述敦诚《寄怀曹雪芹（霑）》"少陵昔赠曹将军，曾曰魏武之子孙"一诗乃乾隆二十二年（1757）从喜峰口寄给雪芹的，从诗中语气看，当时曹雪芹和敦氏兄弟分手去西郊继续写书"已经不是很短时期的事了"（《曹雪芹丛考》，第122页）。

2. 关于曹雪芹在西郊的住址

吴恩裕先生根据有关传说，认为曹雪芹在西郊的住处很可能并非只有一处，而是"甲、乙、丙三个地方先后都住过"（《曹雪芹丛考》，第122页）。具体来说，吴先生关于曹雪芹西郊住处的看法如下：

（1）曹雪芹不可能住周汝昌所说的北沟村，理由为：一则以北沟村一带的竹林为线索探讨曹雪芹故居不可靠，因为现在有竹林不能证明200多年前也有竹林；二则乾隆二十几年时香山是几千健锐营兵丁及家属聚居之地，很难说会像曹雪芹朋友诗中所写的那样"幽僻""荒凉"；三则自然环境与敦氏兄弟及张宜泉诗中所写不相符，如"日望西山餐暮霞"之方位即对不上；四则前述敦诚敦敏的相关诗作都写于乾隆二十六年（1761），其时曹雪芹已迁居白家疃，张宜泉"庐结西郊别样幽"之"结"非一般理

---
[1] 周汝昌《红楼梦新证》（1953年由棠棣出版社初版），华艺出版社，1998年，第577页。

三 关于曹雪芹香山故居的论辩

解的"住",而是盖房子的意思,根据《瓶湖懋斋记盛》,此时曹雪芹已经在白家疃盖了房子住在那里。

(2)曹雪芹住过西郊香山健锐营的公主坟,包括镶黄旗的北上坡和正白旗两处。吴恩裕采信赵常洵提出的健锐营说,又结合曹未风、张永海、舒成勋、席振瀛等多人提供的不同传说,推断曹雪芹在香山健锐营一带住过,居处地点是镶黄旗营上边、玉皇顶下面公主坟亦即北上坡和正白旗两处。就此,吴恩裕先生还特别强调了两点:

第一,镶黄旗营村庄不在"过红山口去温泉的路上"。曹未风曾说,他去过镶黄旗营村庄,在颐和园后过红山口去温泉的路上。经调查,圆明园八旗兵营中的镶黄旗营不在"过红山口去温泉的路上",而白家疃则正好在去温泉的路上,因此,吴恩裕怀疑曹未风是将曹雪芹住过镶黄旗营的传说与白家疃村混在一起了。

第二,曹雪芹不可能住在正白旗营子里。张永海说,曹雪芹按"拨旗回营"的例住在香山正白旗营子里;席振瀛说,曹雪芹是包衣旗,不能"拨旗回营"居住。而根据1963年北京市文化局的调查报告,当时"各营都有营墙""营房属于禁地,从不允许外人居住"。据此,吴恩裕先生认为曹雪芹是住在正白旗营子外附近的一般居民房屋,具体是在从正白旗营下的河滩向峒峪村去的中间一带的某个地方。至于周维群提出的曹雪芹住过南辛庄杏石口,吴恩裕认为,不是不可能,但是,即使住过,也不能拿二敦及张宜泉的诗句来作为他住过那里的证明,因为"荒凉幽僻的所在"在北京西郊是到处皆是的。

(3)正白旗39号不能断定为曹雪芹的住处

1971年4月4日,香山正白旗39号(原为38号后来编为39号)老屋墙皮里面的复壁上偶然发现有诗文墨迹,屋主舒成勋等人根据相关信息

怀疑此旗下老屋是曹雪芹故居。（详见下文）

自1972—1977年，吴恩裕先生曾先后多次去过正白旗39号，也多次与舒成勋交谈。经过分析，吴恩裕先生认为，该房子是两百年前的旧屋并不能直接说明即是曹雪芹的故居所在；而墙上的诗句"绝不是曹雪芹的诗"，理由有三：一是从内容上认为绝不是曹雪芹的诗；二是引吴世昌先生写于1971年6月9日的《调查香山健锐营正白旗老屋题诗报告》（打印本）中的说法，从扇形诗中的署年判断不是曹雪芹所作，认为"岁在丙寅清和月下旬"之"丙寅"最早为乾隆十一年（1746），当时传说中鄂比送给曹雪芹的对联尚未出现，雪芹也还没有移居郊外，而且，"墙上的丙寅，可以定为1806年，其时雪芹已死了四十多年"；三是对联是旁人赞美雪芹的话，他不会自己再加上"真不错"。总之，吴恩裕先生认为，"舒成勋的住宅不能断定是雪芹在正白旗的居处，虽然雪芹当日在正白旗的居处也必定在那个地方的附近"（《曹雪芹丛考》，第1127页）。

（4）曹雪芹迁住北京西郊的第一个住所可能是蓝淀厂，即火器营所在地。吴恩裕认为，韩永和席振瀛等人提供的关于曹雪芹曾经住过蓝淀厂火器营的传说真实性很大，理由有二：一是根据孔祥泽《懋斋记盛的故事》[1]所说，于叔度在乾隆十九年（1754）曾信步出城，意欲觅地自杀未果，又继续向前走，"不觉地"就走进了雪芹住处，从西直门到火器营距离较近；而且，根据白媪对敦敏所说"因闻雪芹又将远徙"之"又"字，说明曹雪芹于乾隆二十三年迁往白家疃至少是第二次"远徙"了，之前的第一次"远徙"很可能是从火器营迁到香山健锐营。二是1976年6月7日，吴恩裕曾与吴茜一起访问过时年81岁的回民麻廷惠老人，麻家世世代代给人打夯，打夯时经常会唱夯歌，其中有一个夯歌就是关于《红楼梦》的，当时

---

[1] 段江丽《关于〈废艺斋集稿〉的来龙去脉及真伪论争》，《曹雪芹研究》2019年第3期。

三 关于曹雪芹香山故居的论辩

还背了 70 多句，内容是叙说宝玉探望黛玉的。吴恩裕认为，"'红楼梦夯歌'在蓝淀厂、小屯一带的流传，和张永海家从乾隆年间以来就世代相传地在香山一带唱《红楼梦》的莲花落，都同样可以作为曹雪芹曾经住过这两个地方的佐证"（《曹雪芹丛考》，第 128 页）。

（5）曹雪芹于乾隆二十三年（1759）春夏之际前往香山白家疃村

吴恩裕先生在相信《废艺斋集稿》为真的前提下，坚信曹雪芹于乾隆二十三年（1759）前往北京西郊去温泉路上的白家疃村，且根据实地考察，认为行走路线应该是由卧佛寺后登山向西北行，行至山顶，再向山下走，大约不过 10 里多，即到达白家疃村。吴先生还根据当地几位老人介绍的一些情况，再结合敦诚《瓶湖懋斋记盛》中的相关记载，推测了当初曹雪芹四间土屋的大致位置在白家疃村的最西头，而且指出，白家疃村的实地情况与敦氏兄弟及张宜泉等人相关诗句所写可以互相印证，其中张宜泉《题芹溪处士》中"庐结西山别样幽"之"结"则是指"自己盖房子"。至于曹雪芹迁居白家疃的原因则可能是因为经济拮据，抑或是为了逃避健锐营附近小社会的尘嚣，恰值可能有白家疃的朋友怂恿，加上有白媪助以盖房子的木料，于是就在那里盖起新居，搬迁过去了。

总之，结合相关传说及大量田野调查，再结合二敦、张宜泉等人的诗作、《废艺斋集稿》等相关资料，吴恩裕先生认为，除了周汝昌提出的卧佛寺左近北沟村、舒成勋先生提出的香山正白旗 39 号院不可信之外，其余有关西山曹雪芹的住处传说都是有可能的，包括香山健锐营的公主坟（包括镶黄旗的北上坡和正白旗）南辛庄杏石口、正白旗旗营外、蓝靛厂火器营、门头村、大有庄、白家疃等地方。至于曹雪芹从北京城里迁居西山的时间，吴恩裕认为应该是乾隆十五六年（1750—1751），而非周汝昌提出的乾隆二十一年（1756）；由城里迁居西山的第一个住处可能是蓝淀厂火器营，然后迁居过不止一处，最后于乾隆二十三年春夏之际由香山健锐营附近前往白家疃村。

3. 吴恩裕之后的有关讨论

吴恩裕先生关于曹雪芹西郊住处的研究影响很大，其材料及观点为后来的研究者提供了直接的借鉴，也引发了诸多争议，比如关于曹雪芹迁居北京西山的时间、在西郊的具体住处等等，而争议最大的无疑是香山正白旗39号院是否是曹雪芹故居的问题。

关于曹雪芹迁居西郊的时间，在吴恩裕先生之后，代表性的观点有：

（1）乾隆十六年（1751）说：徐恭时先生指出，"据传说，曹雪芹从京城内迁居西郊，最早住过海甸（淀），从史料排比，时间当在乾隆十六年间"[1]，主要论据是通过张宜泉《春柳堂诗稿》中相关诗作推考曹雪芹与张宜泉的交游过程。

（2）乾隆十九年（1754）说：吴新雷先生认为，"乾隆十九年（1754），右翼宗学改组，搬到宣武门内绒线胡同新址去了。雪芹大概在这个时候离开了宗学，由于生活没有着落，只得迁居西山旗地"[2]。

（3）乾隆十一年（1746）说：舒成勋述、胡德平整理的《曹雪芹在西山》提出，"题壁诗"上署年"丙寅"应该是指乾隆十一年（1746），不能"断定"此时曹雪芹"尚未迁居西山"[3]，言下之意是此时曹雪芹已经迁居西山。

（4）乾隆十七至二十年（1752—1756）说：曾保泉先生推测，曹雪芹离开城里迁居西郊的时间"大概在乾隆十七（1752）到二十年（1755）之

---

[1] 徐恭时《有谁曳杖过烟林——曹雪芹和张宜泉在北京西郊活动之断片》，原刊《红楼梦研究集刊》第1辑，上海古籍出版社，1979年；收入氏著《红雪缤纷录》，阅文出版社，2019年，第63页。
[2] 吴新雷《曹雪芹》，江苏人民出版社，1983年，第37页。
[3] 舒成勋述，胡德平整理《曹雪芹在西山》，文化艺术出版社，1984年，第84页。

三　关于曹雪芹香山故居的论辩

间"[1]。

（5）乾隆六七年（1742—1743）说：胡文彬先生认为，曹雪芹回到京城后生活非常凄苦，告贷无门，接受了敦氏兄弟的劝告，"于乾隆六七年（1742—1743）间毅然决然地离开城内，举家迁往北京西郊，开始创作《红楼梦》"[2]。

以上5种说法再加上前述周汝昌、吴恩裕两位先生的观点，关于曹雪芹迁居北京西郊的时间至少有七种不同意见，时间跨度自乾隆六七年（1742—1743）至乾隆二十年（1755），差别达十多年，具体情况为：吴恩裕说乾隆十五六年（1750—1743），徐恭时说乾隆十六年（1751），曾保泉说之上限为乾隆十七年（1752），三家观点比较接近；吴新雷说乾隆十九年（1754），与曾保权所说下限乾隆二十年接近；另外三家周汝昌说乾隆二十一年（1756）、舒胡说最晚乾隆十一年（1746）、胡文彬说乾隆六七年（1742—1743）。

综合各家的证据及相关分析，基本都属于推测，有的甚至只提出了观点，未加具体论述。相对来说，徐恭时先生结合敦氏兄弟以及张宜泉的相关诗作写作时间，又参考相关传说，其结论比较有说服力。比如，敦敏《吊卜宅三孝廉》云："昔年同虎门，连吟共结社"；《寄怀曹雪芹（霑）》云："当时虎门数晨夕，西窗剪烛风雨后"，此虎门指右翼宗学已得到学界公认，上引诗句说的是敦氏兄弟在右翼宗学期间与卜宅三、曹雪芹等人结社吟诗的情形。敦诚兄弟于乾隆九年（1744）二月入右翼宗学，乾隆十九年（1754）

---

[1] 曾保泉《曹雪芹与北京》，中国妇女出版社，1993年，第116页。
[2] 胡文彬《红楼梦与北京》，陕西人民出版社，2008年，第22页。不过，胡文彬先生早年在《曹雪芹隐居实考》（《红楼梦学刊》1983年第2辑）一文中，亦曾根据敦诚所写《寄怀曹雪芹》一诗的写作时间和用词，推断雪芹迁居西郊的时间上限是在乾隆十五六年（1750—1751）。

离学。再参以其他相关材料，敦氏兄弟与卜宅三、曹雪芹等人结诗社时间或在乾隆十三四年间（1748—4749）。[1]因此，可以推测此时雪芹尚在城里、未曾迁居西郊，而徐恭时说曹雪芹于乾隆十六年（1751）迁居西郊则与此并不矛盾。

关于曹雪芹在北京西郊住处，在吴恩裕先生之后，学者们的观点大同小异，徐恭时先生的说法比较有代表性：

> 到目前为止，曹雪芹住在西郊何处？还未查到文字记载。但民间的传说材料却不少。笔者多年来搜集到的传说地点，综合归纳，有这些地方——海甸（淀）、蓝靛厂、峒峪村附近、镶黄旗北营附近、北沟村、北辛庄、杏石口、北上坡、公主坟、玉皇顶等等。至于白家疃，故作为传说之一。[2]

徐先生所罗列的曹雪芹在西郊的住处与前述吴恩裕介绍的基本相同，补充了海甸（淀）之说[3]，并对吴先生力主的白家疃村之说持保留态度。有关曹雪芹在西山居处的传说，最详细的介绍见于山民、杏林合作编著的《曹雪芹与燕京》一书。该书还介绍了香山一带流传的有关曹雪芹的许多故事，包括献策助人、智惩恶人、行医救人、棋技高超、与鄂比及红脸大汉为友

---

[1] 徐恭时《曹雪芹传略》，见氏著《红雪缤纷录》，阅文出版社，2019年，第202—203页。
[2] 徐恭时《有谁曳杖过烟林——曹雪芹和张宜泉在北京西郊活动之断片》，原刊《红楼梦研究集刊》第1辑，上海古籍出版社，1979年。见徐恭时《红雪缤纷录》，阅文出版社，2019年，第58页。
[3] 曹雪芹曾住海淀一带的传说参见周汝昌《曹雪芹传》："我在京西海淀的时候，有人告诉我，当地人有传述曹雪芹曾在海淀一带住过的说法。虽未知确否，但不无可能。……其移居西山脚下，应非一次直接之远路迁徙，应当是逐步流落、愈徙愈远之故，揆其情理，亦必经海淀一带。"《曹雪芹传》，百花文艺出版社，2003年，第143—144页。

三 关于曹雪芹香山故居的论辩

以及与香山相关的《红楼梦》创作素材等等[1]，这里不赘。接下来集中梳理围绕正白旗 39 号院的相关争议。

（四）关于正白旗 39 号是否是曹雪芹故居的论争

关于香山正白旗 39 号院的历史沿革以及题壁诗的发现过程，屋主舒成勋有详细介绍。[2] 综合相关资料，大概过程为：1971 年，舒家因为北房西头单间的二檩折裂了，舒家人计划修缮一下。4 月 4 日，舒成勋夫人陈燕秀在家里收拾西屋往外搬东西，在搬床时床板上的铁钩把西墙的灰皮碰掉一块，无意中发现墙皮剥落处里面还有一层白灰墙，墙皮上有很多墨笔写的字迹。舒家人次日向香山街道办事处做了汇报；4 月 6 日，街道及派出所派人到舒家了解情况；4 月 9 日，北京市文物管理部门派于杰等人前往调查，不久做出了否定性判断；5 月 13 日，红学家吴世昌应有关部门邀请前往舒家考察，于 5 月 27 日写出《调查香山健锐营正白旗老屋题诗报告》，认为题诗及房屋均与曹雪芹无关，并附俞平伯写于 6 月 9 日的"附书"，完全同意吴世昌的意见："我没有能去西山实地考察，读了吴世昌同志的报告，非常清楚。壁上的诗肯定与曹雪芹无关、虽是'旗下'老屋，亦不能证明曹雪芹曾住过。吴的结论，我完全同意。如另有字迹发现，用摄影保存，无碍于拆建。俞平伯 附书 一九七一年六月九日"；[3] 6 月 9 日，北京市文物管理处把带有诗文墨迹的墙壁剥出来运回收存。题壁诗原件后来转

---

[1] 山民、杏林《曹雪芹与燕京》，山东美术出版社，2010 年。
[2] 舒成勋述，胡德平整理《曹雪芹在西山》之《西轩传世的题壁文字》，文化艺术出版社，1984 年，第 57—87 页。
[3] 见于吴世昌《调查香山健锐营正白旗老屋题诗报告》，《红楼梦研究集刊》第 1 辑，上海古籍出版社，1979 年。

移到了北京植物园管理处，2003年由时任北京植物园曹雪芹纪念馆馆长李明新女史协调，又从植物园管理处拉到了纪念馆保存至今。¹

香山正白旗39号院发现题壁诗的消息传出之后引起了许多人的兴趣，也有吴世昌、吴恩裕、胡文彬、周雷等学者就相关问题做过论述，但是，相关文章公开发表并引起关注和争论则始于香港《明报月刊》1978年6月发表的《曹雪芹故居之发现》一文，从11个方面做了介绍，认为39号院即曹雪芹故居。²黄氏父子的文章刊出之后引起海内外诸多学者参与讨论，吴世昌、俞平伯以及吴恩裕等学者之前的相关文章及观点也重新受到关注。³

1978年至今，关于正白旗39号院是否是曹雪芹故居一直存在争议，主真者代表主要有舒成勋、胡德平、赵迅、严宽、李强、冯精志、冯华志、赵书、樊志斌等先生；主伪者主要代表有吴恩裕、吴世昌、周汝昌、曾保泉、金实秋、邓庆佑、胡铁岩等先生；也有些学者由肯定转向了否定，如胡文彬、周雷等先生。⁴孙玉明《香山"曹雪芹故居"真假之争》曾就1978—

---

1 笔者于2020年2月20日微信联系，与李明新女史确认相关经过。
2 黄震泰原稿，黄庚编撰《曹雪芹故居之发现》，香港《明报月刊》1978年第150期增刊。
3 目前所见关于39号院是否是曹雪芹故居的文章中，与黄震泰父子之文比，写作时间早而刊发时间晚的有：吴世昌《调查香山健锐营正白旗老屋题诗报告》，文末注明写于1971年5月27日，刊于《红楼梦研究集刊》第1辑，上海古籍出版社，1979年；吴恩裕《记张永海关于曹雪芹的传说》，篇首注明整理时间为1976年7月25日，刊于《曹雪芹丛考》，上海古籍出版社，1980年；胡文彬、周雷《应当重视香山正白旗清代题壁诗的发现》，写于1973年6月，刊于胡文彬、周雷《红学丛谭》，山西人民出版社，1983年。
4 胡文彬、周雷在《应当重视香山正白旗清代题壁诗的发现》一文中对39号为曹雪芹故居倾向于肯定；在《驳"曹雪芹故居之发现"说——香山清代题壁诗文墨迹考析》（《红楼梦学刊》1979年第1辑）一文中转为比较明确的否定。从两篇文章的写作时间（而不是发表时间）来说，应该是由倾向肯定转向明确否定。

三 关于曹雪芹香山故居的论辩

2006年期间的有关论争做了综合介绍[1],值得参考。这里,在参照既有研究的基础上就有关真伪论争的关键要点梳理如下。

1. 主真方的证据

主真方对正白旗39号院(简称"39号院")为曹雪芹故居的判断主要基于以下几项理由:

(1)题壁诗中菱形对联与传说中鄂比送给曹雪芹的对联相似(图三十三)。

题壁诗中有排列成菱形的一副对联云:"远富近贫以礼相交天下少,疏亲慢友因财而散世间多";而早在1963年3月,吴恩裕、吴世昌、周汝昌等人往访香山正白旗张永海老人时已经听说过,曹雪芹迁居西郊之后,

图三十三 香山正白旗39号院题壁诗文近景

---

[1] 孙玉明《香山"曹雪芹故居"真假之争》,《红楼梦学刊》2006年第3辑。

其友人鄂比曾送给他一副对联:"远富近贫以礼相交天下有,疏亲慢友因财绝义世间多。"[1]两相比较,只有三字之差,即"有—少""绝义—而散"。自始至终,这副对联成为主真方最有力的证据,如赵冈在《曹雪芹故居的问题》一文中认可39号为曹雪芹故居,并且强调:"支持舒宅是雪芹故居最优的证据是那一副对联"[2];冯精志、冯华志《一个不容忽视的发现——香山正白旗39号题壁诗文之考析》一文认为,当传说中的这副对联"以文字形式出现在相传曹雪芹故居所在范围内的一幢老宅墙上,则不能不认为老宅与曹雪芹有一定的关系"[3];舒成勋、胡德平《曹雪芹在西山》一书中列出了39号院为曹雪芹故居的7条理由,其中之一就是在题壁诗中发现了八年前即见之于张永海老人口中的对联,强调房屋主人没有"把八年以前的传说和记录,移花接木,复制到墙上的本事"[4];樊志斌亦认为:"在曹雪芹故居范围内发现了曹雪芹生活时代友人赠送给曹雪芹的对联,因此,正白旗三十九号院应该就是曹雪芹在正白旗的居所。"[5]

(2)39号院附近的环境与传说中曹雪芹住所环境相符合。

吴恩裕曾结合多种传说并通过多次实地调查之后推断曹雪芹在西郊的住处:"曹雪芹在香山的健锐营一带住过,居处地点是镶黄旗上边,玉

---

[1] 吴恩裕《记张永海关于曹雪芹的传说》(1976年7月25日整理),见氏著《曹雪芹丛考》,上海古籍出版社,1980年,第148页。
[2] 赵冈《曹雪芹故居的问题》,香港《明报月刊》1978年第152期。
[3] 冯精志、冯华志《一个不容忽视的发现——香山正白旗39号题壁诗文之考析》,《红楼梦学刊》1981年第2辑。
[4] 舒成勋述、胡德平整理《曹雪芹在西山》,文化艺术出版社,1984年,第79页;胡德平《说不尽的红楼梦:曹雪芹在香山》,中华书局,2004年,第75页。
[5] 樊志斌《曹雪芹故居何处寻》,博览群书,2011年。

皇顶下面的公主坟亦即北上坡和正白旗两处。"[1]并记录了张永海老人对曹雪芹住处具体环境的介绍："他住的地点在四王府的西边，地藏沟的左边靠近河的地方；那儿今天还有一棵二百多年的大槐树。"[2]再，香山一带有关《红楼梦》的莲花落说曹雪芹住处，"门前古槐歪脖树，小桥溪水野芹麻"。舒成勋认为，39号院的地点、环境正与这些传说的情形相符合。[3]

（3）题壁诗与《南鹞北鸢考工志》双钩曹雪芹"自序"、曹雪芹书箱"五行书目"笔迹一致（图三十四）。

1973年，吴恩裕在《文物》上刊发了《曹雪芹佚著和传记材料的发现》一文[4]，在完全信其为真的前提下，介绍了据传是曹雪芹遗著的《废艺斋集稿》，其中有半页由孔祥泽"双钩摹写"的《南鹞北鸢考工志》曹雪芹"自序"，被认为是曹雪芹的笔迹。[5]

图三十四 双钩自序与五行书目笔迹对比

---

1 吴恩裕《曹雪芹在北京西郊的住处》，见氏著：《曹雪芹丛考》，上海古籍出版社，1980年，第125页。
2 吴恩裕《记张永海关于曹雪芹的传说》，见氏著：《曹雪芹丛考》，上海古籍出版社，1980年，第147页。
3 舒成勋述、胡德平整理《曹雪芹在西山》，文化艺术出版社，1984年，第80—81页。
4 吴恩裕《曹雪芹佚著和传记材料的发现》，《文物》1973年第2期。
5 关于《废艺斋集稿》真伪论争，参见段江丽《关于〈废艺斋集稿〉的来龙去脉及真伪论争》，《曹雪芹研究》2019年第3期。该文亦收入本书。

1977年10月，有两只被认为是曹雪芹遗物的书箱被外界所知，两个书箱的门上都刻有兰花，左右相对。左边书箱上端题刻"乾隆二十五年岁在庚辰上巳"，右下角题刻"拙笔写兰"；右边书箱箱门背面刻了五条书单，被学术界称为"五行书目"，且有学者认为"五行书目"与双钩曹雪芹"自序"笔迹一致。[1]

舒成勋介绍，他曾与双钩摹写曹雪芹"自序"的当事人孔祥泽、书箱主人张行在香山正白旗39号院相聚，孔祥泽开始不认为题壁诗是曹雪芹的笔法，后来看到"那些被人铲掉而丢弃的'今日''为炊''旁观啧啧'等隶书灰皮时"，则"深信这正是曹先生的亲笔书写了"，"孔先生根据他双钩摹写曹公手书文稿的经验判断，某些行书残片就是曹公的笔体"。[2]

北京曹雪芹纪念馆于2008年组织相关专家对题壁诗进行了科学鉴定。11月17日，李明新馆长请来公安部资深文检专家李虹先生，经过对题壁诗原件照片、书箱上"五行书目"照片以及"曹雪芹自序双钩摹本"的照片做了比对，11月24日又看了题壁诗原件及书箱原件，同时邀请了颐和园研究室清代木器小器作专家姚天新、高级美工师戚明等先生到场，大家一起进行了交流，最后李虹提供了结论："（1）正白旗39号题壁诗所有诗文，皆为一人所书，不存在多人并书的情况；（2）正白旗39号'题壁诗'、书箱'五行书目'、《南鹞北鸢考工志》'曹雪芹自序'三者笔迹一致，为一人所书。"[3]2010年6月的一天，笔者曾陪同中国政法大学书法专家孙鹤教授等友人参观北京曹雪芹纪念馆，孙鹤教授应我们的请求，就展览品中

---

[1] 关于"书箱"详情，请参见本书《关于曹雪芹书箱真伪的论辩》。
[2] 舒成勋述、胡德平整理《曹雪芹在西山》，文化艺术出版社，1984年，第76—77页。
[3] 北京曹雪芹纪念馆《关于正白旗三十九号"题壁诗"的一次鉴定》，《曹雪芹研究》2011年第2辑。

三 关于曹雪芹香山故居的论辩

的题壁诗、五行书目、双钩自序三者的笔迹做了大致比对，认为笔迹相似。

此外，李强还曾将广州凌立茂带来的有"曹雪芹书"的"瓷联行书字体"与"题壁诗""书箱"上载有的"拙笔行书字体"进行对照，发现三者出自一人之手，由此确定正白旗39号为曹雪芹故居。[1]

迄今为止，题壁诗笔迹乃主真方最有力的证据。

（4）有些题壁诗的思想主旨与曹雪芹《红楼梦》中的某些内容一致。

舒成勋认为，菱形对联的主旨与《红楼梦》中《红楼梦十二支》曲的主题歌、《好了歌》《好了歌解》有着密切的关系；[2]胡文彬、周雷在《应当重视香山正白旗清代题壁诗的发现》一文中主要分析了古诗"吴王在日百花开"，认为"此诗的思想风格，有点近似《红楼梦》里的《葬花词》，不过像是宝玉的身份口气。当然，这不会是雪芹的手笔，却可能是曹雪芹的亲友辈或崇拜者的仿作"[3]。黄震泰、黄庚《曹雪芹故居之发现》亦认为，用"吴王""六桥烟柳""鱼沼秋蓉"及"有花无月"两残句与曹公在红楼梦中所作各诗词比较，很容易发现其风格与重叠之用字法是相同的，尤其是"吴王"一首及"有花无月"两句，的确与廿七回的葬花词与七十回的桃花行，在意境上有若干相似之处，后者很可能就是根据前者延长发展而成的；"途人骨肉"的扇面诗和曹雪芹在《红楼梦》中写的标题诗"朝扣富儿门，富儿犹未足，虽无千金酬，嗟彼胜骨肉"及回末诗"得意浓时易接济，受恩深处胜亲朋"比较，可以看出其对骨肉亲朋间的贫富势力世态炎凉的

---

[1] 李强《做不完的红楼梦 曹雪芹在香山正白旗》，中国文联出版社，2007年，第133页。所谓"曹雪芹书""瓷联行书字体"详情待考。——引者注
[2] 舒成勋述，胡德平整理《曹雪芹在西山》，文化艺术出版社，1984年，第83页。
[3] 胡文彬、周雷《应当重视香山正白旗清代题壁诗的发现》（写于1973年6月），见胡文彬、周雷：《红学丛谭》，山西人民出版社，1983年。

慨叹是一致的。¹

（5）题壁诗写作时间与书箱题字时间吻合。

舒成勋介绍，正白旗39号原是清朝国家盖的营房，他家祖上大约乾隆末年到嘉庆初年搬来这所房子，已经五代未易其居了。²

关于题壁诗写作时间，1975年农历八月二十九日，著名文物鉴赏家张伯驹曾偕夏承焘、钟敬文、周汝昌等人访问39号院，看过"题壁诗"照片，张伯驹后来有《浣溪沙》词记载当日之事，注云："按，发现之书体、诗格及所存兔砚断为乾隆时代无疑。"³至于具体题写时间，题壁诗中的扇形诗末写有"岁在丙寅清和月下旬"、书箱上写有"乾隆二十五年（1760）岁在庚辰上巳"，主真者认为两者时间相差不远。李强《做不完的红楼梦 曹雪芹在香山正白旗》提出，书箱为曹雪芹遗物，故"书箱上的'乾隆年号'作为印证'题壁诗'中的'丙寅'纪年的依据，将'题壁诗'的题录年代敲定在了'乾隆十一年'。"⁴

2. 主伪方的质疑

吴世昌先生在39号院题壁诗被发现后不久即受民盟中央的委托前往调查，在了解相关情况并且实地考察之后，他于1971年5月27日写了《调查香山健锐营正白旗老屋题诗报告》（下文简称《报告》），其基本结论是：

> （1）老屋墙上题诗，从其内容与字迹判断，与曹雪芹无关。题者抄别人的诗，这些诗很劣，有的是"顺口溜"，不能算"诗"，抄者文化程度不高，有抄错的字，抄的年份丙寅，是嘉庆十一年（1806）。

---

1 黄震泰原稿，黄庚编撰《曹雪芹故居之发现》，香港《明报月刊》第150期增刊，1978年6月。
2 舒成勋述、胡德平整理《曹雪芹在西山》，文化艺术出版社，1984年，第58页。
3 张伯驹《张伯驹集》，上海古籍出版社，2013年，第353—354页。
4 李强《做不完的红楼梦 曹雪芹在香山正白旗》，中国文联出版社，2007年，第132页。

三 关于曹雪芹香山故居的论辩

（2）据传说，曹雪芹晚年住在健锐营，先住正白旗，后住镶黄旗。这一传说大致可靠，当地住户都知道。因此，有人怀疑老屋墙上的诗与曹有关，但曹原住正白旗旧屋已被雨冲塌，此屋与他无关。

（3）靠里边的三分之二的墙上，内层也有题诗，可以把外层的灰剥下来，看看其中有无较有价值的文字（例如确切年份的记录）。

（4）已发现的墙上题诗，包括那对联，虽与曹雪芹无关，但确是舒家搬入以前的住户的字，以及当时在旗人中流行的诗和联语，写于1806年。

吴世昌在文末附了俞平伯的意见："完全同意吴的结论。"[1] 这应该是关于39号院的第一篇文章，虽然1979年才正式发表，但当时曾有打印本流传而受到关注，如吴恩裕《曹雪芹在北京西郊的居处》一文中就曾引用并注明是"打印本"。[2]

吴世昌的《报告》从"关于曹雪芹诗的作风""关于曹雪芹的字""关于题诗中的对联""关于曹雪芹在西郊的故居""关于墙上题诗的年代"等5个方面提出疑问，明确否定39号院是曹雪芹故居。虽然有学者认为"吴世昌的结论是极为仓促的，因为全部调查工作不过几小时"[3]，但是，吴世昌的思路无疑是正确的，此后主伪方的学者基本上是沿此思路展开质疑的，概述如下。

---

[1] 吴世昌《调查香山健锐营正白旗老屋题诗报告》，《红楼梦研究集刊》第1辑，上海古籍出版社，1979年。
[2] 吴恩裕《曹雪芹在北京西郊的居处》，见氏著《曹雪芹丛考》，上海古籍出版社，1980年，第126页。
[3] 冯精华、冯志华：《一个不容忽视的发现——香山正白旗39号题壁诗文之考析》，《红楼梦学刊》1981年第2辑。

（1）关于"远富近贫"的联语

吴世昌在相信舒家老屋已有200多年历史的前提下提出，题壁诗中出现这一传说中的联语，只能说明这一联语确实是200年前就流传了出来，张永海老人的传说是有根据的，但是，"是否是鄂比自撰，专为送给曹雪芹的，当然是另一问题"，他认为，包括对联在内的题壁诗，"确是舒家搬入以前的住户的字，以及当时在旗人中流行的诗和联语"。吴恩裕同意吴世昌的观点，并进一步补充说，菱形对联中"真不错"三字"也可以证明非曹雪芹自己所书——因为旁人赞美他的话，他绝不会自己再来说什么'真不错'的"[1]。胡文彬亦强调，菱形对联的出现只能证明香山民间有此传说，"并不能证明此屋是曹雪芹住所"[2]。

（2）关于题壁诗作者及风格

吴世昌指出，从曹雪芹留下的"白傅诗灵应喜甚，定教蛮素鬼排场"诗句以及敦诚、张宜泉等人的评价可知，曹雪芹的诗歌有独特的风格并颇负盛名；而题壁诗的题诗者并不署名，只写"偶录""学书""学题"，可知是抄录他人的诗，而且从抄错的字可知他并不懂得作诗的技巧，他本人文理亦不甚通顺，所欣赏选录的"诗"都很低劣，因此，"录者大概是一个不得意的旗人"。高阳在《曹雪芹摆脱包衣身份的考证初稿——由〈曹雪芹故居之发现〉谈起兼纠有关曹雪芹生平的若干错误看法》一文中说："题壁的文字，无论从哪个角度来看，都难免浅俗之讥，曹雪芹本人如此，

---

[1] 吴恩裕《曹雪芹在北京西郊的住处》，见氏著《曹雪芹丛考》，上海古籍出版社，1980年，第127页。

[2] 胡文彬《驳"曹雪芹故居之发现"说——香山清代题壁诗文墨迹考析》（简称《驳"曹雪芹故居之发现"说》），《红楼梦学刊》1979年第1辑。

三 关于曹雪芹香山故居的论辩

何能著《红楼》?"[1]赵迅在《澄清曹雪芹故居一说》的短文中提出,题壁诗"原诗大都有作者可考,绝非曹雪芹所作";[2]然后在《"曹雪芹故居"题壁诗的来源》一文中基本上查清了所有题壁诗的来源,它们分别来自《西湖志》《六如居士全集》《水浒传》《东周列国志》以及子弟书等,作者有凌云翰、陆秩、唐寅、聂大年、万达甫等人;并进一步强调,题壁者虽粗通文墨,但文学修养甚低,抄录前人诗句随意加以改动,甚至改得诗律不合、平仄失调,何况还有"有钱就算能办事""不信男儿一世穷"之类的零散句子,与曹雪芹的才华和思想感情不相符合。[3]胡文彬、周雷在《驳"曹雪芹故居之发现"说》一文中亦指出了题壁诗中多首诗的来源并做了分析,然后指出"香山题壁诗文从内容到字迹,绝非出自曹雪芹的手笔"[4]。

(3)关于题壁诗字迹

吴世昌在《报告》中以魏宜旧藏、后归吴恩裕的尺幅上的雪芹署名"空空道人"与"题壁诗文"比较,认为前者"清挺健拔""写得颇有功力",后者则"是当时流行的所谓'台阁体',软媚无力,俗气可掬"。[5]高阳《曹雪芹摆脱包衣身份的考证初稿》一则质疑双钩序文未经确定为曹雪芹笔迹,以此与题壁诗文字迹进行比较是否可靠;再则指出,若将双钩序文与"漆箱题字"进行比较,则序文乃章草,"漆箱题字""似是苏字底子,与章草

---

1 高阳《曹雪芹摆脱包衣身份的考证初稿——由〈曹雪芹故居之发现〉谈起兼纠有关曹雪芹生平的若干错误看法》(简称《曹雪芹摆脱包衣身份的考证初稿》),原刊香港《明报月刊》1978年第153期,收入余英时等《四海红楼》,作家出版社,2006年。
2 赵迅《澄清曹雪芹故居一说》,《北京日报》1981年4月5日。
3 赵迅《"曹雪芹故居"题壁诗的来源》,《红楼梦研究集刊》第1辑,上海古籍出版社,1979年。
4 题壁诗中之"蒙挑外差实可怕"一首末尾署"学题拙笔",赵迅说:"据说,这是子弟书《书班自叹》中的一段。原书尚未查得";胡文彬、周雷文说:"这首《书班自叹》的怨诗,是这位'拙笔'先生自己学着题在墙上的,不是偶尔抄录别人的诗作。"
5 魏宜旧藏、曹雪芹署名"空空道人"尺幅待考。——引者注

迥不相侔"。胡文彬、周雷在《驳"曹雪芹故居之发现"说》亦认为双钩自序与题壁诗字体不同,"自序的双钩,是纯熟的章草;而西山墙上所抄的《东周列国志》残文,却是笨拙的行书。论工力,论字体,论丰神,两者有霄壤之别"。曾保泉也反对以双钩自序、书箱题字作为证实题壁诗文为曹雪芹所书的证据,因为"此二者起码说就不可靠,何况学界不少人士予以否定:与曹雪芹无关"[1]。此外,金实秋在《畸笏叟者 张宜泉也》一文,以书箱题词为张宜泉所书为前提,认为书箱题词、题壁诗字体一致,书箱上的《题芹溪处士句》又与《春柳堂诗稿》中《题芹溪居士》《伤芹溪居士》之诗极为一致",题壁诗文所反映的思想亦与张宜泉的人生遭际相符。[2] 金实秋之所以有此种看法,因为当时曾传闻书箱主人为张宜泉后人,后来张家人自己曾出面否定了这种传说。金实秋将书箱、题壁诗文与《春柳堂诗稿》视为同一作者的说法自然不值一驳,但是,却是一个有意义的提醒,在预设了某种前提之后,对诗文的分析很容易看朱成碧。

(4)关于时间

主伪者还从时间上提出了疑问,具体包括三个时间点:曹雪芹移居郊外的时间、题壁诗文题写时间、39号院建造的时间。

关于曹雪芹移居郊外的时间。如前所述,关于曹雪芹移居郊外的时间有多种不同的说法。吴世昌在《报告》中的关键结论与曹雪芹移居西郊的时间有关。

题壁诗中有一处署时"岁在丙寅清和月下旬",吴世昌指出,往前推"丙寅"有乾隆十一年(1746)、嘉庆十一年(1806)、同治五年(1866),

---

[1] 曾保泉《曹雪芹与北京》,中国妇女出版社,1993年,第136页。
[2] 金实秋《畸笏叟者 张宜泉也——兼辩所谓香山"曹雪芹故居"应为张宜泉故居》(简称《畸笏叟者 张宜泉也》),《镇江师专学报》1987年第1期。

三 关于曹雪芹香山故居的论辩

乾隆丙寅"雪芹还没有移居郊外"、传说中鄂比赠雪芹的对联尚未出现，同治丙寅舒家祖上已迁入，因此题诗中的丙寅应该是嘉庆十一年，此时曹雪芹已死了40多年。吴世昌虽然并未明说曹雪芹哪一年移居西郊，但是，从上下文推测，他应该是持乾隆十五六年（1750—1751）说。[1] 也就是说，吴世昌认为，曹雪芹乾隆十五六年（1750—1751）才迁居西郊，乾隆十一年丙寅他不可能在正白旗39号院题诗。

与曹雪芹迁居西郊时间相应，吴世昌还就题壁诗文的题写时间做了推测。他说，"乾隆十一年（1746）丙寅，当时传说中鄂比赠雪芹的对联尚未出现"，隐含的前提是，既然"远富近贫"联语是鄂比送给曹雪芹的，则此联语的出现应该在曹雪芹移居西郊、与鄂比相识相交之后。不过，吴先生在结论中又强调，"已发现的墙上题诗，包括那对联，虽与曹雪芹无关，但确是舒家搬入以前的住户的字，以及当时在旗人中流行的诗和联语，写于1806年"。

吴恩裕在《曹雪芹在北京西郊的居处》一文中直接引用了吴世昌《报告》中关于"墙上题诗的年代"一段引文，表示"很有说服力"。

需要指出的是，吴世昌先生关于时间点的问题其实隐含两个要点：一是以曹雪芹的生平与"丙寅"对照，强调乾嘉同时期的三个"丙寅"曹雪芹都不可能在正白旗39号院，因而题写者不是曹雪芹；二是以曹雪芹移居西郊的时间、联语出现的时间与"丙寅"对照，强调联语题写时间为嘉庆十一年丙寅。笔者认为，第一点能够自圆其说，第二点则存在逻辑漏洞，

---

[1] 吴世昌在《报告》中乾隆十一年（1746）"雪芹还没有移居郊外"，同时又引用了张永海关于曹雪芹的以下传说作为论据："曹雪芹在正白旗住了四年……乾隆二十年（1755）春天雨大，住的三间房子塌了，不能再住下去。……鄂比帮他的忙在镶黄旗营北上坡碉楼下找到两间东房。"

因为既然说联语是舒家人搬入之前就有的而且是当时旗人中流行的，就不需要以鄂比送曹雪芹为"出现"的标志，因此，曹雪芹移居西郊的时间（乾隆十五六年）可以用来否定曹雪芹于乾隆十一年（1746）题写而不能用来否定其他人于乾隆十一年（1746）题写。因此，吴世昌说题写于嘉庆十一年（1806）丙寅的结论值得商榷。

关于39号院建造的时间。高阳在《曹雪芹摆脱包衣身份的考证初稿》一文中提出，健锐营创建于乾隆十四年（1749），因此题壁之"丙寅"不会是乾隆十一年（1746），所以39号院与曹雪芹并无瓜葛。高阳同时还据《清会典》等史料提出，"健锐营系由锐而又锐的满洲、蒙古兵组成，汉军、包衣皆不与其选；上三旗的包衣，则更是风马牛不相及。所以，曹雪芹是决不能分配到香山健锐营的营房的"；并推测：39号院"在当时不但并非曹雪芹的旧居，而且也不是某一个人的家"，"其地为健锐营营房中的一间招待所，专供各处公差的官兵下榻。其中'蒙挑外差实可怕'这一首歪诗，即是不知哪里出差来的一个'笔帖式'、'领催'，甚至只是'苏拉'的手笔"。至于曹雪芹，他"住在香山一带，但绝非健锐营营区"，"乃是荒僻简陋，自行营造的独立建筑"。

胡文彬、周雷在《驳"曹雪芹故居之发现"说》一文中同样指出："健锐营是乾隆十四年才建立的，乾隆十一年其时，正白旗三十八号住宅还没有建造起来。"故认为该丙寅"应是嘉庆十一年（1806）"。

关于健锐营建造时间以及曹雪芹是否可能加入健锐营的问题，主真的学者有所回应（详见下文），不过，胡铁岩先生最新发表了《〈清宫内务府奏案〉中健锐营营房建造史料简识——兼谈健锐营正白旗39号"老屋"与曹雪芹关系问题》一文，依据2015年出版的《清宫内务府奏案》内有关健锐营营房建造资料并结合相关史料，得出如下结论：（1）健锐营营房是分

三 关于曹雪芹香山故居的论辩

时间、分地段逐步建造起来的,"乾隆十四年所建在实胜寺一带;乾隆十八年所建在红石山一带;乾隆二十八年所建营房的地点不明确,或应包括今北京植物园一带。"（2）在乾隆二十八年（1763）,健锐营成为一支由云梯、骁骑、护军三个兵种构成的旗营。（3）"健锐营官兵自始至终是由清一色的满洲八旗和蒙古八旗构成,从未包括汉军。因此,不管曹雪芹是内务府正白旗包衣,还是汉军八旗正白旗,都不具备进入健锐营去居住的条件。"此外,39号老屋属于健锐营正白旗外营,"是建造营房时一起建造的规制营房,并不是从外面划入的现成房屋。"[1]总之,胡铁岩认为,正白旗39号院很有可能是在乾隆二十八年（1763）才建造起来的,而且曹雪芹不可能住在健锐营内。[2]

3. 主真方的回应

（1）关于健锐营建造时间问题

针对健锐营建于乾隆十四年的质疑,舒成勋回应说,保存下来的顺治十七年五月二十一日宣徽院钦奉御旨告示（香山法海寺有刻碑）证明,顺治时期,旗人已在香山一带定居,而且"旗人在城外的居住是集体的,是有组织的,是与军事相关的";最晚在康熙时期,已设香山寺为行宫;雍正即位之后,"改建香山寺行宫为第一行宫,新辟卧佛寺后皋为第二行宫",扩建香山两个行宫时间最晚不会晚于雍正十三年（1735）,而行宫自然需要禁卫军前来拱卫,因此,推测"香山、卧佛寺八旗护军营房的修建是雍正十三年。乾隆十四年,大小金川战役取胜,飞虎云梯健锐营保留下来,并和香山八旗合并",因此,39号院"兴建的年代下限最晚不超过雍正

---

[1] 胡铁岩《〈清宫内务府奏案〉中健锐营营房建造史料简识——兼谈健锐营正白旗39号"老屋"与曹雪芹关系问题》,《内江师范学院学报》2019年第7期。
[2] 关于香山正白旗39号院的历史沿革,请参看本书《曹雪芹在北京的"遗迹"考述》部分。

十三年（1735），而不是建立在乾隆十四年（1748）以后"¹。

冯精志、冯华志《一个不容忽视的发现》一文同样认为，健锐营组建之后直接进驻早已存在的香山行宫护军营房，并且认为嘉庆十一年（1806）舒成勋先祖舒昌已迁入此宅，而舒家人题写诗文的可能性又可以排除，因此，丙寅乃乾隆十一年（1733），且曹雪芹有在乾隆十一年（1733）健锐营营房建成之前已在此房题写诗文的可能。胡德平先生《香山曹雪芹故居所在的研讨》一文同样强调，"香山一带护军的历史要远远超过健锐营的历史。因此，否定丙寅年不是乾隆十一年的论据便不能说服人了"。²赵强指出，香山正白旗有新、老营房之分，"新营房是乾隆十四年建置的健锐营正白旗；老营房则是顺治康熙时就有的香山护军营正白旗"。³正白旗39号即位于老营房阵列之中，言下之意自然是不受乾隆十四年（1736）所限。

（2）关于曹雪芹能否住进军营的问题

关于曹雪芹住进军营的可能性，主真者做了假设性推测。

冯精志、冯华志在《曹雪芹与香山》一文中推测，曹雪芹是为生活所迫来到正白旗旗营当旗兵，而他作为正白旗包衣籍人能入驻香山正白旗旗营可能是因为"乾隆皇帝执政后已给曹家的亏空案部分平反"，而且他的表哥福彭又是当时的正白旗都统，不难给曹雪芹留一个兵额。⁴胡德平先生也认为曹雪芹有可能通过表兄福彭进入健锐营，"包衣旗人绝对不能到香山旗营的说法不带其必然性"；同时还提出了另外一种可能性，如果最高统治者管制不太严格，曹雪芹有可能以正白旗满洲内务府包衣的身份

---

1 舒成勋述，胡德平整理《曹雪芹在西山》，文化艺术出版社，1984年，第61—65页。
2 胡德平《香山曹雪芹故居所在的研讨》，《红楼梦学刊》第2辑，上海古籍出版社，1982年。
3 李强《做不完的红楼梦 曹雪芹在香山正白旗》，中国文联出版社，2007年，第128页。
4 冯精志、冯华志《曹雪芹与香山》，《红楼梦研究集刊》第7辑，上海古籍出版社，1981年。

三　关于曹雪芹香山故居的论辩

入驻香山正白旗军营的，香山行宫或修建静宜园时就有内务府上三旗的营房，"只要曹雪芹申请，而内务府有关部门批准，他就可以顺利地去香山行宫附近的内务府正白旗兵营"。[1] 李强甚至具体认定曹雪芹是在雍正十二年（1734）被内务府调配到香山正白旗充兵，是"从一个无业'闲散'白丁，挑补为正白旗骁骑"[2]。胡德平先生在新近的文章中又进一步提出，以曹雪芹的身份，本来就应该居住在旗营当中，因为"旗人的男丁都有军籍，终其一生都要为皇帝、朝廷当差。如果认为曹雪芹离开京城后就脱离了他的旗籍——内务府正白旗包衣的社会身份，历史证明，那是绝对不可能的"[3]。

（3）关于题壁诗题写者"拙笔"的问题

黄震泰父子在《曹雪芹故居之发现》中倾向曹雪芹故居说，又对题壁诗文是否出自一人之手持疑："从字体看，不似同一人之笔迹；更加上就诗词内容看，立意雅俗不同，文化水平不一，当非出自一人之手，时间上也可能有前后之别。"但同时又说："如果我们用'吴王'、'六朝烟柳'、'鱼沼秋蓉'及'有花无月'两残句，与曹公在《红楼梦》中所作各诗比较，很容易发现其风格与重叠之用字法是相同的。"如此则又倾向于所列举的诗词为曹雪芹一人之手笔，态度矛盾。赵迅、胡文彬等学者查找出题壁诗文来源，证明黄震泰父子关于题壁诗非一人的推论是正确的；至于笔迹，则前述李虹等专家的鉴定意见说，不仅题壁诗笔迹出自一人之手，题壁诗与五行书目、双钩自序的笔迹亦出自一人之手。

在弄清了题壁诗文的"作者"之后，其实争议的不再是作者，而是题

---

1 胡德平《香山曹雪芹故居所在的研讨》，《红楼梦学刊》1982年第2辑。
2 李强《做不完的红楼梦 曹雪芹在香山正白旗》，中国文联出版社，2007年，第117页。
3 胡德平《〈红楼梦〉研究十三题——曹雪芹故居发送的历史信息》，《上海文化》2015年第10期。

写者了。对于主伪者阵营来说，这个问题比较简单，吴世昌最初即在《报告》中指出，墙壁上的文字是在抄录他人的诗，录者大概是一个不得意的旗人；高阳在《曹雪芹摆脱包衣身份的考证初稿》中同意黄震父子关于"不似同一人之笔迹"亦"当非出自一人之手"的看法，且推测抄者是文化水平不高的"公差的官兵"之类；胡文彬、周雷在《驳"曹雪芹故居之发现"》一文中则沿着高阳的思路对题写者的身份经历做了进一步的推测，以"蒙挑外差实可怕"一诗为据，认为"他大概是个很不得志的八旗子弟，当过笔帖士之类的差使，常常奔波于宦海，到官僚们的深宅大院里去'画稿'（指递送公文时由收件人签字画押），低三下四，'徒劳受气'，一肚子牢骚无处发泄，只好在自己墙上题了这首不大合辙押韵的打油诗出出气"。在主伪者的这种理解中，"学题拙笔""拙笔学书"之"拙笔"是指某个人"名"，还是一般意义的谦辞，都不必较真。

而主真者对于"拙笔"的理解其实存在差别：一种意见是，认为书箱之五行书目与题壁诗、双钩自序三者笔迹一致，都是出自曹雪芹之手，持这种观点的学者只是认为书箱上的五行书目为曹雪芹所书，"拙笔写兰"等其他题字与五行书目是否出自同一人之手、拙笔是谦辞还是人名等无须考虑；另一种意见则是，将书箱上与题壁诗中的"拙笔"都当作是人名，他们是同一个人，而且认为这个人就是曹雪芹的朋友鄂比，理由是："鄂比不会把送曹公的对联写入别人家里，别人也许不配接受，而且对联在题壁诗位置的最中间，是题壁诗的核心，房主人又精心地用灰皮覆盖保留下来，舍曹公旧居谁又能允许这么搞呢？"[1]胡德平先生在《说不尽的红楼梦——曹雪芹在香山》里也强调，是"拙笔""把他送给曹雪芹的对联书

---

[1] 舒成勋、胡德平《曹雪芹在西山》，文化艺术出版社，1982年，第82页。

三　关于曹雪芹香山故居的论辩

写到曹家的墙壁上"[1]。后来，胡德平、严宽两位先生在《题壁"诗联"、书箱写的"兰"的作者——"拙笔"考》一文中又利用新的材料，对"拙笔"的身份做了进一步考证，认为"'拙笔'很可能就是著有《拙庵诗钞》的满洲旗人明泰"。[2] 胡德平先生曾在《说不尽的红楼梦》"前言"中提出有"八个环节可以相联一体，相互承接"，从而构成证明39号院为曹雪芹故居的"环环相通的文物链条"，八个环节依次分别是：香山地区关于曹雪芹事迹的口碑野史、正白旗村题壁诗的发现、曹雪芹书箱的发现、《废艺斋集稿》的发现、南京江宁织造署"蔽芾馆斋"诗句的考证、对曹雪芹祖居的确认、清朝八旗制度对曹雪芹的影响等，而在《"拙笔"考》一文中，又强调"拙笔"为明泰这一考证结果是"在证据链上加上第九个环节"，显然非常重视。

4. 仍然存在的疑问

在比较详细地梳理了论争双方的主要观点之后，笔者发现，在质疑—回应的过程中，主真者的有些说法能够自圆其说，比如说，关于健锐营营房很可能早于乾隆十四年（1749）、不晚于雍正十三年（1735）的说法就有一定的说服力；有些推测则无法证实也无法证伪，比如说关于曹雪芹能否住进军营的问题，还有限于篇幅上文未曾介绍的对传说中乾隆二十年（1755）曹雪芹房子"塌"了之塌字的理解问题等。不过，还有几个关键问题，主真者需要更有说服力解释，因此，笔者认为，就目前掌握的证据而言，将正白旗39号院作为曹雪芹故居仍然存在诸多疑点，大致如下。

---

[1] 胡德平《说不尽的红楼梦——曹雪芹在香山》（简称《说不尽的红楼梦》）"前言"，中华书局，2004年，第6页。
[2] 胡德平、严宽《题壁"诗联"、书箱写的"兰"的作者——"拙笔"考》（简称《"拙笔"考》），《曹雪芹研究》2013年第1辑。

（1）关于联语问题

题壁诗中有传说中张永海送给曹雪芹的对联，只能说明张永海的传说是根据的，没有证据能够证明鄂比拥有这一联语的"知识产权"，它很可能是香山地区乃至更广地区流行的一句俗语。因此，质疑者的质疑依然存在。

（2）关于题壁诗错别字问题

本来，以题壁诗内容与曹雪芹本人的诗歌造诣以及《红楼梦》的相关内容进行比较进而从风格、水平上进行判断，是个见仁见智的问题。所以，题壁诗整体水平及风格浅俗这一点暂且不论，其中出现的多处错别字，似乎不能用"有意修改"来加以解释，因为有的改字明显是因为形音近似而错，如"六桥南北带沙堤"之"堤"错为"提"、"文鳞花底织清涟"之"底"错为"低"、"花似美人临月镜"之"镜"错为"境"，等等[1]，这几个字均错为形音相似而含义明显不同的字，题写者文化水平不高才会一再出现此类低级错误。

（3）关于笔迹问题

关于先后出现的《废艺斋集稿》双钩自序、题壁诗、书箱"五行书目"三者笔迹是否一致，本来也是个见仁见智的问题，坚信《废艺斋集稿》为真的吴恩裕先生即认为双钩自序与题壁诗不是同一人的笔迹；也有不少学者在双钩自序、题壁诗、书箱三者之间采取循环论证的方法，即在A—B—C三者的真实性均存疑的前提下，它们彼此成为他者为真的证据。2008年李虹等专家鉴定三者笔迹一致的结论给主真者提供了支持，更加强化了三者之间的循环论证。但是，笔者觉得仍有两个疑问未解：一则，李虹等专家的鉴定结论作为一家之说，是否绝对可靠仍可存疑。幸运的是，除了双钩自序本来就是摹写件，书箱及残存的题壁诗原件均在，可能的话有必要

---

[1] 关于题壁诗错别字及缺文情况参见赵迅《"曹雪芹故居"题壁诗的来源》，《红楼梦研究集刊》第1辑，上海古籍出版社，1979年。

寻求更多权威、科学的鉴定。而且，作为也许更有说服力的参照物，《种芹人曹霑画册》中的曹霑跋语笔迹亦可作为比较的对象。二则，即使确定了三者笔迹一致，三者中没有任何一件能够确证是曹雪芹笔迹。因此，在逻辑上仍然得不出必然的结论。所以，在没有公认的曹雪芹笔迹作为对照物的前提之下，在鉴定曹雪芹遗稿、故居、书箱的真伪问题上，笔迹永远只能是一个辅助证据，而难以得出必然性结论。

（4）关于"拙笔"问题

胡德平、严宽两位先生可以说是主真派的代表和中坚，可是，当他们提出拙笔即鄂比、鄂比即明泰这样的观点之后，书箱与题壁诗之间的连结点就发生了变化，即拙笔既是鄂比，那么，书箱上"写兰"者及题壁诗书写者都成了鄂比，与"双钩自序"的作者曹雪芹就没有关系了。在胡德平先生的链条中，强调书箱上"拙笔写兰"之"此处'拙笔'与题壁诗'拙笔'的笔法、笔迹完全一致"，而主真者一直以来所强调的重要证据之一是书箱上的"五行书目"、题壁诗、双钩自序三者笔迹一致，至于"拙笔写兰"，在有关"书箱"的论争中，几乎公认它与"五行书目"出自不同人之手。因此，既以书箱上的"拙笔"与题壁诗中的"拙笔"为同一人，则需要证明书箱上的"拙笔写兰"与"五行书目"的笔迹一致，才能进一步引"五行书目"、题壁诗、双钩自序三者笔迹一致作为立论依据，而且还得以"拙笔"是曹雪芹而非其他人为前提。

（五）结语

根据曹雪芹好友敦敏、敦诚、张宜泉等人留下的诗文以及香山一带的传说，曹雪芹晚年移居西郊是一个不争的事实；至于在西郊的具体住处，应该在香山正白旗一带，而且有可能不止一处。

根据《废艺斋集稿》中的相关资料，曹雪芹还曾自香山移居白家疃，因为《废艺斋集稿》的真实性争议较大，而且孤证难为证，宜谨慎存疑。

至于正白旗39号院舒家老宅是否是曹雪芹故居，关注者众多，争议也持续不断。通过梳理论争双方的观点及理据，笔者认为，证真方的证据及相关回应仍存诸多疑问，最重要双钩自序、五行书目、题壁诗三者笔迹一致的证据存在三项均存疑的材料之间循环论证的问题，而且，有些证真学者对这一材料的解读亦需进一步做逻辑上的勾连论证。

早在"曹雪芹故居"争论初起之时，胡文彬、周雷等先生就概括性指出："曹雪芹从中年到晚年，贫居西郊，先后在正白旗一带生活、创作，'著书黄叶村'——写作《红楼梦》，以自己的文学艺术天才创造了辉煌的杰作。对于这样一位伟大的文学艺术家，中国人民是懂得怎样来研究、学习和纪念他的。探寻曹雪芹故居，建立曹雪芹纪念馆，这是十分必要的文化建设工作。"[1]事实上，在诸多有识之士的共同努力下，坐落在北京植物园内、原香山正白旗村的北京曹雪芹纪念馆已于1983年4月落成开馆，39号院亦成为纪念馆重要组成部分对外开放。北京曹学会创会会长胡德平先生近40年来始终致力于"曹雪芹在西山"的调查研究、著书立说，近年来更是全力推动"曹雪芹西山故里"的文化项目，为曹学与红学研究、为弘扬和传播中国传统文化奔走呼号、鞠躬尽瘁，极大地推动了曹学研究以及"北京西山曹雪芹故里"文化项目的建设。可见，作为学术问题，正白旗39号院是否是曹雪芹故居以及曹雪芹与西山等论题大可继续做科学、严谨的考证研究；在文化建设领域，香山正白旗作为纪念曹雪芹、弘扬和传播中国传统文化的基地，则具公认的不可取代的价值地位。

---

1 胡文彬、周雷《驳"曹雪芹故居之发现"说》，《红楼梦学刊》1979年第1辑。

四

关于曹雪芹书箱真伪的论辩

传说曾为曹雪芹所有的两个书箱[1]最早由红学家吴恩裕先生介绍给学术界。吴恩裕于1977年10月听到有关箱子的消息,于1978年1月中旬亲眼看到这两个箱子,然后分别在《十月》1978年第2期、《人民画报》1979年第8期刊文介绍,而以《曹雪芹手迹和芳卿悼亡诗的发现及其意义》[2]一文最为详尽。消息经媒体报道之后,在红学界引发了广泛的关注和讨论。

综合40多年来的相关讨论,有关书箱的许多问题仍然悬而未决。这里,拟对相关论争过程进行梳理,以便厘清事实并给进一步讨论提供参考。

(一)两个书箱的来历及基本情况简介

1. 两个书箱的收藏者以及被发现的过程

1977年10月,吴恩裕先生在北京工人张行家中见到了两个木箱,经过初步研究之后,将它们作为曹雪芹的遗物介绍给学界。

---

[1] 学术界习惯称此两个箱子为曹雪芹"书箱"或者"书箧",但也有学者认为,从用途上不能确定为"书箱",不妨称之为"木箱"。参见邓遂夫《曹雪芹箱箧公案解密——关于所谓〈旧雨晨星集〉的访谈纪要》,《博览群书》2004年第2期。

[2] 吴恩裕《曹雪芹手迹和芳卿悼亡诗的发现及其意义》,见氏著《曹雪芹佚著浅探》,天津人民出版社,1979年,第7—41页。

关于收藏者张行，吴恩裕根据其中一只书箱背面写有"春柳堂藏书"这几个字而推断他可能是张宜泉的后人，而且，认为是曹雪芹的妻子芳卿把书箱送给张宜泉的。[1] 冯其庸先生亦推测说："这一对书箧可能是雪芹谢世后，或在他的夫人谢世后，由张宜泉保存下来的。"[2] 欧阳健先生进一步根据张行的年龄推断他是张宜泉的第六代后人。[3] 刘世德先生则在强调曹雪芹书箱可疑的前提下，质疑张行与张宜泉之间的关系。[4]

任晓辉在《无奈的书箱——"曹雪芹书箱"真伪及其他》[5]一文中提供了一份由张行先生夫人朱冰女士书写于2014年10月30日的书面证明，对张行的身世以及这两个木箱被发现的过程做了比较清楚的介绍，对相关问题做了澄清。为了提供完整的信息，特转录该证明如下：

晓辉先生：

遵嘱将我知道的一些情况介绍如下，供您参考：

一、张行家世情况：

张行，本名张祥庭，一九四二年二月生于北京。父张继善，祖张寿彭，曾祖张福田，祖籍河北深县，汉族。光绪年间在北京已经有自己的商号名德昌木厂。清代北京开木厂的，实即为现在所说的建筑商，张家在张福田一代承建过不少皇家或官家建筑，如参建过光绪陵、白纸坊印刷局、商务印书馆等，当时家境相当殷实，在京有多处房产，

---

[1] 吴恩裕《曹雪芹佚著、遗物的发现》，《人民画报》1979年第8期。
[2] 冯其庸《二百年来的一次重大发现——关于曹雪芹的书箧及其他》，《红楼梦学刊》1980年第1辑。
[3] 欧阳健《〈春柳堂诗稿〉曹雪芹史料辨疑》，《明清小说研究》1992年第1期。
[4] 刘世德《张宜泉的时代与〈春柳堂诗稿〉的真实性、可靠性》，《红楼梦学刊》1993年第3辑。
[5] 任晓辉《无奈的书箱——"曹雪芹书箱"真伪及其他》，《曹雪芹研究》2015年第2期。

四　关于曹雪芹书箱真伪的论辩

在深县也广有房屋、田地及林地。张福田与光绪朝陈宗妫等一些大臣交好，据张继善老人说，这一对书箱就是陈宗妫拿来赠送给张家的。张家在清末生意逐渐败落，一九四〇年张家将木厂及一些房产变卖，张寿彭在鼓楼脚下买了一块地，自己设计施工，盖了一座前后二进小楼……

二、张行与孔老、舒老、吴恩裕认识过程：

"文革"前张行曾上过北京市美协主办的青年美校学习国画，为中专学历，老师为马泉、惠孝同等著名画家。一九六四年被分配到工厂工作。一九七六年底，张行与孔祥泽在画家马云家认识（马云尚在），认识后没有什么来往。一九七七年春张行每逢周末即骑车去郊外写生，此时听朋友说香山发现了曹雪芹故居，即骑车去参观，第一次去舒老不在，第二次去时舒老在，当时与张行一起参观的还有一群大学生，舒老给讲了讲。张行此时看到题壁诗文中的"拙笔"二字，忽然想起自己家的箱子上也题刻有"拙笔"字样，便问舒老"拙笔"是怎么回事。但当时没有跟舒老说自己家有这样一对箱子。回家后便再没去舒老那里。至一九七七年十月，张行在地安门碰到了孔老，因为孔老逢人便讲曹雪芹，张行知道孔老对曹雪芹很了解，就把书箱的事告诉了孔老，孔老当即跟着张行到他家看了这对箱子，并叮嘱千万不要告诉别人。隔不多久，可能孔老把此事告诉了舒老，舒老当即进城来看，看后很高兴，也叮嘱一番。时隔不久可能是孔老告诉的吴恩裕，吴恩裕来到张家看了书箱，后来是吴恩裕把此事通报给学术界及新闻界的。此前张行与吴恩裕并不认识。大致过程就是这样。

三、张家并非如一些人想象的忽然就蹦出这一对书箱。张家在张福田一辈即爱好古玩书籍字画等，后来虽然家境衰落变卖东西、丢失被盗、"文革"时张继善被批斗烧了一大批书，但残存的文物字画古籍家具瓷器等等还有一些，如尚存有"内府"字样的瓷器等。张行爱好绘画也是自幼受到家庭影响。

四、我与张行是一九八一年中经人介绍认识，年底结婚，当时对这一公案完全不知道。结婚后看了吴恩裕、冯其庸等先生的书和文章才慢慢了解了一些。

五、张行家与张宜泉完全没关系，张行包括他的老父亲都从未说过自己是张宜泉的后人。此说法是吴恩裕及冯其庸等学者的一种推测而已，冯先生文中说得很明白，不过是一种说法或推测，供参考，并非以此定论。二〇〇九年有人在背后指使一些年轻的红学爱好者在网络上铺天盖地栽赃谩骂"张行冒充张宜泉后人行骗"等，我在百般劝说无效的情况下打了一场名誉权官司，当然是我胜诉，有双方判决书在。但诉讼结果被无良记者歪曲报道；还有人可能买的网络版面歪曲报道此事。我就懒得理了。这件事并非仅仅涉及我们个人的名誉权，我捍卫的是曹雪芹。自觉问心无愧。……

大致情况就是这样……

朱冰 10.30

这一"证明"提供了以下几项重要信息：(1) 张行祖上于光绪年间在北京有自己的商号德昌木厂，其曾祖张福田与光绪朝陈宗妫等一些大臣交好。据其父张继善说，这一对书箱是光绪朝陈宗妫送给张家的，张行家与张宜泉完全没有关系。(2) 张行于 1977 年春看到香山正白旗 39 号院题壁诗中的"拙笔"而想起自己家刻有"拙笔"字样的箱子，但并未说及自己家书箱子的事。(3) 1977 年 10 月张行遇到逢人便讲曹雪芹的孔祥泽，方

四 关于曹雪芹书箱真伪的论辩

把书箱的事告诉了孔。不久之后，可能是孔把此事告诉了吴恩裕先生，吴恩裕来到张家看了书箱，后来把此事通报给了学术界及新闻界。至此，两个书箱被发现的经过以及收藏者张行的家世都比较清楚了，澄清了张行是张宜泉后代的传闻。据查，与张家祖上交好的陈宗妫（1854—1922），原名陈建中，字麓宾，光绪五年（1879）举人，次年进士，任职户部，执掌财政，晚清曾先后被封为资政大夫，钦加二品衔。正如任晓辉所指出的，即以陈宗妫去世的1922年算起，此书箱已在张家90多年，"无论大家怎么看待这对箱子，作为一个比较老的物件它是无辜的，也是有价值的。它所承载的文化信息值得我们深入认识和研究"。

2. 两个书箱概况

关于木箱的质地，吴恩裕先生最初判断为"木质红松"[1]，此后一直被认为是松木质地。但是，近年经马未都先生鉴定，箱子材料实为柏木而非之前认为的松木。[2]

关于书箱的尺寸，据冯其庸先生介绍为：左右宽70.5cm，上下高约51cm，前后深约23cm。[3]而朱冰提供的数据当更加准确可信：书箱外框尺寸：宽75cm，高50cm，进深32.5cm。[4]

多年来一直有学者呼吁书箱应该得到有关部门的关注和保护。在2016年9月30日第七届曹雪芹文化艺术节开幕式上，收藏者张行先生将这一对书箱有偿捐赠给北京曹学会，从而使书箱得到了更好的保护，也方便研究者观摩参考，可谓众望所归。

---

1 吴恩裕《曹雪芹之两书箱》，见《曹雪芹佚著浅探》，第231页。
2 任晓辉《无奈的书箱——"曹雪芹书箱"真伪及其他》，《曹雪芹研究》2015年第2期。
3 冯其庸《二百年来的一次重大发现——关于曹雪芹的书箧及其他》，《红楼梦学刊》1980年第1辑。
4 任晓辉《无奈的书箱——"曹雪芹书箱"真伪及其他》，《曹雪芹研究》2015年第2期。

图三十五 曹雪芹书箱

这是两个左右对称的箱子，为了便于说明，不妨将上边的称为书箱甲，下边的称为书箱乙（图三十五）。

两个书箱的门上都刻有兰花，左右相对。上边即书箱甲兰花下有一拳石，兰花上端行书题刻：

题芹溪处士句

并蒂花呈瑞，

同心友谊真。

一拳顽石下，

拾得露华新。

四　关于曹雪芹书箱真伪的论辩

下边即书箱乙的上端的题刻是：

乾隆二十五年岁在庚辰上巳

右下角题刻：

拙笔写兰

在以上两段题刻中间上端，另有正楷两行的题字：

清香沁诗脾　花国第一芳

这两行字的字迹端秀清新，字体也比上两段的题字要小了很多。

以上是书箱的外观。至于书箱里面的情况，据介绍，书箱甲里面没有文字，书箱乙箱门后壁上，曾糊着一层厚厚的纸，藏主在无意间揭开这层纸的时候，见到纸上有"仪礼义疏""春柳堂藏书"等字样，在揭去这层纸之后，发现在箱门的背面右边，用端庄凝重的章草书写着所内置的物品清单：

为芳卿编织纹样所拟歌诀稿本
为芳卿所绘彩图稿本
芳卿自绘编锦纹样草图稿本之一
芳卿自绘编锦纹样草图稿本之二
芳卿自绘编锦纹样草图稿本

这就是学术界所说的"五行书目"。这五行字的左边,是用十分秀气的行书淡墨书写着一首七言悼亡诗。全诗如下:

不怨糟糠怨杜康,占诼玄羊重克伤,
(丧明子夏又逝伤,地坼天崩人未亡)
睹物思情理陈箧,停君待殓鬻嫁裳。
(才非班女书难续,义重冒)
织锦意深睥苏女,续书才浅愧班娘。
谁识戏语终成谶,窀穸何处葬刘郎。

图三十六 悼亡诗

图三十七 五行书目

括号中的第二行和第四行是写了之后钩掉的,原来应该是这首诗的第一行和第二行,因为钩去后把改句写在右边,因此现在看上去就成了第二行和第四行。这两行字的涂改印记十分清楚(图三十六、三十七)。[1]

(二) 主真者的理由

关于这两个书箱,吴恩裕、冯其庸、邓遂夫、胡德平、樊志斌等先生均认为是曹雪芹的遗物,许家潘、刘世德、刘宣等先生则持质疑的态度,有关论争至今仍无定论。这里,就论争过程中的一些要点做简单梳理,以供研究者参考。

关于两个木箱的真伪论争,主真派代表作主要有吴恩裕先生的《曹雪芹手迹和芳卿悼亡诗的发现及其意义》和冯其庸先生的《二百年来的一次重大发现——关于曹雪芹的书箧及其他》两篇文章。

1. 两个木箱是两百年前的旧物

吴恩裕和冯其庸两先生都对两位个书箱的年代做过交代。吴恩裕先生介绍说:"经鉴别木器的专家鉴定,书箱的木质确是二三百年前的旧物——从书箱的样式和开合处的铜环样式来看也可以证明";[2]"一位研究木质年代的专家看过这两个书箱,认为就书箱的木质来看,它们是两百年前的东西"[3]。冯其庸先生首先指出原则性的前提,"对于一件历史文物,首先要确证它的历史真实性,如果是伪作,是赝品,就无丝毫价值可言",然后再

---

1 参见冯其庸《二百年来的一次重大发现——关于曹雪芹的书箧及其他》,《红楼梦学刊》1980 年第 1 辑。
2 吴恩裕《曹雪芹佚著、遗物的发现》,《人民画报》1979 年第 8 期。
3 吴恩裕《曹雪芹手迹和芳卿悼亡诗的发现及其意义》,见吴恩裕《曹雪芹佚著浅探》,天津人民出版社,1979 年。

强调指出：

> 经专门研究明清木器家具的专家鉴定，这一对木箱本身，确是乾隆时物，箱面上的刻兰和题字，也是乾隆时的风格，不是后来刻的。我认为上面这一点，是讨论这两个署名"芹溪"的箱子的真伪问题的基础。[1]

吴先生和冯先生所说"专家"应该是指故宫明清木器史专家王世襄先生。据说王先生曾陪当时的文化部副部长袁水拍、红学家吴恩裕看过这一对箱子；之后，2008年颐和园小木作修复专家姚天新、文物鉴赏家戚明、公安部文检专家李虹等曾目验书箱原件，"认为书箱原物为乾隆时期物品，书箱整体、细节皆无后人做旧作伪之痕迹"。2012年3月5日，北京曹学会邀请嘉德拍卖木器专家乔皓等人目验书箱原件，亦"认为就书箱整器为乾隆时期物品无疑，书箱整体、细节皆无任何后人做旧作伪之痕迹；以墨迹吃到木头中的程度判断，书箱盖后五行墨迹、悼亡诗墨迹为两百年前所书"[2]。

2."题芹溪处士句"是朋友送给曹雪芹续婚的贺诗

除了相关专家说两个木箱是乾隆时期的旧物之外，吴恩裕先生认为，这两个木箱是曹雪芹遗物的另一个理由就是，"从两个木箱正面刻的文字，特别是从第二个书箱背面写的笔迹和文字来看，也都可证它们是曹雪芹的

---

1 冯其庸《二百年来的一次重大发现——关于曹雪芹的书箧及其他》，见冯其庸《沧桑集》，青岛出版社，2014年，第460页。
2 参见樊志斌《关于〈废艺斋集稿〉、"曹雪芹文物"的真伪及研究中存在的问题——兼及曹雪芹、〈红楼梦〉研究对文献的态度》，见氏著《曹学十论》，新华出版社，2017年。

四 关于曹雪芹书箱真伪的论辩

遗物"[1]。在此前提下，吴先生对两个箱子上的绘画和文字做了相关解释。

关于书箱甲正面的"题芹溪处士句"一诗，吴恩裕先生以书箱主人为芹溪即曹雪芹为前提，认为"这首诗与结婚有关，而且与曹雪芹续娶有关"，理由是：两个书箱上有两丛兰，还有"清香沁诗脾，花国第一芳"的诗句，再结合"并蒂""同心""友谊"等词，说明不是单纯咏兰，而是比拟婚姻关系。考虑到书箱主人是曹雪芹，书箱乙背面的五行书目是曹雪芹亲笔字（详后），又有他手书"芳卿"的名字，还有芳卿的悼亡诗，再结合乾隆庚辰的年代等，"我们可以断定这首五绝乃是与曹雪芹续娶有关的诗"。至于曹雪芹续娶的时间"肯定是在乾隆二十五年（1760）的上巳，也就是三月三日以后，或许是在三月中或末"。

关于"题芹溪处士句"的作者，吴恩裕先生对曹雪芹自己作和朋友作两种可能都做了推测，并且推测，如果是朋友送给曹雪芹续婚的贺诗，则作者有可能是于叔度、张宜泉、鄂比等人中的某一位，而不会是敦敏、敦诚兄弟。[2] 冯其庸先生在《二百年来的一次重大发现——关于曹雪芹的书箧及其他》中则认为，"题"有两种用法，一是"写"，如《题桃花夫人庙》；另一种是"赠"，如《题张氏隐居》，而"题芹溪处士句"明显属于后者，是友人赠雪芹的贺诗。

3. 五行书目为曹雪芹手迹

吴恩裕先生判断书箱为曹雪芹遗物的另一项重要理由是，书箱乙箱门背面所书"五行书目"是曹雪芹的亲笔字，而"五行书目"是曹雪芹

---

[1] 吴恩裕《曹雪芹手迹和芳卿悼亡诗的发现及其意义》，见吴恩裕《曹雪芹佚著浅探》，天津人民出版社，1979年。
[2] 吴恩裕《曹雪芹手迹和芳卿悼亡诗的发现及其意义》，见吴恩裕《曹雪芹佚著浅探》，天津人民出版社，1979年。

亲笔字的证据则是，"五行书目"与《南鹞北鸢考工志》自序的双钩字迹，"完全是一个人的手笔"[1]。吴恩裕先生曾于1973年撰文向学界披露了传说为曹雪芹佚著的《废艺斋集稿》的相关情况，其中第二册《南鹞北鸢考工志》"自序"有一部分乃抄存者用薄纸双钩描摹的，被认为是曹雪芹的笔迹。[2] 吴恩裕先生取了"五行书目"和双钩"自序"中共有的"语""为""所""之""自"等几个字进行比较，认为"写法和笔意完全相同"；又取"方""扁""金""言""文""少""禾"等偏旁或部首的写法进行比较，"也完全相同"。冯其庸《二百年来的一次重大发现——关于曹雪芹的书箧及其他》一文同样将"五行书目"与双钩"自序""写法完全相同"作为一个重要证据来用，还特意在注释中说明："关于《废艺斋集稿》有的同志也认为是不可靠的，是伪造的，我确信它是真的。"也就是说，在吴恩裕和冯其庸两位先生看来，五行书目与双钩自序可以互为证据，证明它们都是曹雪芹的笔迹。

4. 悼亡诗为曹雪芹续娶妻子芳卿所作

吴恩裕先生认为，书箱乙箱门背面的悼亡诗，是曹雪芹续娶的妻子芳卿所作，而这位芳卿就是敦诚《挽曹雪芹》诗中"泪迸荒天寡妇声""新妇飘零目岂瞑"中的"寡妇""新妇"，她的名字或者叫"芳卿"，或者是名字中有个"芳"字，"卿"则是曹雪芹对她的昵称；又结合"续书才浅愧班嬢"，班嬢指班昭，亦即班姑，称姑为嬢乃南方江浙一带习惯，因此，芳卿大概是一位南方女子。吴恩裕先生还结合芳卿悼亡诗的解释对有关曹

---

[1] 吴恩裕《曹雪芹手迹和芳卿悼亡诗的发现及其意义》，见吴恩裕《曹雪芹佚著浅探》，天津人民出版社，1979年。

[2] 关于《南鹞北鸢考工志》"自序"，参见吴恩裕《曹雪芹的佚著和传记材料的发现》，《文物》1973年第2期；关于《废艺斋集稿》真伪的论争，参见段江丽《〈废艺斋集稿〉的来龙去脉及真伪论争》，见《曹雪芹研究》2019年第3期。

学、红学的其他问题做了探讨，认为"占诼玄羊重克伤"之"玄羊"指癸未年，由此"可见曹雪芹死于癸未除夕，无可争辩"；"续书才浅愧班孃"则可以作为《红楼梦》没写完的一个"更直接的佐证"，并认为早期《石头记》中的批语可能有她的手笔。[1]

冯其庸先生亦认同吴恩裕上述观点，认为悼亡诗作者为曹雪芹续娶的妻子芳卿，"玄羊"一句"确证了曹雪芹是死于乾隆癸未的除夕"[2]，还进一步将敦诚《挽曹雪芹》诗中的"开箧犹存冰雪文"与悼亡诗中的"睹物思情理情箧"两句对读，认为敦诚"开"的"箧"与芳卿"理"的"箧"都是指这两个书箱，"冰雪文"则是指"《石头记》的原稿"[3]。

（三）主伪派的质疑

较早对书箱真实性提出质疑的是郭若愚、朱家溍等先生，后来出现了一场有关《旧雨晨星集》的滑稽插曲，强化了对书箱的质疑。

1. 对五行书目及芳卿悼亡诗笔迹的质疑

朱家溍先生于1980年刊发《漫谈假古董——曹雪芹的佚著和遗物》一文，相信鉴定专家关于书箱为旧物的意见，却认为"纹样"一词清代没有近代才有，因而认为"五行字是近代人写的"[4]。郭若愚先生在写于1980

---

[1] 吴恩裕《曹雪芹手迹和芳卿悼亡诗的发现及其意义》，吴恩裕《曹雪芹佚著浅探》，天津人民出版社，1979年。
[2] 关于曹雪芹的卒年，冯其庸先生在1992年北京通县张家湾"曹雪芹墓石"被发现之后，又改变了看法，认同壬午说。参看本书《关于"曹霑墓石"问题的论辩》。
[3] 冯其庸《二百年来的一次重大发现——关于曹雪芹的书箧及其他》，见冯其庸《沧桑集》，青岛出版社，2014年，第460页。
[4] 朱家溍《漫谈假古董——曹雪芹的佚著和遗物》，《红楼梦研究集刊》第3辑，上海古籍出版社，1980年。

年3月25日的《三难〈废艺斋集稿〉为曹雪芹佚著说》一文里，经过笔迹比对，同意书箱上的五条书目与《南鹞北鸢考工志》双钩"自序""的确是一个人的手迹"，进而认为悼亡诗也和"《考工志》自序及书箱目录墨迹是同一人的手迹"，因此，认为将书箱上的"悼亡诗"看作是芳卿的手迹，将五条目录看作是曹雪芹的手迹，都是没有根据的。[1]

2. 对"题芹溪处士句"等为曹雪芹所作的质疑

吴恩裕先生曾推测书箱甲门上所刻的"题芹溪处士句"有可能是曹雪芹作，诗的内容"与曹雪芹续娶有关"，并认为"'一拳顽石'这类字样又是雪芹诗文中所常见的"；还认为"清香沁诗脾，花国第一芳"也"很可能是曹雪芹自己后加上去的"，字迹"很像曹雪芹的手笔"。针对吴先生这些说法，化名"思藻"的学者在《所谓曹雪芹书箱上的诗和句》一文中提出了质疑：一则以并蒂花比喻夫妻，不算新鲜，或者说有点陈腐俗套，言下之意是曹雪芹的作品不会是这个水平；二则以"友谊"比喻夫妻相爱令人难以置信；三是"题芹溪处士句"中的"一拳顽石""恰恰是作伪者露出来的马脚"，因为《自题画石诗》中恰恰也有"一拳石""顽仙"等字样[2]，曹雪芹不会语言贫乏、笨拙到如此地步；四是"清香"两句非联语、非诗句，滑稽可笑，且在诗句中嵌上自己妻子的名字刻在书箱之上，只有轻薄纨绔对青楼女子开玩笑才能会如此，"曹雪芹岂有如此俗笔？"[3]

---

[1] 郭若愚《三难〈废艺斋集稿〉为曹雪芹佚著说》，收入氏著《红楼梦风物考》，陕西人民出版社，1996年。

[2]《自题画石诗》指孔祥泽提供的一首诗，吴恩裕在《曹雪芹佚著及其传记材料的发现》一文中说"这是曹雪芹《红楼梦》之外的一首完整的诗"。见吴恩裕《曹雪芹佚著浅探》，天津人民出版社，1979年，第248页。陈毓罴、刘世德《曹雪芹佚著辨伪》一文曾对《自题画石诗》作者做过详细考察，认为这首诗摘自提供者孔祥泽外祖父富竹泉诗集《考槃室诗草》，"非曹雪芹所作"。参见陈毓罴、刘世德、邓绍基《红楼梦论丛》，上海古籍出版社1979年，第111页。

[3] 思藻《所谓曹雪芹书箱上的诗和句》，《红楼梦研究集刊》第3辑，上海古籍出版社，1980年。

四　关于曹雪芹书箱真伪的论辩

杨兴让先生在其红学专著《红楼梦研究》第三章"遗物——书箱"中认为，吴恩裕和冯其庸的关于"题芹溪处士句"诗题的论证存在重大纰漏，且认为将"同心友谊真"之"友谊"看作是夫妻之间或情人之间的情谊是不合适的。[1]

对于书箱甲箱门上的"拙笔写兰"之"拙笔"，吴恩裕先生认为是曹雪芹的一个朋友，为曹雪芹篆刻了书箱上的兰花；冯其庸先生则将"拙笔写兰"与1971年在香山正白旗38号（后改为39号）舒成勋家墙壁上发现的"拙笔学书""拙笔学题"[2]联系起来考察，认为复壁上"拙笔学书""学题拙笔"之诗"思想内容与《石头记》脂批有共通之处，而这两个木箱上的'拙笔写兰'，又与'芹溪'的上款连在一起的"，因此这两处的"拙笔"正好可以"互为证明"，冯先生言下之意是"拙笔"乃曹雪芹。郭若愚则认为，按诗画的落款题识规律，一幅画必然有一个落款（就是画者写上自己的姓名或字号等），书箱上却没有；至于"拙笔写兰"之"拙笔"，是画者谦辞，说自己的画笨拙，不是姓名字号，不能算是落款。郭先生举了一些诗画题识的例子，以证明"书箱上所绘兰石及题诗之不合规律"，然后指出："这两个书箱不是一个爱好书画的文人所有，更不会是工诗善画、精究我国古代艺术之曹雪芹所有，因此，我不得不从伪造的迹象方面去考虑。"于是，他进一步推测了"造假"的情形："这两幅木刻兰石图，原来是一般画工所画，题有诗句两行（即清香沁诗脾两句），不署款。画工不署款是经常的，也是习惯如此，其所以和画家有别也在这里。题芹溪句、乾隆年月、'拙笔写兰'等行书是另一人手笔，是经过若干年后加上去的。因为是后来加写加刻，书写时就只能利用原有的空隙地位，所以形成了题

---

[1] 杨兴让《红楼梦研究》，三秦出版社，2002年，第80—82页。
[2] 关于舒成勋家发现的"题壁诗"详情请参见本书《关于曹雪芹香山故居的论辩》一文。

句和年月不相连属。尤其是'题诗'的字数较多,更显得局促不安。'拙笔'为什么不愿落款?这个问题可以这样解释:署款对于一个伪造书画者来说是一件很费思索的事,署款名望大的书画家,知道的人多,容易识破。署款名望小的,又不知从何下笔。因此,用'拙笔'这样一个似是而非的字样还是属于上策的。但是,假的终究是假的,用真的来对比,就会马上露出马脚。"总之,郭若愚先生认为,书箱的题款不符合惯例,"拙笔"只是题写者的谦辞,不是人名字号。他还分析指出,书箱乙背面的五行书目和悼亡诗也是"不合情理的现象"。[1]

3.《旧雨晨星集》引发的质疑

1982年初,端木蕻良先生忽然收到一位名叫洪静渊的人的来信,说他在编写《徽州人物志》的过程中,获阅《旧雨晨星集》一书残本,作者署名转华夫人,该书中有一则叙述芳卿的材料,与研究曹雪芹的生平有关。

这位洪先生介绍说,芳卿姓许,徽州人,曾嫁曹雪芹。后两年,曹雪芹卒,芳卿有悼亡诗云:"不怨糟糠怨杜康,克伤占诼重玄羊。思人观物埋陈箧,待殓停君鹭嫁裳。织锦意深惭蕙女,续书才浅愧班嬛。谁知戏语终成谶,欲奠刘郎望北邙。"从端木蕻良先生的回信中可知,洪静渊随信还有一篇《芳卿悼亡诗真伪辨》一文。洪静渊的基本观点是,将"新见许芳卿悼亡诗"与吴恩裕先生提供的书箱上的悼亡诗对照,认为后者是"作伪"[2]。文超撰文介绍了洪静渊所提供的新材料以及相关观点,从而引起更多

---

[1] 郭若愚《有关曹雪芹若干文物质疑》,《红楼梦研究集刊》第3辑,上海古籍出版社,1980年。收入氏著《红楼梦风物考》,陕西人民出版社,1996年。
[2] 洪静渊、端木蕻良《关于新见"芳卿悼亡诗"的通信》,《文献丛刊》第15辑,书目文献出版社,1983年。

学者的关注。[1]

如果洪静渊所说可靠,《旧雨晨星集》的确存在,而且其中的"新见许芳卿悼亡诗"的确存在,无疑对木箱真伪以及与曹雪芹相关的其他问题研究都有重要的意义。不过,后经刘宣、周汝昌、端木蕻良、邓遂夫等先生的追踪考察,证明所谓《旧雨晨星集》实乃子虚乌有。[2] 这场人为制造的闹剧客观上在一定程度上提高了学界对书箱的关注度。

(四)主真派的释疑和补证

书箱被公之于众之后,一开始就面临对其真实可靠性的质疑,主真派在证真的同时,也一直在做释疑和补证的工作。

1. 从时间上论作伪之不可能

冯其庸先生在《两百年来的一次重大发现》一文中结合曹学研究史说明,从时间上不可能作伪:书箱上的"拙笔写兰"与香山正白旗39号题壁诗中的"拙笔学书""学题拙笔"可以互相印证,题壁诗发现于1971年,如果"拙笔写兰"是在1971年题壁诗发现之后伪造的,"是经不起鉴定家的眼光的"。那么,是否可能是题壁诗上的"拙笔"与书箱上的"拙笔"同时在若干年以前作伪、再先后于1971、1977年被人发现?冯先生认为也不可能,理由大致如下:(1)确定曹雪芹为《红楼梦》的作者而且讨论其卒年,始于胡适写于1921年11月的《红楼梦考证》,因为书箱上

---

[1] 文超《〈旧雨晨星集〉中的"芳卿悼亡诗"》,《红楼梦研究集刊》第12辑,上海古籍出版社,1982年。
[2] 参见刘宣《关于"新见芳卿悼亡诗"的质疑》(附《周汝昌、端木蕻良同志关于"新见许芳卿悼亡诗"和笔者通信》),《文献》1985年第4期;邓遂夫《曹雪芹箱箧公案解密——关于所谓〈旧雨晨星集〉的访谈纪要》,《博览群书》2004年第2期。

的相关信息牵涉到曹雪芹及其卒年,所以,作伪时间的上限是1921年。(2)关于曹雪芹的卒年,胡适先后持乙酉说(1921年文)、甲申说(1922年文)、壬午说(1928年文),直到1947年12月周汝昌提出癸未说;胡适1948年撰文放弃壬午说改从癸未说,到1961年5月又撰文重申壬午说。此后壬午、癸未两说各有市场。也就是说,从1928年至1947年,关于曹雪芹的卒年权威说法是壬午说,如果这期间造假,就不会有可以将曹雪芹的卒年解读为癸未说的"占诼玄羊重克伤"之类的诗句。(3)有没有可能是周汝昌先生提出癸未说之后造假呢?也不可能,因为"五行书目"笔迹与《废艺斋集稿》之《南鹞北鸢考工志》双钩"自序"笔迹一致,而《废艺斋集稿》早在日本侵华期间已经面世。

2. "纹样"一词古已有之

针对朱家溍先生所提出来的"纹样"晚出之说牵涉到书箱以及《废艺斋集稿》的真伪,对此,主真派提出了很有说服力的反证。2007年,严宽先生在《清代档案史料·圆明园》中发现"纹样"一词:"乾隆三十一年四月十五日(油木作)……于本月十五日,催长四德将铜水法座一件,上画黑漆底,画五彩花纹样,持进交太监胡世杰呈览";之后,陈传坤先生《有关"曹雪芹书箱"问题考两则》提供了唐人张籍诗句中用"纹样"的案例,其《酬浙东元尚书见寄绫素》一诗云:"越地缯纱纹样新,远封来寄学曹人。"[1]至此,主张书箱与《集稿》为真的冯其庸先生在《曹雪芹书箱补论》一文中引用陈传坤提供的证据,进一步认定书箱为真、集稿为真;[2]樊志斌先生《朱家溍先生〈漫谈假古董〉一文平议》亦做了补充论证,根据严宽提供的线索,在第一历史档案馆编《清代档案史料·圆明园》中找到两条

---

[1] 陈传坤《有关"曹雪芹书箱"问题考两则》,《寻根》2010年第5期。
[2] 冯其庸《曹雪芹书箱补论》,《红楼梦学刊》2011年第3辑。

四　关于曹雪芹书箱真伪的论辩

含有"纹样"一词的材料：

> 乾隆三十一年四月十五日（油木作）：……于本月十五日，催长四德将铜水法座一件，上画黑漆底，画五彩纹样，持进交太监胡世杰呈览。

> 乾隆五十一年九月二十五日（广木作）：太监鄂鲁里传旨：……九月三十日将玉玲珑馆添作插屏。做得通高一尺九寸五分，面宽一尺一寸六分，合牌插屏样一座，上画雕汉纹花纹样呈览。

樊志斌说："至此，朱家溍关于曹雪芹时代不可能有'纹样'一词，故而《瓶湖懋斋记盛》为民国人伪造的论断被学界彻底推翻。"[1]

3. 对吴恩裕、冯其庸观点的修正

在有关书箱真伪论争中，邓遂夫先生的立场和观点相对比较特殊，简单说就是：同意书箱为真且为曹雪芹遗物，但是，有关箱箧用途以及对所刻诗画内涵的解读不同于吴恩裕、冯其庸两位先生。邓遂夫在《曹雪芹箱箧镌刻字画新探——兼与吴恩裕、冯其庸商榷》一文中，首先，通过追查《旧雨晨星集》的下落发现洪静渊有"真作伪"嫌疑而更加相信书箱为真；然后，指出吴恩裕、冯其庸两位先生推考的有关箱子的来源及用途等结论成了持不同意见者提出种种驳难的原因之一；最后，在相信这一对箱子真为曹雪芹遗物的前提下，就吴、冯两位先生的观点提出了商榷性意见，主要包括以下几点：

---

[1] 樊志斌《朱家溍先生〈漫谈假古董〉一文平议》，《曹雪芹研究》2013年第2期。

(1) 关于箱子的用途

因为书箱乙背面有"五行书目",而且据箱子收藏者所称在写着五行书目的地方还曾糊着写有"春柳堂藏书"等字样的厚纸,所以,吴、冯以及其他很多学者都称这对箱子为书箱。邓遂夫先生提出,不能因为这对箱子曾经存放过书稿就断定为书箱,它很可能只是"芳卿"个人使用存放杂物的箱子,也可能是一对衣箱。据邓遂夫说,他这一观点曾获得周绍良先生的赞同,周先生还补充说,这在北方农村叫"炕箱",是很常见的一种贴壁放在炕上装衣物的箱子。

(2) 关于箱子的来源

关于这一对箱子的来源,吴恩裕先生在《曹雪芹手迹和芳卿悼亡诗的发现及其意义》一文中做了种种推测:曹雪芹自己买的,于叔度送的,张宜泉送的,其他朋友送的;吴先生在《曹雪芹佚著和遗物的发现》一文中则比较肯定地说,是"曹雪芹续婚时,他的朋友送给他的两个书箱。书箱上刻着朋友的贺诗和画的兰石"。冯其庸先生在《二百年来的一次重大发现——关于曹雪芹的书簏及其他》一文中的观点更加明确:"从右边书簏上'芹溪'的上款和'并蒂花呈瑞,同心友谊真'等诗句来看,看来是'芹溪'的友人送给'芹溪'续婚的贺礼,其时间是'乾隆二十五年庚辰上巳'。"亦即吴、冯两位先生认为,这对箱子是朋友送给曹雪芹的贺婚礼物,箱子外面镌刻的诗画,是朋友的贺婚之作。邓遂夫先生认为,吴、冯这一基本推断存在许多难以解决的矛盾与破绽,经不起推敲和检验,这些字画的作者有可能是曹雪芹夫妇。

(3) 关于字画的作者及内涵

通过对箱子上画作及文字的分析,邓遂夫认为,以兰花为主、石头为辅的画面应该称"兰"而非"兰石","拙笔写兰"即是明证;画的主体部分——兰以及"清香"题词都是对一位女性的隐喻和赞美；而"题芹溪处士句"则有赞美"顽石"而自称得到雨露光华滋养的"兰花"之意，因此作者应该是雪芹之妻。至于"拙笔写兰"之"拙笔"是笔墨笨拙之意，而非某个人的名字。也就是说，邓遂夫先生认为，箱子上的字画的确含着题赠之意，也的确有题赠和称颂夫妻恩爱的内容，但是，题赠者非曹雪芹的朋友而是曹雪芹夫妻之间互相赠答的产物。

（4）关于作画落款与题诗的笔迹

关于箱子上文字的笔迹，吴、冯等先生主要关注了"五行书目"与《废艺斋集稿·南鹞北鸢考工志》双钩"自序"的笔迹比对，认为是一人的笔迹。邓遂夫先生对箱子上面不同文字的字迹做了进一步的比较，认为：书箱甲上的"题芹溪处士句"与书箱乙上的落款"拙笔写兰"及"清香"句、所署年月等"是截然不同的两种笔迹"；而书箱乙箱外这些文字的笔迹又与箱里的"五行书目"及双钩"自序"笔迹一致；书箱甲箱外的"题芹溪处士句"则与书箱乙箱里的"悼亡诗"笔迹一致。

总之，邓遂夫先生通过对书箱字画内涵的分析以及笔迹的比对，认为这一对箱箧乃曹雪芹自己购置或者自己制作，主要作为给他妻子储存衣物和其他杂物之用；书箱甲外侧的"题芹溪处士句"及书箱乙内侧的悼亡诗乃其妻子所书，书箱乙外侧的落款、题诗、署时以及内侧的"五行书目"乃曹雪芹所书。[1]

值得指出的是，邓遂夫先生《曹雪芹箱箧镌刻字画新探——兼与吴恩裕、冯其庸商榷》一文撰写于1979年，却于1987年方经由其《红学论稿》才得以面世，因此影响有限。而洪静渊所提供的《旧雨晨星集》虽然后经

---

[1] 邓遂夫《曹雪芹箱箧镌刻字画新探——兼与吴恩裕、冯其庸商榷》，见氏著《红学论稿》，重庆出版社，1987年；又见氏著《草根红学杂俎》，东方出版社，2004年。

证实属于"制造谎言",可是其热闹一时的直接效果是让很多人以为木箱造假证据确凿,因此而对收藏者造成某种感情上的伤害;再加上主真派吴恩裕先生于1979年末骤然离世,有关书箱真伪的论争在一段时间内"在对怀疑论无人应战的形势下戛然而止"[1],直到2010年前后由于"纹样"一词的讨论而再次引发关注。

此外,关于曹雪芹是否曾经"续娶",学术界存在不同意见,倾向于曾经"续娶"的代表作有吴恩裕先生《曹雪芹手迹和芳卿悼亡诗的发现及其意义》、邓遂夫先生《曹雪芹续娶考》[2]以及胡德平先生《曹雪芹的第二次婚姻》[3]等;倾向于"非续娶"的代表作有胡文彬先生《新妇并非皆新娶——"新妇"三解》[4]《切莫乱点鸳鸯谱》以及杨玉军先生《雪芹死前是否有过续娶事——关于"新妇"之我见》[5]、倪建伟先生《曹雪芹新娶续弦妻考》[6]等。综合来看,两派意见的关键分歧在于对敦诚《挽曹雪芹(甲申)》"新妇飘零目岂瞑"诗句中"新妇"一词的理解不同,持续娶说者认为"新妇"指新娶之妇,反对者则认为"新妇"不一定指"新婚夫人",而是可以概指"已婚妇女"。对于吴恩裕、冯其庸等主张书箱为贺婚礼物的学者来说,曹雪芹是否续娶以及续娶时间自然很重要,否定了续娶"贺婚"也就无从说起了。不过,如果像邓遂夫先生所推测的,箱子是曹雪芹自己购买或者制作的,绘画及文字只是表达夫妻恩爱之情,则是否续娶无关紧要。

---

1 邓遂夫《曹雪芹箱箧公案解密——关于所谓〈旧雨晨星集〉的访谈纪要》,《博览群书》2004年第2期。
2 邓遂夫《曹雪芹续娶考》,见氏著《草根红学杂俎》,东方出版社,2004年。
3 胡德平《曹雪芹的第二次婚姻》,《文史知识》2015年第10期。
4 胡文彬《新妇并非皆新娶——"新妇"三解》,见《读遍红楼:不随黄叶舞秋风》,书海出版社,2006年。
5 杨玉军《雪芹死前是否有过续娶事——关于"新妇"之我见》,《红楼梦学刊》2003年第4辑。
6 倪建伟《曹雪芹新娶续弦妻考》,《文艺评论》2014年第12期。

（五）结语

在梳理了相关论争情况之后，笔者对书箱问题有如下几点基本意见：

1. 抛开对书箱上字画内容的解读，纯粹从文物鉴定本身来说，王世襄、姚天新、戚明、李虹等文物鉴定专家们的意见是非常值得重视的，即这对箱子应该是乾隆时期的旧物，而非现代人伪造之物。

2. 曹雪芹是否于乾隆二十五年（1760）有续娶之事，肯定或者否定，都缺乏直接的有说服力的证据，暂时存疑比较稳妥。

3. "五行书目"笔迹与《废艺斋集稿·南鹞北鸢考工志》双钩"自序"笔迹相同这一点得到了主真派（吴恩裕、冯其庸等）和主伪派（郭若愚等）的一致认可，主真派以此证明书箱和《废艺斋集稿》均"真"；主伪派则以此证明两者均"伪"。不仅如此，还牵涉到香山正白旗39号题壁诗的笔迹问题，有学者认为三者笔迹一致，这样一来，就有了三者真则同真、伪则同伪的问题。这里，至少牵涉两个问题：第一，三者笔迹一致的结论是否完全可靠？第二，从"物"自身的来源来看，题壁诗和书箱因为有实物在，尤其书箱，有多位文物专家鉴定其为乾隆时期旧物，双钩"自序"则为现代人描摹本，来源受到质疑。因此，以书箱证双钩"自序"为真自然比较有力，以双钩"自序"证书箱之真则自然打了折扣。问题是，证明书箱为真的主要证据之一恰好是来源受到质疑的双钩"自序"。因此，笔者在认同书箱为乾隆旧物的前提下，对"五行书目"是否为曹雪芹所作尚无倾向性意见，只能期待相关研究不断推进，以使厘清相关疑点。

4. 在没有作伪证据的前提下，"题芹溪处士句"之"芹溪"是考察这一对书箱的重要线索。在认可芹溪为曹雪芹的前提下，对箱子上绘画和文字材料的解读，笔者认为，邓遂夫先生的观点值得参考，即这对箱子非朋友赠送之物，而是曹雪芹夫妇互相赠答之作，至于是续娶之妻还是原配妻子则无关紧要。

5.之前学者们多关注五行书目与双钩"自序"、题壁诗三者之间的笔迹对照，而邓遂夫先生指出"拙笔写兰""清香"句、"乾隆二十五年岁在庚辰上巳"等与五行书目笔迹一致，"题芹溪处士句"与悼亡诗笔迹一致，这一结论是否可信值得笔迹鉴定专家进一步落实。

五
关于"曹霑墓石"问题的论辩

1992年7月31日《北京日报》郊区版首次报道了北京市通县（今北京市通州区）张家湾镇张家湾村村民李景柱发现"曹霑墓石"（以下称"墓石"）[1]的消息[2]，随即在红学界引发了一场关于"墓石"真假问题的论争，持续了一年多时间。主真方认为"墓石"可信，并且为《红楼梦》作者曹雪芹的"墓石"，主要代表有冯其庸、王利器、陈毓罴、邓绍基、刘世德、朱淡文、石昌渝、史树青等学者；主伪方则认为"墓石"为伪造，主伪派主要代表有周汝昌、秦公、苏天钧、严宽等学者。冯其庸先生主编的《曹雪芹墓石论争集》收集了两方的观点，于1994年8月由文化艺术出版社出版，有关墓石的论争告一段落。之后论争双方各持己见，基本上不再有正面交锋；其他学者则偶尔会引用主真派的观点，将张家湾"曹霑墓石"作为曹雪芹在北京地区的"遗迹"进行论述。

在讨论"曹霑墓石"真伪时牵涉到墓石来源、规制以及曹雪芹祖茔、葬地、卒年、晚年经济状况等一系列问题。笔者将秉持实事求是的精神，

---

[1] 关于此"石"先后有墓碑、墓石、墓志等不同说法，为了表达清楚，本文除引文之外，皆以"墓石"称之。
[2] 张文宽、焦保强《张家湾镇发现曹霑墓碑 墓碑证明：曹雪芹葬于通县》，见冯其庸主编《曹雪芹墓石论争集》，文化艺术出版社，1994年，第231页。

对论争双方的观点加以梳理，尽可能客观地加以评述，并指出存在的疑点。

（一）关于"曹霑墓石"的来源

关于曹霑墓石来源，较早也较全面的资料见于北京市通县张家湾镇人民政府整理的《关于曹雪芹墓碑的发现经过》一文：

> 1968年冬，平整土地大会战。……该村社员李景柱于地下一米处发现一块青色基石，细查看，石上隐现"曹公諱霑墓——壬午"字样。李景柱曾多次翻阅《红楼梦》，加之爱好文物，逐（应为"遂"之误。——引者注）明此乃清代大文学家、《红楼梦》作者曹雪芹之墓碑。其间，近碑又有一具残骸出土，完整，男性（头骨男女有别），惜众无知，土骨相杂，弃之，掩之，无以拼对。再察此地，无棺椁，无墓志铭，无其他随葬物。李精心护守，至夕阳落，与堂弟李景泉用独轮车载，运至家中。[1]

据该文介绍，这块墓石于1968年冬发现，被村民李景柱搬回家中。之所以在事隔23年之后才被关注，是因为1992年通县张家湾政府拟建张家湾人民公园，准备在公园内建碑林；同时，镇政府成立了文物保护领导小组，准备协同县政府有关单位对镇内一批重要石碑等文物进行重点勘测，因此得知并寻找"曹霑墓碑"。李景柱经有关方面做工作于7月10日"被逼"无偿献出该碑，并于7月15日将其交镇政府保存（图三十八）。

---

[1] 北京市通县张家湾镇人民政府《关于曹雪芹墓碑的发现经过》，原刊《运河》1982年第3期，见冯其庸主编《曹雪芹墓石论争集》，文化艺术出版社，1994年，第199页。

五 关于"曹霑墓石"问题的论辩

张家湾镇政府于8月1日召开了"曹雪芹墓碑发现鉴定会",会上提供了《关于曹雪芹墓碑发现的经过》打印件。据参会者周汝昌先生说,"此会原定基调是肯定墓碑为真的,但由于专家们的发言是以质疑为主流,因此并未获得结论"[1];"专家中,只有二三人以此石为真,其余大多数则以为十分可疑"[2]。

至于1968年至1992年这23年间该碑的下落,记者焦保强在《北京的石头记——曹霑墓石的发现及其讨论纪实》一文中有比较详细的介绍:当事人李景柱回忆,1968年冬天发现曹霑墓石后,他请韩士宽与他堂弟李景泉一起,

图三十八 曹霑墓石

把那块石头运回了家中。他还曾向中学教师康德真确认过,"曹霑即《红楼梦》作者曹雪芹",于是找来几张写大字报用的纸,把墓碑上的字拓了下来珍藏;然后在1969年4月,生产队为他盖房时把墓石当房基石用了;1991年3月,李景柱家翻建房屋,曹霑墓碑才又重见天日。[3] 2006年1月,这块石碑在北京通州博物馆首次对公众展出,目前仍保存在该馆。

关于"墓石"来源,除了李景柱本人的说辞,还有两个人提供了书面

---

1 周汝昌:《"曹雪芹墓碑"揭伪》,见冯其庸主编《曹雪芹墓石论争集》,文化艺术出版社,1994年,第180页。
2 周汝昌:《曹墓传奇》,《人民政协报》1992年11月17日。
3 焦保强:《北京的石头记——曹霑墓石的发现及其讨论纪实》,《北京日报》1993年2月27日。

旁证。一是签名韩士宽的一份"证明"说：

> 六八年冬季，西甸西边大搞凭证土地。当时我是社员。干活当中，平出一块石头来，后来不知被谁弄走了。这块石头一米来长，上面写什么，我没注意。石头旁有骨头，没有别的什么东西。

另一份"证明"来自原任张家湾镇党支部书记凤志安，"证明"写道：

> 在六八—七〇年大平土地时，在项家坟、斐【"裴"？】家坟以北比较大的一块地方，平出一块碑来，上下有一米左右，宽40公分上下，写的是什么字我也没看准，因为我是总指挥，没时间过去看，又没拿它当回事。有人说那是曹家坟，到底是不是，我说不准。那块碑落到哪儿去了，我也说不准。[1]

周汝昌先生综合这些材料，提出五点意见："（一）当时出现了一块石头，这应属事实。（二）石上何字？无一人能言，哪怕一个字。（三）此石被谁'弄走'，连同时干活儿、目见此石的韩士宽，也竟不知。与凤书记同。（四）此石既然下落不明，则它的命运、保存、处置、有无改动……就更是统统无人能知了。（五）他们谁也不肯说一句：现时献出之石，就是1968年'平'土出现之石。凤、韩二人即在此点上也是全然一致的。"[2]

---

[1] 韩士宽与凤志安证明均转引自周汝昌《"曹雪芹墓碑"揭伪》，见冯其庸主编《曹雪芹墓石论争集》，文化艺术出版社，1994年，第181—182页。

[2] 周汝昌《"曹雪芹墓碑"揭伪》，见冯其庸主编《曹雪芹墓石论争集》，文化艺术出版社，1994年，第185页。

五　关于"曹霑墓石"问题的论辩

总之，周汝昌先生相信1968年张家湾村民平地之时曾发现一块石头之事为真，至于这块石头的下落以及石上的字迹如何则无从证明。

在北京市通县张家湾发现曹霑墓石的消息传出来之后，迅速引起广泛关注和讨论。1992年7月31日，《北京日报》和《北京晚报》首先报道了这则消息；冯其庸先生于7月23日得到相关信息，25日前往张家湾目验了该墓石，28日撰写《曹雪芹墓石目见记》一文，刊于8月16日在上海的《文汇报》，基本观点是相信此墓石为真，并就无棺无椁的情形做了推测性解释："大家知道，雪芹暮年潦倒，以至于无棺可盛，草草裸埋，碑石亦是极端草草，认真地说，这根本不是墓碑，而是随死者埋葬作为标志的墓石，故埋在入土1米深处，而不是立在地面上，墓石下端一点也未留余地，因为它根本就不是用来树立的墓碑，而是作为标志的墓石"。周汝昌先生于8月1日参加了张家湾镇政府主持的讨论"曹雪芹墓碑"的会议，于8月5日撰写《"曹雪芹墓碑"质疑》一文，刊于8月16日在上海的《解放日报》，完全持质疑态度，提出石质不合、镌刻不合、工序不合、字体不合、行款不合、文法不合、地点不合、方位不合等八项理由，最后结论为："本人认为张家湾曹家坟'出土'之'曹霑墓碑'，漏窦重重，是否真实，大可疑义。"这两篇同一天在上海报纸上刊发的文章拉开了主真与主伪的论争序幕。

在后续讨论中，主伪者对李景柱关于墓石来源的说法提出了质疑。严宽、侯刚、张耀龙等人在《我们的一点说明——〈曹雪芹的足迹〉摄制组成员谈李景柱》一文中介绍了1987年秋他们随《曹雪芹的足迹》摄制组前往张家湾拍摄时与李景柱交流的一些情况，概括起来有两个要点：

第一，李景柱主动找他们攀谈，告知说张家湾有曹家坟地，他曾发现曹家墓碑。至于墓碑主人，严宽和侯刚都说，李景柱当时说的是曹頫；张耀龙则说，李景柱说，好像是个"顺"字，张耀龙问是不是个"頫"字，李景柱说记不清了。"频"与"顺"的差别，不知是严宽、侯刚、张耀龙等人回忆有误，还是李景柱当时分别跟他们说的本来就不一样。不过，问题的关键不在这里，而在于他们三人都未曾听李景柱说过"曹霑"的名字，所以，侯刚直接提出质疑："李景柱一直说是曹频墓碑，何以五年之后变成曹霑了呢，令人十分不解。"[1]

第二，摄制组成员多次请求李景柱带他们前往曹家坟地找这块碑，李景柱在再三推脱之后的确带他们去找过，但是，均未曾见到碑。找碑的具体情况，严宽的回忆是，李景柱带他们走了十几里路，找到一户老人家里，老人却表示不知道曹家坟地和曹频碑的情况；张耀龙的回忆则是，李景柱带他们"开车去七八公里外的曹园，碑没有找到。问当时几位老人，说墓地已毁，碑盖房用了。墓地的主人是旗人，但不姓曹。"严宽和张耀龙关于找碑细节的说法有区别，亦不知是两人记忆有误，还是他们说的不是同一次的情况，不过，未曾见到碑、也未能了解到关于碑的确切信息这一点是一致的。

除了严宽等人之外，周汝昌先生之子周建临当时亦在摄制组。周汝昌先生在《"曹霑墓碑"再质疑》一文中亦介绍说，摄制组曾先后两次专访李景柱，"但其言辞闪烁，毫无实际收获"，李景柱还曾问曹频碑是否有价值。严宽曾以曹学会的公函促李景柱提供实质性文献，亦无下文。因此，周汝昌先生认为李景柱当时跟摄制组人员联系的经过"十分可异"[2]，言下之意是其真实性可疑。

1《我们的一点说明〈曹雪芹的足迹〉摄制组成员谈李景柱》，原刊《北京日报》1992年9月26日，见冯其庸主编《曹雪芹墓石论争集》，文化艺术出版社，1994年，第134—135页。
2 周汝昌《"曹霑墓碑"再质疑》，原刊《北京日报》1992年9月12日，见冯其庸主编《曹雪芹墓石论争集》，文化艺术出版社，1994年，第142页。

五　关于"曹霑墓石"问题的论辩

关于当初的"闪烁其辞",李景柱先生曾如此解释:"几天后严宽、侯刚、周建临来到我家,追问此碑,苦口婆心做工作,让我带他们找这块碑。这款碑就在我的房基里,根本拿不出,我又不敢说实话。因为要拿碑就得拆房子,我是个农民,经济困难,房子拆了谁给我盖?为避免麻烦,我只好搪塞他们,带他们到曹园村等地转了一圈,算躲过此事。这就是周先生所谓'言辞闪烁'的真实原因。至于周先生提'曹颇碑'云云,让我哭笑不得,当时我根本不知道曹颇是什么人。"[1] 李景柱还曾向记者表示,自己没有造假的动机:"我珍藏这块墓碑,完全出自对文物的喜爱。我是个'绿学家',种地的农民,我没想献出此碑冒充'红学家',更没想到利用这块碑当官、发财。"[2]

李景柱对"言辞闪烁"的解释从情理上是说得过去的,至于他否定"曹颇碑"之说则令人困惑,因为严宽、侯刚、周建临三人均证明李景柱当时说的是"曹颇",三人同时记错的可能性不大;张耀龙则与李景柱讨论过是"顺"字还是"颇"字,这样的细节也不大可能出自虚构。当时墓石虽然已砌入墙基,但是李景柱手头既有拓片,要核对墓主名字应该不是难事。遗憾的是当时采访李景柱的记者未曾进一步追问此事。

关于墓石来源,还有一位名叫刘兆的读者也提出了质疑。刘兆曾给《北京日报》投书,分别从时间、地点、旁证人三方面对李景柱发现"墓石"的经过提出了疑问。在时间方面,李景柱自称于1968年冬季平整土地时发现"墓石",后用于自家房中基石;刘兆则指出,1968年冬季李景柱在

---

[1] 李景柱口述,焦保强整理《我当时为何"言辞闪烁"?》,原刊《北京日报》1992年9月19日,见冯其庸主编《曹雪芹墓石论争集》,文化艺术出版社,1994年,第107页。
[2] 焦保强《曹霑墓石是怎样发现的》,《北京日报》1992年8月29日,见北京日报"京华周末"编辑部编《京华周末'92精萃》,同心出版社,1993年,第16页。

大队抓阶级斗争，未参与平整土地的大队工作，平整土地的时间是在1970年以后。而且还说李景柱的房屋建于1968年夏季，时间上显然有较大出入。在地点方面，刘兆认为"墓石"出土地"曹家坟"的使用权在张家湾村第二大队，而李景柱属于第四大队，因此他到"曹家坟"平整土地的活有违工作规定，且"曹家坟"的确切地点尚未有定论。在旁证人方面，李景柱说发现"墓石"后请他的堂弟李景泉和村民韩士宽一起将"墓石"运回家中，刘兆则指出，1968年李景泉在北京68中上学，1969年才来插队。韩士宽在永定门粮库当合同工，两人在当时都无法参与1968年的平整土地活动。该信件的落款为"刘兆1992年9月20日"，据严宽介绍，这封信因种种原因，《北京日报》编辑部未予刊发，至1993年6月，才由北京日报记者宗春启在《视点》上披露。当时红学界关于"曹霑墓石"真伪问题的论争已趋尾声，刘兆的质疑未能获得李景柱等人的回应。[1]当然，关于张家湾平整土地的时间以及李景柱建房的时间等信息双方都有记错的可能。

综上，关于墓石的来源，主真派完全相信李景柱的说法；以周汝昌先生为代表的主伪派则提出：证明了1968年张家湾曾出土一块石头是一回事，石头上有无字迹？若有，是何字样？此石落入何人之手？曾做何等处理？有无改动？1992年7月献出之石是否即为1968年出土的那块原石原貌？等等，这些都是问题。周汝昌先生的基本态度是，1968年曾出现过一块石头，这一点应该属实；但是，石上何字？被谁弄走？韩士宽、凤志安等人的证明都未能提供任何有效信息，1968年出土之石是否就是1992年献出之石"他们谁也不肯说一句"[2]，周先生言下之意是怀疑这两块石头并非同一块石头。从现有材料以及推理逻辑来说，周先生的质疑不无道理。

---

1 严宽、霍国玲《曹霑墓石旧案重提》，《明清小说研究》1994年第1期。
2 周汝昌《"曹雪芹墓碑"揭伪》，《社会科学战线》1993年第3期。

五 关于"曹霑墓石"问题的论辩

(二)关于"曹霑墓石"年代及规制问题

1992年8月1日,北京市文物局邀请了文物考古、文物鉴定及红学界专家到张家湾对"墓石"进行勘察验证。专家们经过热烈讨论,形成了两种截然不同的观点,一种认为石头是旧的,是真实可信的;另一种则对认为墓石在规制上存在诸多不合理之处,是伪造的。

关于墓石规制等问题,首先是主伪派提出诸多疑点,处于攻势;主真派则主要是释疑,处于守势。

主伪派的代表性疑问主要来自周汝昌先生和秦公先生,他们都参加了8月1日的鉴定会。如前所述,周汝昌《"曹雪芹墓碑"质疑》一文从石质不合、镌刻不合、工序不合、字体不合、行款不合、文法不合、地点不合、方位不合等八个方面提出了质疑,其中除了地点及方位之外,其余六个方面都是关于墓石本身的问题。[1] 秦公《"曹公諱霑墓"确赝无疑》从用石不恭、称谓悖礼、落款三疑、书刻无度、无棺不实等五个方面提出疑问[2],其中除无棺不实一条,其余四条也都是关于墓石本身的问题。综合来看,主伪派提出的疑问可以概括为以下几个方面:

1. 材质粗糙

周汝昌认为,墓石材质"为灰色粗岩石,石性极为粗糙。考古学家指出,作墓碑罕有采用此种粗劣恶石者"。秦公认为此石"质地为灰青色水成岩",周身布满非常明显的钎迹斧痕,说明是一块生料,原本不是准备

---

[1] 周汝昌《"曹雪芹墓碑"质疑》,见冯其庸主编《曹雪芹墓石论争集》,文化艺术出版社,1994年,第125—127页。下文引用该文不再出注。
[2] 秦公《"曹公諱霑墓"确赝无疑》,见冯其庸主编《曹雪芹墓石论争集》,文化艺术出版社,1994年,第157—160页。下文引用该文不再出注。

作为墓石使用的，而按古今中外的习惯和传统，刻石时在石料选择上都是较为严格，要求精美且易于镌刻。

2. 书刻不合法度

周汝昌认为，一则镌刻无技法可言，墓石从字口看镌痕，全无技法可言，乃胡乱剜凿而成，刀法混乱；二则未经笔写"书丹"程序，字形支离。秦公同样认为，按常规，刻石应先书丹，然后再由工匠按书丹笔道寻朱奏刀加以镌刻；秦公还指出，"曹公讳霑墓"五个字安排得过于低下，有失章法。

3. 字体不合

周汝昌认为，此石所刻之字不同于清代乾隆时期书体，而更像是现代人的书写形态。

4. 落款不合

周汝昌认为，墓碑只标干支，且干支又偏居左下角之最低处，"此在清代，绝无可能"。秦公认为，刻石上的纪年款，一般要求应写得具体，就此"墓石"而言，起码应注明朝代，如"乾隆壬午"及立碑人等字样。尽管曹雪芹暮年潦倒，丧事可能从简，其刻石纪年款也不应如此简单草率。同时，秦公也认为"壬午"二字的刻写位置不合理。如果仅刻"壬午"二字，则应刻在比较合理、庄重的位置，将"壬午"两字刻在左下角最低处，这在古代各种刻石中实为罕见。

5. 称谓悖礼

周汝昌指出，既说此墓石出土于曹家坟，一则祖先无碑而子孙独有之理，再则立碑于祖坟，刻字却称之为"曹公"，于礼法与文法均不合。秦公亦指出，如果曹雪芹葬于祖茔的话，那么在祖茔中刻石作记，"曹公讳霑墓"这种称"公"且直呼其名的做法是明显失礼的。即使在欠妥当的前

五　关于"曹霑墓石"问题的论辩

提下称"公",则当含有尊敬之意,既含尊敬,就不该直呼其名,而应尊称其字。这种礼制不仅在古代严格实施,即使到了近代也有石为证。因此,"墓石"不管是由曹雪芹生前好友作记,或是为曹家的仆人所刻,都不会在"墓石"上直呼其名以致"犯忌"。秦公还曾提出,"既称为'公',当含恭敬之意;既然恭敬,就不应直呼其名,而应称其字,写为'曹君讳雪芹',墓字前,还应有个'之'字"。[1] 总之,文物鉴定专家秦公认为,曹霑墓碑"至少有五个不合理之处","有这么多不合理的因素集中在这一块碑上,这疑点就太大了",因此推断"这碑可能是假造的"。此外,考古专家苏天钧也认为,"这块碑疑点太多,应该慎重"[2]。

关于主伪派提出的诸多"疑点",主真派做出了相应解释,可以概括为以下三点。

1. 关于墓石年代及规制不合理的问题

据焦保强《北京的石头——曹霑墓石的发现及其讨论纪实》一文的介绍,1992年8月26日,国家文物鉴定委员会副主任委员史树青和委员傅大卣应市文物局邀请专程前往张家湾镇对墓石进行考察鉴定,给出了与秦公、苏天钧等人完全不同的鉴定意见。

首先,关于墓石的年代,秦公、苏天钧先生并未做具体说明,傅大卣和史树青则给出了明确的判断。据介绍,傅大卣先生用放大镜仔细观察之后提出:"这石头是旧的,字也是旧的,没问题";当有人指出"字上有划痕"时,傅先生强调说:"正因为有划痕,我倒更清楚地看出字口是旧的。"史树青先生表示同意傅先生的看法,认为"这碑绝不是近一二十年的东西"。

---

[1] 秦公讲述,宗春启记录《石碑可能是伪造的》,《北京日报》1992年8月29日。
[2] 焦保强《北京的石头——曹霑墓石的发现及其讨论纪实》,原刊《北京日报》,1993年2月27日,见冯其庸主编《曹雪芹墓石论争集》,文化艺术出版社,1994年,第207—218页。

然后，在讨论中，傅大卤先生针对石碑存在的诸多不合理现象给出了解释：

> 我来之前就听说了，有人指出这石碑存在多处不合理，石料不是刻碑的啦，碑文没有书丹啦，字体不合啦，这说明它不是名人给刻的，很可能是曹雪芹生前的穷朋友，或者受过他的帮助、恩惠的人，为表示仰慕雪芹、报答雪芹，随便刻的，因为是普通人刻的，就没那么多讲究了。

傅大卤先生的意思是，主伪者提出的石料、书丹、字体等问题都是就一般情况而言的，而此墓石很可能是曹雪芹的"穷朋友""随便刻的"，因此，不能以一般的碑刻标准来衡量。傅先生还提出一个文物鉴定的原则性问题，即"合不合理不能说明它的真假，验定真假时也不管它的大小、好坏。如果字很工整，又有书丹，那倒错了，作为一个墓志，这几个字就够了"。史树青先生接着补充："首先说这不是墓碑，这是个墓石、葬志或者墓记，属于墓志类。是埋在坟里头的。按墓碑的要求去套是不行的。历史博物馆类似的墓志有几百块。如果用墓碑的规格、标准去套这块石刻，就会觉得它存在许多不合理处。"史先生认为，这块葬石"是急就的，临时找的，所以石头很旧，字也很草率，但它是真的，不容怀疑。有意作假者不会用这样的石头"。

综合来看，傅大卤和史树青两位先生的意见有两个要点：第一，此石是墓石、墓记类，属于墓志，不是正规的墓碑；第二，此墓石是临时的、急就的、随便刻的。正因为这两点，不能用墓碑的一般标准去衡量。

冯其庸先生亦认为是墓石而非墓碑："雪芹暮年潦倒，以至于无棺可

五 关于"曹霑墓石"问题的论辩

盛,草草裸埋,碑石亦是极端草草,认真地说,这根本不是墓碑,而是随死者埋葬作为标志的墓石。"[1]

所谓墓志,指放在墓里的刻有死者生平事迹的石刻。正规的墓志分上下两层,上层称为盖,下层称为底,底部刻有墓志铭,盖上有标题。主真派学者多认同傅大卣、史树青两位先生的墓石或者墓志说,认为曹霑墓石简单标明了墓主之姓名及卒年,埋于地下,其作用相当于墓志;而且认为用石、刻字都很草率,正符合曹雪芹死前的状况,代表性观点如刘世德先生在《曹雪芹墓石之我见》一文中指出,至少应该从四个方面考虑曹雪芹墓石的"特殊"性:一是曹雪芹是穷苦人,二是曹雪芹卒于除夕,三是埋石人社会地位和文化素养不高,四是曹雪芹无后,下葬和埋石时可能没有亲人在侧,这几种可能存在的特殊情况都可能造成墓石草率、不合规制。[2]

在讨论墓石性质时,多位学者还曾提到满洲坟前不许立碑的习俗问题[3],似能间接回答为什么在张家湾曹家坟未能发现曹家其他人墓碑的问题。

针对主真派提出的曹雪芹死前生活穷困的问题,秦公在《"曹公讳霑墓"确赝无疑》一文中反驳说,这完全是以社会学的逻辑思维来推证,并不能用以证明墓石为真,更主要的首先还是鉴定此石本身。而且针对墓石

---

[1] 冯其庸《曹雪芹墓石目见记》,见冯其庸主编《曹雪芹墓石论争集》,文化艺术出版社,1994年,第12页。

[2] 刘世德《曹雪芹墓石之我见》,见冯其庸主编《曹雪芹墓石论争集》,文化艺术出版社,1994年,第42—60页。

[3] 陈毓罴《何处招魂赋楚蘅》:"乾隆曾有谕旨,要旗人遵守满洲旧俗,坟前不许立碑。",见冯其庸主编《曹雪芹墓石论争集》,文化艺术出版社,1994年,第20页;刘世德《曹雪芹墓石之我见》:"记得1962、1963年间,在已故的王昆仑先生的主持下,曾在全北京市的范围内普遍地查找了曹雪芹家的坟墓,但一无所获。有一天,王昆仑先生曾亲口告诉我,这个工作开展起来很困难,因为据他了解,旗人死后是不立碑的。"见冯其庸主编《曹雪芹墓石论争集》,文化艺术出版社,1994年,第47页。

为"急就的"这一说法，秦公认为事先书丹只需要两三分钟，如果没有书丹，由于该石极硬，刻字反而需要更多的时间，非急就所能为之。[1]

值得注意的是，秦公、苏天钧等并未从文物鉴定的角度对墓石的年代做出判断，而主要是从规制不合理的角度提出怀疑。综合论争双方的观点，如果从文物鉴定的专业角度能够确定墓石为旧物的话，从情理逻辑上说，傅大卣、史树青的鉴定意见以及由此延伸出来的主真派的观点似乎更有说服力一些。

2.关于称"公"的问题

关于墓石上刻"曹公諱霑"即称墓主为"公"的问题，主真派陈毓罴先生的回应颇具代表性，他在《何处招魂赋楚蘅》一文中说：

> 有人说墓石上应该刻"曹公諱雪芹"，我则以为"曹公諱霑"是正确的，因为"霑"是名，"雪芹"是号。如雪芹祖母李氏之父，其墓志铭说："公諱士桢，号毅可"，……此种例子不胜枚举。有人说雪芹葬入祖坟，碑上不应该称"公"。我则以为，如曹家人自己立的，不会称"公"，若是他人（雪芹友人或同情者）所制，为了表示对死者的尊敬，当然可以称"公"的了。

陈毓罴先生认为，墓志上书"名"而不是"号"是惯例；而且，曹雪芹的墓石很可能不是曹家人立的，而是他人立的，所以可以称"公"。

石昌渝先生则从另一个角度解释了称"公"的合理性。石先生在《曹雪芹葬于通县张家湾——谈曹雪芹墓石》一文中首先呼应傅大卣先生"合

---

[1] 秦公《"曹公諱霑墓"确赝无疑》，见冯其庸主编《曹雪芹墓石论争集》，文化艺术出版社，1994年，第167页。

五 关于"曹霑墓石"问题的论辩

不合理不能说明它的真假"的说法,提出一个原则性的问题:"不能用合理不合理来断定存在不存在。天地之大,有常有变,岂能居'常'而否认'变'的存在?"然后,引康乾时人王应奎《柳南续笔》卷四中的材料证明当时社会上"墓门署公者多矣"的习俗,以此说明"曹公讳霑"之"公"的用法也可以从"变"例的角度得到解释。[1]

3. 关于书体问题

关于周汝昌先生提出来的"墓石"字体不像乾隆时期书体的问题,刘世德先生在《曹雪芹墓石之我见》一文中回应说,留传至今的包括碑帖在内的清代乾隆时人所写的字,并不全是用一种书体写成的,"乾隆时期书体"也没有一个权威性的定义。不同的书法家,他们的"书体"已经有不同的特征,而书法家的"书体"和普通民众中刻石者的"书体"也必然会有不同之处。

牛克诚先生《曹氏墓石书法诸问题》一文集中讨论了墓石的书体问题。牛先生认为,曹氏墓石与古代纯然未经书丹而刻就的墓石不同,它经过了反复的敲凿和刻画才完成一根根线条。这种对线条的修治一定要事先规定好每一根线条的形状和位置。因此在曹氏墓石的刻制中,存在一个与书丹相类似的经营形状与位置的作业程序。这说明该墓石是经过认真的筹谋和制作的。[2]

---

[1] 石昌渝《曹雪芹葬于通县张家湾——谈曹雪芹墓石》,《文艺报》1992年11月28日,见冯其庸主编《曹雪芹墓石论争集》,文化艺术出版社,1994年,第77—83页。
[2] 牛克诚《曹氏墓石书法诸问题》,《红楼梦学刊》1993年第1辑,见冯其庸主编《曹雪芹墓石论争集》,文化艺术出版社,1994年,第114—117页。

（三）关于"墓石"主人曹雪芹的相关问题

有关墓石的争议无可避免会牵涉到墓主曹霑即曹雪芹的相关问题，主要包括曹雪芹的祖茔、葬地、卒年等方面。

1. 关于曹雪芹的祖茔及葬地

虽然目前尚未发现有关曹雪芹祖茔的实物证据，"多数专家学者对曹家祖茔在北京东郊这一个问题上，则没有什么争论，基本上都是赞同的"[1]，然而，曹家祖茔在北京东郊何处，是否为"墓石"的发现地通县张家湾村曹家坟，目前都尚未有定论。

冯其庸先生曾据康熙五十四年七月十六日《江宁织造曹頫覆奏家务家产折》中的"通州典地六百亩"[2]认为曹家在通县有土地，又据康熙五十四年正月十八日《苏州织造李煦奏安排曹颙后事折》所载"择日将曹颙灵柩出城，暂厝祖茔之侧"[3]等材料认为曹家祖茔在北京城外不算太远处。两方面文献资料综合来看，冯其庸推测，"曹家祖茔的地点，可能不至于远到宝坻那边，通县张家湾一带，似还有一定的可能性"[4]。这一推测有一定合理性。此外，考古专家苏天均回忆起1963年至1965年为了找到有关曹雪芹的资料，北京市曾在全市范围内查找过曹氏祖茔。当时发现有几处曹家坟，最大一处位于通县八里桥附近。[5]这从侧面证明，论证"曹雪芹的祖茔即为

---

1 张庆善《张家湾·曹雪芹·〈红楼梦〉》，《红楼梦学刊》2015年第5辑。
2《关于江宁织造曹家档案史料》，中华书局，1975年，第131—132页。
3《关于江宁织造曹家档案史料》，中华书局，1975年，第127页。
4 冯其庸《曹雪芹墓石目见记》，见冯其庸主编《曹雪芹墓石论争集》，文化艺术出版社，1994年，第18页。
5 苏天钧讲，宗春启记录《石碑认定应慎重》，见冯其庸主编《曹雪芹墓石论争集》，文化艺术出版社，1994年，第132页。

五 关于"曹霑墓石"问题的论辩

'曹霑墓石'发现地张家湾"还需要更多的证据才能有较强的说服力。

即使曹雪芹的祖茔在张家湾,那么是否就可以说,曹雪芹也葬在祖茔内,从而与"曹霑墓石"相互印证呢?这就涉及曹雪芹的葬地问题。

关于曹雪芹的葬地,主要有两种意见:一方认为曹雪芹葬在北京西郊(以下称"西郊说");另一方认为曹雪芹葬在北京东郊,很有可能是在"墓石"发现地通县张家湾(以下称"东郊说")。

"西郊说"主要可参看周汝昌《"曹霑墓碑"之再质疑》、蔡义江《西山文字在,焉得葬通州?》等;"东郊说"主要可参看冯其庸的《曹雪芹墓石目见记》、王利器的《试论证曹雪芹的生卒年及其墓地》、陈毓罴的《何处招魂赋楚蘅》、邓绍基的《圹志·挽诗·葬地——从"曹霑墓石"引出的几点看法》、刘世德的《曹雪芹墓石之我见》、朱淡文的《鹿车荷锸葬刘伶》、石昌渝的《曹雪芹葬于通县张家湾——谈曹雪芹墓石》、杜景华的《何处凭吊曹雪芹》、张庆善的《张家湾·曹雪芹·〈红楼梦〉》等。

比较特殊的是,论辩双方的主要材料是相同的,都是曹雪芹友人敦敏、敦诚、张宜泉的相关诗作,只是解读结果不同,相关内容略述如下。

(1)对敦敏《河干集饮题壁兼吊雪芹》的诗题及诗文中的"凭吊无端频怅望"的解读。

"东郊说"的观点最早出自朱南铣。周汝昌《红楼梦新证》"史料编年"推定敦敏《河干集饮题壁兼吊雪芹》诗为乾隆二十九年(甲申)之作,并云:

> 按此诗推当本年春作。据敦敏集序,"河干"当指潞河,其先墓在焉,李煦家墓地亦在通州西王瓜园,依此合看,则曹家通州本有典地,其墓地似有在东郊可能。此说朱君南铣主之,觉有理。[1]

---
[1] 周汝昌《红楼梦新证》,棠棣出版社,1953年,第449页。

潞河即今北京市通州区的通惠河。据此，朱南铣主张曹雪芹墓有可能在东郊，周汝昌亦觉得有道理。直至1976年人民文学出版社出版的《红楼梦新证》增订本仍保留了此说。不过，周先生在1964年出版的《曹雪芹》一书中对曹雪芹的坟地又提出了另外一种看法："西山某地，一角荒坟，衰草寒烟，便是这位文学巨人的归宿地。"[1]后来在由"墓石"真伪引申出来的曹雪芹葬地论争过程中，周汝昌为西郊说的主要代表。

持"东郊说"的学者即是沿着朱南铣的思路，认为《河干集饮题壁兼吊雪芹》是敦敏在通惠河庆丰闸附近的望东楼和朋友一起喝酒"兼吊雪芹"时所作，冯其庸先生《曹雪芹墓石目见记》、王利器先生《试论证曹雪芹的生卒年及其墓地》等均持此观点。张庆善先生近年又强调了这一说法，认为敦敏诗中的"凭吊无端频怅望"点出了曹雪芹葬在东郊；如果是葬在西郊，敦敏在东面的望东楼"怅望"则没有合理的解释。[2]

在红学界最早对东郊说提出异议的是吴恩裕先生。吴先生于1954年刊于香港《大公报》的文章《曹雪芹的生平》和刊于《新观察》的《关于曹雪芹》即提出，曹雪芹"死在西郊住处。葬，大概也就在西郊。周汝昌和朱南铣两先生根据敦敏在乾隆二十九年所写《河干集饮题壁兼吊雪芹》一诗，认为曹雪芹之墓在东郊。这个说法是不太可能的。"

在有关墓石真伪的论争过程中，主伪派学者不同意"东郊说"论者对《河干集饮题壁兼吊雪芹》一诗的相关解释，认为这首诗与曹雪芹墓地无关。代表性观点见于周汝昌先生和蔡义江先生。周汝昌先生认为，敦敏诗中的河干集饮之处乃东郊二闸河边一个叫得月楼的酒楼，敦敏等人常游此

---

[1] 周汝昌《曹雪芹》，作家出版社，1964年，第191页。
[2] 张庆善《张家湾·曹雪芹·〈红楼梦〉》，《红楼梦学刊》2015年第5辑。

五 关于"曹霑墓石"问题的论辩

地,雪芹亦曾在此同饮,"这与墓葬风马牛不相及"。[1] 蔡义江先生认为,此诗表明敦敏在与朋友饮酒时想起了曹雪芹,但与曹雪芹的墓地并无关系。诗题中的"吊"字既可以用在眺望或来到死者墓地的情况下,也可用在其他事物引起对死者的追念伤悼上,所以"凭吊无端频怅望"句用了"无端"二字。并且,如果曹雪芹的墓就在附近,则无论是凭吊或眺望,都说明是有原因的,就不应用"无端"二字;用了这"二字"则只能证明曹雪芹的墓地不在附近。[2]

(2)对敦诚《挽曹雪芹》原作诗中的"故垄""鹿车荷锸葬刘伶""他时瘦马西州路"以及该诗改稿《挽曹雪芹》(甲申)诗中"旧坰""故人惟有青衫泪""鹿车荷锸葬刘伶"等词、句的解读。

在敦诚《鹪鹩庵杂记》抄本中保存有两首《挽曹雪芹》诗:

> 四十萧然太瘦生,晓风昨夜拂铭旌。
> 肠回故垄孤儿泣(原注云:前数月,伊子殇,因感伤成疾),
> 　　　　泪迸荒天寡妇声。
> 牛鬼遗文悲李贺,鹿车荷锸葬刘伶。
> 故人欲有生刍吊,何处招魂赋楚蘅?
>
> 开箧犹存冰雪文,故交零落散如云。
> 三年下第曾怜我,一病无医竟负君。
> 邺下才人应有恨,山阳残笛不堪闻。

---

[1] 周汝昌《"曹霑墓碑"之再质疑》,见冯其庸主编《曹雪芹墓石论争集》,文化艺术出版社,1994年,第141页。
[2] 蔡义江《西山文字在,焉得葬通州?》,《文学遗产》1994年第1期。

他时瘦马西州路，宿草寒烟对落曛。

在敦诚《四松堂集》抄本中保存有一首《挽曹雪芹（甲申）》诗云：

　　四十年华付杳冥，哀旌一片阿谁铭？
　　孤儿渺漠魂应逐（前数月，伊子殇，因感伤成疾），
　　　　新妇飘零目岂瞑？
　　牛鬼遗文悲李贺，鹿车荷锸葬刘伶。
　　故人惟有青衫泪，絮酒生刍上旧垌。

　　一般认为，《鹪鹩庵杂记》抄本中的是挽诗原稿，《四松堂集》抄本中的是挽诗改定稿。这三首诗向来是研究曹雪芹卒年的重要资料之一。
　　周汝昌先生认为，"他时瘦马西州路"之"西"字意味着曹雪芹的墓地方位为北京西郊："按西州一典……全是为了使用'西州'之典，贴切雪芹葬处是西城门外、西郊之地"；同时，周先生又认为改定稿中的"青衫泪"应为"青山泪"，是化用了李白的典故。[1]青山，山名，地处今安徽省当涂县东南。山之西北有李白墓。李白所仰慕的南朝诗人谢朓曾筑室于山南，唐代天宝年间因之改名为谢公山。李白死后，原葬于当涂之龙山。后范传正因李白生前有"悦谢家青山"之意，遂于元和年间迁葬于青山。[2] 周汝昌先生据此典故认为北京西郊多山，只有曹雪芹的埋葬地为西郊，才

---

[1] 周汝昌《弄巧定成拙》，见冯其庸主编《曹雪芹墓石论争集》，文化艺术出版社，1994年，第128页。
[2] 刘世德《曹雪芹墓石之我见》，见冯其庸主编《曹雪芹墓石论争集》，文化艺术出版社，1994年，第42页。

五 关于"曹霑墓石"问题的论辩

更准确地符合敦诚诗中"青山泪"所表达的对曹雪芹的悼念之情。同时,《挽曹雪芹》中的"鹿车荷锸葬刘伶"一句话用了刘伶的典故,出自《晋书·刘伶传》:

> (刘伶)常乘鹿车,携一壶酒,使人荷锸而随之,谓曰:"死便埋我。"[1]

周汝昌据此认为,曹雪芹晚年居住在北京西郊,去世后为随死随葬,不择地点,不入坟茔,因此,他的葬地自然也应在北京西郊。[2]

持东郊说的学者则对"他时瘦马西州路"和"故人惟有青衫泪"做出了不同的解释。西州之典出自《晋书·谢安传》,羊昙对舅舅谢安感情很深,谢安生病后由广陵回建业,进"西州门"。谢安死后,羊昙出自对谢安的怀念,不愿再经过西州路。"西州"即"西州城",东晋时所筑,故址在今江苏省南京市。周汝昌先生认为"他时瘦马西州路"是实指雪芹之墓的方位——"西城门外、西郊之地"。刘世德先生则认为,这一句中的"西"字不能单独理解,而应该整体把握:"西州门"为"西州"之门,"西州路"为"西州"之"路",而非"西"边或者西方之"州路"。因此,《挽曹雪芹》原作中的"西州路"之"西"没有实指方位的含义,只是用来寄托对已故亲友真挚、悲痛的感情。[3]

关于"故人惟有青衫泪"一句,陈毓罴先生指出,应是"青衫泪"而

---

[1] 朱淡文《鹿车荷锸葬刘伶》,见冯其庸主编《曹雪芹墓石论争集》,文化艺术出版社,1994年,第61页。
[2] 周汝昌《"曹雪芹墓碑"质疑》,见冯其庸主编《曹雪芹墓石论争集》,文化艺术出版社,1994年,第126页。
[3] 刘世德《曹雪芹墓石之我见》,见冯其庸主编《曹雪芹墓石论争集》,文化艺术出版社,1994年,第53页。

非"青山泪"。"敦诚挽诗的定稿，不见于《四松堂集》刻本，而见于《四松堂集》付刻底本和《四松堂诗钞》乾隆抄本。前者今藏北京大学图书馆，后者今藏中国社会科学院文学研究所图书馆。两处皆作'故人唯有青衫泪，絮酒生刍上旧坰'，是'青衫'而非'青山'。"陈先生还指出，"青衫"误作"青山"，始于胡适的考证文章。吴恩裕早年出版的《有关曹雪芹八种》其中所收的《四松堂集外诗辑》亦误，1963年出版的《有关曹雪芹十种》已加改正。[1]刘世德进一步指出，"青衫泪"所用典故源于白居易《琵琶行》中的"座中泣下谁最多，江州司马青衫湿"，敦诚借此表达对曹雪芹的思念和同情；即使假定敦诚的原文是"青山泪"，化用李白的典故也仅是为了表达对去世友人的悼念，而不能说明曹雪芹确实葬于北京西郊。[2]

刘世德先生还认为，敦诚诗原作中的"故垅"指的是"曹家旧有的墓地"，改定稿中的"旧坰"指的是"郊外某一块旧时的墓地"，而曹雪芹的祖茔很有可能在东郊张家湾。因此，如果曹雪芹归葬于曹家祖茔，那么曹雪芹的墓地也只能是在北京东郊张家湾。[3]

朱淡文教授认同刘世德先生对"故垅""旧坰"解释，认为均指曹家祖坟，并认为"鹿车荷锸葬刘伶"一句可以证明曹雪芹葬时"极其草草"。朱教授认为，刘伶"死便埋我"之语是命人将自己死后即埋，裸葬而不用棺木。敦诚在原稿及改定稿中都保留了"牛鬼遗文悲李贺，鹿车荷锸葬刘

---

[1] 陈毓黑《何处招魂赋楚蘅》，见冯其庸主编《曹雪芹墓石论争集》，文化艺术出版社，1994年，第18页。
[2] 刘世德《曹雪芹墓石之我见》，见冯其庸主编《曹雪芹墓石论争集》，文化艺术出版社，1994年，第42页。
[3] 刘世德《曹雪芹墓石之我见》，见冯其庸主编《曹雪芹墓石论争集》，文化艺术出版社，1994年，第42页。

伶","可见此联极为重要","确包含了曹雪芹可能裸葬的信息"。[1]

值得指出的是，陈毓罴先生认同墓石为真却不认同曹雪芹裸葬之说。陈先生认为曹雪芹不可能是裸埋，"墓石"被发现时之所以周围只有尸骨而无棺木，可能是二百年间北京东郊一带因历史战乱等原因遭受盗墓者的挖掘，从而使棺木没能保存下来。[2]

（3）对张宜泉《伤芹溪居士》诗中"多情再问藏修地，叠翠空山晚照凉"[3]的解读。

张宜泉《春柳堂诗稿》中《伤芹溪居士》一诗亦是研究曹雪芹生平的重要资料之一，其中有"多情再问藏修地，叠翠空山晚照凉"一联，周汝昌先生据此认为，曹雪芹葬于北京西郊山村居处附近的一块土地中，而不会在与"西"与"山"不相干的京东张家湾："综合来看，雪芹实是葬于山村居处附近的一块土地中——怎么会到京东张家湾呢？张家湾是水陆交会的繁盛地点，古时从运河北上的无数士商人等，都须在这儿弃舟登陆，换车买马而入都门，这儿哪里有'西'和'山'的影子呢！"[4]

刘世德先生则认为，"藏修"出自《礼记·学记》："君子之于学也，藏焉修焉。""修"，指的是学习。因此，"藏修地"应是曹雪芹读书写作的地方。诗中"叠翠空山"等环境描写，也仅是张宜泉对曹雪芹生活场景的

---

[1] 朱淡文《鹿车荷锸葬刘伶》，见冯其庸主编《曹雪芹墓石论争集》，文化艺术出版社，1994年，第67页。
[2] 陈毓罴《何处招魂赋楚蘅》，见冯其庸主编《曹雪芹墓石论争集》，文化艺术出版社，1994年，第18页。
[3] 张宜泉《春柳堂诗稿》刊本，见冯其庸主编《曹雪芹墓石论争集》，文化艺术出版社，1994年，第287页。
[4] 周汝昌《弄巧定成拙》，见冯其庸主编《曹雪芹墓石论争集》，文化艺术出版社，1994年，第129页。

回忆,"它与曹雪芹葬地了无关涉"¹。刘世德先生有一个总的结论颇能代表墓石主真派的观点:"总而言之,在我们所见到的曹雪芹友人敦敏、敦诚、张宜泉等人诗文中,只能证明曹雪芹生前曾在西郊居住过,并不能证明曹雪芹死于西郊,更不能证明曹雪芹葬于西郊。现在,我们知道,曹雪芹的墓石在张家湾出土了。这就事实胜于雄辩地证明了:曹雪芹葬于张家湾。"²

2. 关于曹雪芹的卒年

长期以来,学界对曹雪芹的卒年认定大致分为三种观点:壬午说(1762年)、癸未说(1763年)、甲申说(1764年)。

壬午说的依据为甲戌本第一回的眉批:"能解者方有辛酸之泪哭成此书壬午除夕书未成芹为泪尽而逝……"³胡适将此批语断句为:"能解者方有辛酸之泪,哭成此书。壬午除夕,书未成芹为泪尽而逝……"并得出曹雪芹卒于壬午除夕(公元1763年2月12日)的结论。

癸未说源自1947年周汝昌发现敦敏《懋斋诗钞》中有作于癸未春天的《小诗代简寄曹雪芹》,写到作者请曹雪芹到他家中饮酒。这与"死于壬午除夕"产生矛盾。周汝昌认为,"壬午"为"癸未"之误,因此,周汝昌否认"壬午"而仍取"除夕",提出"癸未说"。

甲申说于1978年由梅节先生提出:"胡适把句子点错了。'壬午除夕'并不是雪芹卒年的记载,而是畸笏叟批《红楼梦》所署日期。"即标点应为:"能解者方有辛酸之泪,哭成此书。壬午除夕。书未成芹为泪尽而逝。"在否定了壬午、癸未两说存在的"依据"之后,梅节根据敦诚的挽诗、敦敏

---

1 刘世德《曹雪芹墓石之我见》,见冯其庸主编《曹雪芹墓石论争集》,文化艺术出版社,1994年,第48页。
2 刘世德《曹雪芹墓石之我见》,见《曹雪芹墓石论争集》,第59页。
3 甲戌本第一回眉批,见郑红枫、郑庆山辑校《红楼梦脂评辑校》,北京图书馆出版社,2006年,第11页。

五 关于"曹霑墓石"问题的论辩

的"吊雪芹"诗、畸笏叟"壬午除夕"的那段批语以及张宜泉的悼诗等材料，提出曹雪芹"死于乾隆甲申年春天"。[1]

自"曹霑墓石"公示之后，引发了有关曹雪芹卒年的再次讨论。以冯其庸先生为代表的主真派认为，墓石上仅刻"壬午"二字，应是立碑人草草记录曹雪芹卒年的缘故。墓石上的"壬午"纪年可以与甲戌本上那条包含"壬午除夕"的批语互相印证，证明曹雪芹卒于壬午除夕。冯先生说：

> 关于曹雪芹的卒年，已经争论了几十年了，过去我是主张"癸未"说的，但是在看了这块碑上的"壬午"纪年，再联系甲戌本脂批，我想不能把写得一清二楚的字，硬是解释为记错的或者写错的了。[2]

如前所述，"癸未"说的立论前提之一是甲戌本中"壬午除夕"为"癸未除夕"之误，所以，冯先生所谓"不能把写得一清二楚的字，硬是解释为记错的或者写错的了"，是指"癸未"说之"误记"或者"误写"之说不能成立。

主伪方认为，若曹雪芹死于壬午除夕，那么按照中国古代传统丧葬习俗，安葬仪式最早也应在癸未年初进行，从而墓石刻成之时已经是癸未年初，则墓石上应刻"癸未"。这与"墓石"上的"壬午"二字矛盾，因此"墓石"必然是伪造的。[3]

针对曹雪芹的卒年问题，学界目前尚未取得一致定论。即使假设曹雪

---

[1] 见段江丽《红学研究论辩》，辽宁人民出版社，2019年版，第7—11页。
[2] 冯其庸《曹雪芹墓石目见记》，《红楼梦学刊》1992年第4辑。
[3] 秦公《"曹公諱霑墓"确赝无疑》，见冯其庸主编《曹雪芹墓石论争集》，文化艺术出版社，1994年，第165页。

芹如甲戌本眉批所言死于壬午除夕，且"墓石"上的"壬午"也仅是作为曹雪芹卒年的草草记录，那么这一推定仅为证明"'墓石'主人身份为《曹雪芹》"这一结论提供了一个间接旁证。要直接证明"墓石"为真，且与《红楼梦》作者曹雪芹为同一人，仍需更多其他有力证据。

（四）结语

综合相关材料，笔者认为，虽然有关墓碑发现的时间和地点、当事人李景柱主动找《曹雪芹的足迹》摄制组攀谈的内容等在细节上存在说法不一的问题，但是，李景柱等人于1970年前后在北京市通县张家湾发现"曹霑墓石"一事应该是真实可信的，因为从整个事件来龙去脉看，似无作伪的条件和动机。

文物鉴定专家史树青和傅大卣等人鉴定墓石为旧物的意见值得重视和参考。

主伪派提出墓石材质、规制、书体、落款、称谓等方面的疑问，强调的是一般通则，主真派以个案的特殊性回应，逻辑上似能自圆其说。

至于由此牵涉到的曹家祖茔地、曹雪芹卒年以及葬地等问题，主要依据是敦诚、敦敏、张宜泉等曹雪芹友人的诗文材料，而论争双方对这些诗文的阐释各持己见、互不买账，因此，在没有新的材料出现以前，恐怕谁也无法说服对方。

综上，有关张家湾"曹霑墓石"的真伪论争目前只能存疑。就论争双方的逻辑来看，主真方似略占上风。

六
《废艺斋集稿》的来龙去脉及真伪论争

自吴恩裕先生（1909—1979）于1973年发表《曹雪芹佚著和传记材料的发现》[1]一文至今近50年，《废艺斋集稿》的真伪问题已演变为信者恒信、不信者恒不信的当代曹学公案。除吴恩裕及提供材料的重要当事人孔祥泽之外，主真者主要代表有文雷（胡文彬、周雷）、冯其庸、胡德平、樊志斌、黄一农等先生；主伪者主要代表有陈毓罴、刘世德、朱家溍、郭若愚、陈诏、梅节、伊藤漱平等先生。

2019年4月18、19两日，台湾学者黄一农分别在中国艺术研究院、北京曹雪芹学会做了题为《曹雪芹〈废艺斋集稿〉的重探与证真》《曹雪芹与〈瓶湖懋斋记盛〉中的鉴画过程》的学术报告，并有刘梦溪、胡德平等多位学者现场参与讨论，沉寂了一段时间的《废艺斋集稿》真伪问题再次成为一个热点话题。据统计，黄一农在中国艺术研究院的学术报告除了现场座无虚席之外，网上直播的收看人数在结束时达到了25.6万人次，由此可见这一话题关心者之众多。

对于《废艺斋集稿》的研究概况，已有伊藤漱平《论曹雪芹晚年的"佚

---

[1] 吴恩裕《曹雪芹佚著和传记材料的发现》，《文物》1973年第2期。

著"——围绕〈废艺斋集稿〉等真伪的札记》[1]、林原《"废艺斋集稿"是否曹雪芹佚著的争论》[2]、任晓辉等《〈废艺斋集稿〉研究综述》[3]、于大海《〈废艺斋集稿〉研究综述》[4]等可以参考,但是,仍有许多问题有待进一步厘清。为了方便大家结合新的材料进一步讨论相关问题。这里,在尽可能全面掌握材料的基础上,首先对《废艺斋集稿》的来龙去脉进行梳理,然后以"问题"为线索,对有关《废艺斋集稿》真伪的论争情况进行择要介绍,并且指出继续存疑的一些问题点。

(一)《废艺斋集稿》等资料的发现过程及相关内容概述

1973年吴恩裕在《文物》上刊发《曹雪芹佚著和传记材料的发现》一文,在完全信其为真的前提下,介绍了有关曹雪芹的非常重要的材料,这些材料均来自"抄存者"孔祥泽。[5]

1. 吴恩裕与孔祥泽的交往过程

根据吴恩裕的介绍,他于1965年经沈信夫介绍,与孔祥泽相识。当时,吴恩裕已出版若干种有关曹雪芹的著述,孔因此愿意与吴见面。两人见面之初,孔祥泽并未说到有关曹雪芹的材料,过了一段时间之后,还是

---

[1] 伊藤漱平《论曹雪芹晚年的"佚著"——围绕〈废艺斋集稿〉等真伪的札记》(下文简称《论曹雪芹晚年的"佚著"》),原刊《加贺博士退官纪念中国文史哲学论集》,1979年3月;徐允平中译文刊于《红楼梦研究集刊》第7辑,上海古籍出版社,1981年。
[2] 林原《"废艺斋集稿"是否曹雪芹佚著的争论》,(台湾)《汉声杂志》1992年第38期。
[3] 任晓辉、辛欣《〈废艺斋集稿〉研究综述》,《红楼梦学刊》2006年第3辑。
[4] 于大海《〈废艺斋集稿〉研究综述》,《文化学刊》2017年第9期。
[5] 伊藤漱平说,"抄存者"孔祥泽以真姓名出现是在黄震泰、黄灵庚父子《曹雪芹的故居及其他》一文发表之后(香港《明报月刊》1978年第150期)。见伊藤漱平《论曹雪芹晚年的"佚著"》。

六 《废艺斋集稿》的来龙去脉及真伪论争

在1965年,孔祥泽给吴恩裕提供了一首曹雪芹的题画石诗;[1] 至1970年,孔祥泽给吴恩裕提供了曹雪芹的《南鹞北鸢考工志》自序、董邦达的序;[2] 1972年,孔祥泽又给了吴恩裕"不全的一页""双钩的曹雪芹《南鹞北鸢考工志》手写自序"。[3] 于是,吴恩裕于1972年11月完成了《曹雪芹佚著和传记材料的发现》一文,刊于《文物》1973年第2期。文章发表之后,引起学术界的广泛关注,并引发激烈的争议。从该文发表到1978年4月吴恩裕离开北京去南方做有关"曹雪芹传记故事"的考察之前[4],孔祥泽又陆续给吴恩裕提供了"曹雪芹关于光与画,讲织锦、印染,讲泥塑等残文以及《废艺斋集稿》中有些册曹雪芹原来用的书名,如讲烹调的那部分残文以及原来的书名《斯园膏脂摘录》等等。"吴恩裕还特意指出:"据我了解,他和他的某些朋友手里可能还有一些这类材料,但不愿全拿出来。"[5] 这段文字写于1979年6月2日[6],而吴恩裕于1979年12月12日下午骤然去世,

---

[1] 此曹雪芹"自题画石诗"与《废艺斋集稿》二者的真伪常被放在一起考察,限于篇幅,本文搁置"自题画石诗"的论争,集中讨论《废艺斋集稿》问题。

[2] 吴恩裕《曹雪芹〈废艺斋集稿〉丛考》,当代中国出版社,2010年,第149页。不过,同书第5页又说:"这部包括曹雪芹八种遗著的《废艺斋集稿》手稿的内容,是抄录其中的一种——《南鹞北鸢考工志》的孔祥泽君在1971年告诉我的。"

[3] 吴恩裕说:"双钩的曹雪芹《考工志》手写自序,则是我在干校结束后去上海时,得到他由东北他的女儿家来信才知道的,他说要给我,但直到我回京后他才给了我那不全的一页。"吴恩裕《曹雪芹〈废艺斋集稿〉丛考》,当代中国出版社,2010年,第149页。按:据吴季松介绍,吴恩裕1970年去安徽濉溪"五七"干校,到1971年才解除"专政"。1972年经周总理亲自批示,吴恩裕等7名政法学院教授才从安徽濉溪"五七"干校调回北京。(见吴季松《我的父亲吴恩裕教授》,北京科学技术出版社,2004年,第97—98页)所以,孔祥泽提供双钩半页曹序给吴恩裕的时间应该是1972年。

[4] 吴季松《我的父亲吴恩裕教授》,北京科学技术出版社,2004年,第104页。

[5] 吴恩裕《曹雪芹〈废艺斋集稿〉丛考》,当代中国出版社,2010年,第149页。为节省篇幅,以下此书引文只注页码,不再注出版信息。

[6] 吴恩裕《曹雪芹〈废艺斋集稿〉丛考》,当代中国出版社,2010年,第226页。

从他生前留下的文字里没有再看到孔祥泽和"他的某些朋友手里"的其他材料了。

综上，孔祥泽并非一次性提供资料给吴恩裕，而是在1965—1978十几年期间，陆陆续续提供。而且，孔祥泽前后说法明显存在一些矛盾，详见下文。

2.《废艺斋集稿》等资料的来源

对于提供材料的人，吴恩裕在《曹雪芹佚著和传记材料的发现》一文以及后续文雷、陈毓罴、刘世德等学者的辩论文章中均以"抄存者"指代，后来学界才得知是孔祥泽。

关于《废艺斋集稿》的发现及孔祥泽等人当年抄摹的过程，除了吴恩裕在文章中的转述之外，孔祥泽"亲口"所说的情况主要见于他的署名文章《感言》[1]《有感于"巧合"而记》[2]，古苍梧《一部失落的宝书——访问孔祥泽》[3]等访谈录，以及位灵芝、朱冰根据2006—2017年期间多次访谈整理而成的《我与〈废艺斋集稿〉的不解之缘——孔祥泽自述》[4]。

---

1 孔祥泽《感言》，首发于黄庚《曹雪芹故居之发现及其他（二）》，刊于香港《明报月刊》1978年153期，黄庚之文收入余英时、周策纵、周汝昌等著《四海红楼》，作家出版社2006年版。孔氏《感言》又以"《废艺斋集稿》追忆前言"为题附录于胡德平《说不尽的红楼梦——曹雪芹在香山》，中华书局，2004年。两种版本文字略有差异，"感言"版未署写作时间；"追忆前言"版文末署时"公元1978年农历岁次戊午清明"。

2 孔祥泽《有感于"巧合"而记》，附录于胡德平《说不尽的红楼梦——曹雪芹在香山》，中华书局，2004年。文末未署时，根据文中涉及的时间，应写于1983年以后。

3 古苍梧《一部失落的宝书——访问孔祥泽》，（台湾）《汉声杂志》1992年第38期，该文后来署名古兆申，题目修改为《一部失落的宝书——访孔祥泽先生谈〈废艺斋集稿〉》，收入周汝昌、杨先让编《五洲红楼》，东方出版社，2013年。

4 位灵芝、朱冰整理《我与〈废艺斋集稿〉的不解之缘——孔祥泽自述》，上篇见《曹雪芹研究》2019年第3期，下篇由位灵芝整理，见《曹雪芹研究》2020年第3期。下文引用此文上篇简称《孔祥泽自述（上）》。

六 《废艺斋集稿》的来龙去脉及真伪论争

虽然从吴恩裕和孔祥泽提供的材料来看细节有很多矛盾之处，但是大致的脉络是一致的：1944年（一说1943年）他在北华美术学院[1]读书时曾受其日籍老师高见嘉十的邀请合作编印风筝谱，不久高见嘉十从日本商人金田氏手里借到《废艺斋集稿》手稿，他们得以用铅笔描抄部分内容。可惜不到一个月，金田氏就回日本去了，《废艺斋集稿》也被带回日本了。

至于金田氏之前《废艺斋集稿》的情况，孔祥泽的介绍是，"这部书是被逊清礼王府（缸瓦市）收藏了百余年的曹氏佚著"。[2] 关于金田氏购买《废艺斋集稿》的经过，吴恩裕的介绍是，"据说，那个日本商人是从清皇族金鼎臣手里重价购买来的"[3]；《孔祥泽自述（上）》中的最新说法是：《废艺斋集稿》在被一个不知名的日本人买了之后曾被搁在日伪时期的武德报社，金田氏是第四个买主。孔祥泽在北华的同学杨凤亭曾任职于武德报社，孔祥泽曾带吴恩裕一起访问过杨凤亭，杨凤亭还跟吴恩裕说到了他自己当

---

[1] 伊藤漱平《论曹雪芹晚年的"佚著"》说孔祥泽当年就读的学校名称应为"北京艺术专科学校"，而非北华美术学院，而之所以不说"北京艺术专科学校"恐与该校日伪背景有关。按：事实是，孔祥泽当时就读于北平北华美专，经人介绍认识了在北京国立艺专教学的日本教授高见嘉十先生，向他学雕塑。见古兆申《一部失落了的宝书——访孔祥泽先生谈〈废艺斋集稿〉》。再，关于"北平艺术专科学校"与"北京艺术专科学校"校名问题，先后变更情形如下：1918年国立北京美术学校—1922年国立北京美术专门学校—1925年国立北京艺术专门学校—1927年国立京师大学校美术专门部—1928年国立北平大学艺术学院—1934年国立北平艺术专科学校—1937年7月7日卢沟桥事变爆发，国立北平艺术专科学校部分师生南迁湖南沅陵，于1938年3月间奉教育部令与国立杭州艺专合并为国立艺专。留守北平的原北平艺专师生于1938年5月改组成立了"国立北京艺术专科学校"，至1945年8月结束。参见彭飞《国难下的忍辱负重——王石之与国立北京艺术专科学校》，《美术研究》2014年第3期；祝捷《中央美术学院前身历史沿革年表（1918—1949）》，《美术研究》2009年第1期。至于"北华美术专门学校"则是张恨水创办的私立学校，于1931年9月1日开学。参见朱小平《张恨水与北平美术》，《北京日报》2012年11月28日。
[2] 孔祥泽《感言》，见周汝昌，杨先让编《五洲红楼》，东方出版社，2013年，第197页。
[3] 吴恩裕《曹雪芹佚著和传记材料的发现》，《文物》1973年第2期。

初在武德报社翻阅《废艺斋集稿》的一些细节。

这就是孔祥泽关于《废艺斋集稿》来源的介绍。

3.《废艺斋集稿》抄写者及版本

1944年的抄写者和见证者有哪些人？孔祥泽在《感言》中介绍，当年在高见嘉十主持下，"曾挽请赵雨山、关广志、金钟年、杨啸谷、金福忠几位老师合作"[1]。也就是说，除了孔祥泽，赵雨山等几个人也都参与了"抄写"。不过，在孔祥泽1978年写此《感言》时，除年逾九旬、病危无医、旦夕难保的金福忠尚在人世之外，其他几位当事人均已过世，而不久之后的1978年12月，金福忠亦去世了。至此，在国内，孔祥泽成了当年抄摹《废艺斋集稿》的唯一当事人。

吴恩裕在《曹雪芹佚著和传记材料的发现》一文中先说1945年以后，金田氏杳无消息，"雪芹这部孤本遗稿也就不知下落了"，不过后文又说，"据现在初步了解，除《南鹞北鸢考工志》[2]可能是曹雪芹自己抄的定本已被金田氏买走以外，我们现在所知道的抄本"有五个，详情如下：（1）于叔度家传下的本子；（2）哈魁明家传下的本子；（3）敦惠的后人金福忠家传的本子；（4）赵雨山家传的本子；（5）陈氏本。[3]吴恩裕说，"抄存者"介绍："以上几种抄本中有一种似尚可踪迹求之；其余大都散佚。"[4]后来，吴恩裕在《曹雪芹〈废艺斋集稿〉丛考》中对五种版本有了较详细一点的介绍。

---

1 孔祥泽《感言》，见周汝昌、杨先让编《五洲红楼》，东方出版社，2013年，第196页。
2 据孔祥泽介绍，《南鹞北鸢考工志》（下文除直接引文外，一般简称《考工志》）是《废艺斋集稿》第2卷，是他们当年"抄存"的主要内容，详见下文。
3 吴恩裕《曹雪芹佚著和传记材料的发现》，《文物》1973年第2期；吴恩裕《曹雪芹〈废艺斋集稿〉丛考》第75页有同样内容，其中在"五 陈氏本"后有"（据孔祥泽说）"几个字的补充说明。
4 吴恩裕《曹雪芹佚著和传记材料的发现》，《文物》1973年第2期。

六 《废艺斋集稿》的来龙去脉及真伪论争

他说，第一种本子已不知下落，据说于家最末一代是个女的，已于前数年死了，没有后人。第二种本子的主人哈魁明还在，不过哈魁明告诉吴恩裕这个抄本已于数年前遗失。第三种本子，1978年以前孔祥泽曾从金家借阅过，现在也不易发掘出来。第五种本子哈魁明曾经向陈氏借阅过，哈本人和孔祥泽都同吴恩裕谈过，但都没有说清楚这个本子的主人和下落。第四种是赵雨山收藏的抄本。据孔祥泽说，他在1944年替日籍教师高见嘉十抄录金田氏稿本时，赵雨山手上早已保存了一个抄本。当时，赵还拿出来同金田氏的稿本对照过，内容几乎相同。赵雨山逝世后，听说他的后人还收藏着《此中人语》。[1] 从上下文来看，吴恩裕介绍的五种版本似乎指《考工志》而非《废艺斋集稿》全稿。

根据吴恩裕和孔祥泽的介绍可知：于叔度是《废艺斋集稿》第二卷《考工志》曹雪芹"自序"及附录敦敏《瓶湖懋斋记盛》中提到的重要人物之一。哈魁明家三世以风筝为业，曾亲口告诉吴恩裕，他的风筝是曹雪芹传下来的样式。金福忠、赵雨山都是制作风筝的名家，也是曾教孔祥泽学做风筝的老师。金福忠为抄摹《废艺斋集稿》的人之一[2]，敦敏《瓶湖懋斋记盛》中有过子猷对敦敏说"汝家惠哥"之语，吴恩裕据此推测"惠哥"名为"敦

---

[1] 吴恩裕《曹雪芹〈废艺斋集稿〉丛考》，当代中国出版社，2010年，第75—76页。根据文末标注，这段文字写于1973年5月。至于《此中人语》，吴恩裕介绍说："这六册《此中人语》是赵雨山所保存曹雪芹用接近口语的文字说明《废艺斋集稿》中六种技艺的孤本，是《集稿》中所没有的。"见吴恩裕《曹雪芹佚著浅探》，天津人民出版社1979年版，第311页。
[2] 不过，吴恩裕曾介绍说，"金本人不识几个字"。见吴恩裕《曹雪芹佚著浅探》，天津人民出版社，1979年，第311页。

惠"，为敦敏之堂弟，而且，径直将金福忠视为敦惠后人¹，不知何据。至于金福忠与金鼎臣之间是否有关联，则未作说明。赵雨山为抄摹《废艺斋集稿》的人之一，1946年曾任职于北京大学图书馆，与此时亦任职于北京大学的吴恩裕并无接触，不过吴恩裕说："在1964年我却同赵雨山先生面谈过。……我们的谈话证实了他参加过1944年描摹抄录《南鹞北鸢考工志》，并知他自己家里除了有些曹雪芹的风筝图式、歌诀外，还收藏着曹雪芹六册《此中人语》。"² 如前所说，吴恩裕与孔祥泽相识于1965年³，孔给吴提供《考工志》的信息和材料在1970年，而赵雨山于1967年去世。据这里所言，吴恩裕与赵雨山于1964年谈论到抄摹《考工志》的事，这样的话则赵雨山成了提供《考工志》信息第一人了，不知吴恩裕与赵雨山"面谈"时间记忆是否有误。

4.《废艺斋集稿》的内容概况

关于《废艺斋集稿》的内容，吴恩裕最初在《曹雪芹佚著和传记材料的发现》一文中的介绍是八种稿本、分订为八册，分别是：

第一册：关于金石的，抄存者曾描写几个彩绘的图示，已遗失。

1《孔祥泽自述（上）》说："金福忠是敦诚、敦敏的叔伯弟弟的代后，（敦敏这个弟弟）应该叫惠哥儿，过继出去后改为惠敏，金福忠是敦惠的第六代孙。"据笔者掌握的资料，这是孔祥泽先生口中第一次出现"惠敏"，并与"敦惠"混用。黄一农按此线索，近期在《爱新觉罗宗谱》中查到了"惠敏"，并认为《宗谱》中的惠敏很可能即《记盛》中的"惠哥"，参见黄一农《曹雪芹〈废艺斋集稿〉证真》，《中国文化》2019年第49期。关于敦惠—惠敏的疑惑详见下文。
2 吴恩裕《曹雪芹〈废艺斋集稿〉丛考》，当代中国出版社，2010年，第173页。关于吴恩裕与赵雨山谈论抄录《南鹞北鸢考工志》一事尚有疑点难解：据吴恩裕介绍，孔祥泽提供《南鹞北鸢考工志》的相关信息是在1970年，而赵雨山谈抄录事是在1964年，且赵于1967年去世。
3《孔祥泽自述（上）》说早在北华美术专科学校期间，吴恩裕即给他们讲过课，所以，很早就认识，至于说到给吴《废艺斋集稿》的时间则"具体年头不记得了"。按：早先这种广义的"认识"自然不影响吴恩裕认知中的"1965年经人介绍认识"。

六 《废艺斋集稿》的来龙去脉及真伪论争

第二册：关于风筝的，题为《南鹞北鸢考工志》，其中有各式风筝的彩图，有用诗的形式写的扎绘风筝的歌诀，还有曹雪芹自序、董邦达序及附录敦敏《瓶湖懋斋记盛》等，抄存者提供的主要是这一册的资料，下文略加详述。

第三册，关于编织工艺的，抄存者保存有"鸳鸯戏水锦"图案。

第四册，关于脱胎手艺的，抄存者保存有一个摹制的为做风筝用的脱胎鹰头。

第五册，关于织补的。

第六册，关于印染的。

第七册，关于雕刻竹制器皿和扇股的。

第八册，关于烹调的。杨啸谷曾把这部分抄录下若干条。

吴恩裕在文章中说，以上八册内容"除抄存者描绘、抄存《南鹞北鸢考工志》的风筝图式、歌诀和曹雪芹的自序、董邦达的序外，其余的七册都已不详其内容。"具体一点说，其余七册只留下与第三册相关的"鸳鸯戏水锦"图案和与第四册相关的脱胎鹰头，以及杨啸谷抄录了第八册若干条。

不过，如前所说，在吴文发表后至1978年，孔祥泽又陆续给吴恩裕提供了新的资料。而关于1944年抄摹的情况，孔祥泽在《感言》中也有了与之前不同的说法："集稿八卷仅获匆匆一阅，未能窥得全貌。追忆当年，只曾借抄过其中的第一卷《蔽芾馆鉴印章金石集》其中部分序文和讲印纽、款文、拨花、篆法等片段资料，抄录不足原书十分之一。第二卷《南鹞北鸢考工志》中之序文……第七卷《岫里壶中琐忆》是一卷专讲园林布置的书，竟顾不得抄录此卷章节文字，只临摹下其中彩图几幅。第八卷《斯圆膏脂摘录》一侧，杨啸谷老师曾借抄齐全，其中有嘱我代抄的部分，……这一类的草稿也散失殆尽十不存一了。我已把这些不成其为材料的残稿提供吴恩裕教授,作为'考稗'资料用了。"¹ 这一段文字与吴恩裕《曹雪芹佚著和传记材料的发现》一文所说的相关内容比较,至少有三处明显不同:(1)提供了第一、七、八卷的题名。(2)第七卷的内容由之前的关于雕刻竹制器皿和扇股的改变为讲园林布置的。(3)增加了抄录的内容:原来的说法是"其余的七册都已不详其内容"、第八册"杨啸谷抄录下若干条",这里的说法是:第一卷抄录了部分内容、第八册"曾借抄齐全"。

5. 《南鹞北鸢考工志》等存世资料或相关信息

吴恩裕在《曹雪芹佚著和传记材料的发现》一文中主要根据抄存者孔祥泽提供的材料,提供了《废艺斋集稿》第二册《考工志》的存世资料,主要包括以下几项,后续有关《废艺斋集稿》真伪论争主要围绕这些资料展开。

(1)曹雪芹自序全文:抄存者当初用薄纸双钩描摹,年久纸脆,损失了很多字与个别句子。吴文提供了其识读的曹雪芹自序全文及"自序双钩一页"的照片。

关于孔祥泽提供"曹序"的情况,吴恩裕在《论〈废艺斋集稿〉的真伪——兼答陈毓罴、刘世德两同志》²一文中介绍说,1970 年孔祥泽给他的,用的是二十行红色直格毛边纸的稿纸,"双钩"的半页则是吴恩裕自干校回京(1972)后才给的;《孔祥泽自述(上)》则说"我只给过吴恩裕一次曹雪芹的自序",并说明了前面部分是"双钩",后面部分是抄的。至于当时为何要双钩?《孔祥泽自述(上)》的回答是:"因为他的字写法不是普通的楷书的写法,是汉隶的草书……这就是章草,有的我们就不认得。"

---

1 孔祥泽《感言》,见周汝昌、杨先让编《五洲红楼》,东方出版社,2013 年,第 198 页。
2 吴恩裕《论〈废艺斋集稿〉的真伪——兼答陈毓罴、刘世德两同志》,见《曹雪芹佚著浅探》,天津人民出版社,1979 年。下文简称《论〈废艺斋集稿〉的真伪》。

六　《废艺斋集稿》的来龙去脉及真伪论争

言下之意是，因为曹序不好认所以采取"双钩"的方式抄录以存真。2019年6月6日笔者与黄一农、任晓辉、高树伟等三位友人一起拜访卧病在床的孔老，再次请教了"当初为什么要双钩"的问题，孔老很清晰地回答"为了保留原样"。

（2）风筝歌诀若干：吴恩裕介绍，《考工志》里画风筝的歌诀共有四十余首，他见到十余首，《曹雪芹佚著和传记材料的发现》正文选录了两首，在"校后附记"中又加了三首，共五首。正文中两首歌诀题目下附有关于风筝画法的说明性文字。此外，"校后附记"还增加了抄存者新提供的一项资料，是《考工志》中讲风筝历史的"残页"，文中有"夫子非攻"等尊"墨"观念。

（3）董邦达序全文：大致完好，只是个别字、句残缺。

（4）敦敏《瓶湖懋斋记盛》（下文简称《记盛》）"小序"及前半段原文，并说明抄存者对后半段内容有简单介绍。

除了以上四项，在《曹雪芹佚著和传记材料的发现》发表之后，吴恩裕又陆续提供了来自孔祥泽的一些资料或者相对明确的信息，续接上文罗列如下：

（5）《集稿》上的两个图章：1976年孔祥泽告知吴恩裕，当年抄摹《集稿》时看到每册书上都盖了两个同样的图章，一个是"画外人玩"，另一个是"燕市酒徒"，当时都曾描摹下来，"惜已于近年来失掉了"[1]。

（6）《废艺斋集稿》第七卷《岫里壶中琐忆》"残文"：吴恩裕介绍说，"《集稿》中有一册是讲园林建造的，其中也附有论绘画的地方"，然后提供了"一九七六年得到的曹雪芹所绘《乌金翅》蜻蛉图及其论绘画要取法自

---

[1] 吴恩裕《曹雪芹〈废艺斋集稿〉丛考》，当代中国出版社，2010年，第19页。

然和绘画和光的关系残文"[1]。关于绘画，孔祥泽在《感言》中还披露了一则比较重要的信息，说他在1927年曾见其母临摹过一幅"墨蝶图"，其外祖父说那幅画的作者是《红楼梦》的作者，原画被画主人卖给了海外收藏家。1944年他在借阅《废艺斋集稿》专讲制扇内容的那一卷时，"在绘扇部分内见到了雪芹先生所绘的墨蝶图，这和曩年先慈所摹样本一点不差"。

（7）关于讲编织工艺的一段残文。[2]

（8）在《曹雪芹佚著和传记材料的发现》一文提供的五首扎画风筝的歌诀之外，吴恩裕从孔祥泽及北京人民银行工作人员费葆龄[3]处又得到歌诀11首。[4]

（9）《南鹞北鸢考工志》中"富非所望不忧贫"七字风筝：据说是1944年孔祥泽从《考工志》中描下来的曹雪芹原迹，1974年由费葆龄提供给了吴恩裕。[5]

（10）《此中人语》中关于肥扎燕画法的一页文字：由孔祥泽抄给吴恩裕，吴认为"它应该是与《南鹞北鸢考工志》相辅而行的《此中人语》中的一页"[6]。

（11）孔祥泽撰述的《懋斋记盛的故事》：据吴恩裕介绍，孔祥泽1944年抄摹《考工志》时曾看到《瓶湖懋斋记盛》作为附录抄在《考工志》后，当时没有抄下来。1970年为了核对歌诀，孔祥泽借阅金福忠家所藏风筝歌

---

[1] 吴恩裕《新发现的曹雪芹佚著和遗物》，《红楼梦学刊》1979年第1辑。
[2] 吴恩裕《新发现的曹雪芹佚著和遗物》，《红楼梦学刊》1979年第1辑。
[3] 经过黄一农多方努力，找到了"费葆龄"先生，笔者于2019年6月6日与黄一农、任晓辉、高树伟一道，拜访了92岁高龄、精神矍铄的费先生，得知其姓名的正确写法应为"费保龄"。
[4] 吴恩裕《曹雪芹〈废艺斋集稿〉丛考》，当代中国出版社，2010年，第26—38页。
[5] 吴恩裕《曹雪芹〈废艺斋集稿〉丛考》，当代中国出版社，2010年，第39页。
[6] 吴恩裕《曹雪芹〈废艺斋集稿〉丛考》，当代中国出版社，2010年，第39—41页。

六　《废艺斋集稿》的来龙去脉及真伪论争

诀和尺寸的本子，又看到了《瓶湖懋斋记盛》全文。这次他把全文照金家的本子完全描摹下来了，但是却说"描摹下那篇原文后不久，他又丢掉了自过子和说'今日可云幸会矣'句以下的许多页原文"。可是，孔祥泽却保留了"在后半部未丢失前他根据全文写的一篇《懋斋记盛的故事》"。吴恩裕《曹雪芹佚著和传记材料的发现》提供了《瓶湖懋斋记盛》前本部分"残文"，在《曹雪芹〈废艺斋集稿〉丛考》里又以《〈瓶湖懋斋记盛〉阙文钩沉》为题，概述了孔祥泽所述《懋斋记盛的故事》中的内容。[1]

（12）《斯园膏脂摘录》片段：据孔祥泽介绍，1944年看到《废艺斋集稿》讲烹调一册时，曾注意了作者在原序中对"斯园膏脂"一词的解释。曹雪芹在序中说，"膏脂"是指"民脂民膏"，"斯园"即"思源"两字的谐音，是"饮水'思源'"的意思。[2] 据说1944年杨啸谷曾录了副本，但杨不久逝世。又闻杭州有一老人藏有此书一部分，但也"没有下文"。不过，吴恩裕还是提供了几条"残存的片段"[3]。

以上就是吴恩裕在相关文章和著作中提供的有关曹雪芹佚著《废艺斋集稿》的存世资料和相关信息。[4]

（二）关于《废艺斋集稿》的真伪论争

自吴恩裕《曹雪芹佚著和传记材料的发现》及后续相关论文及著述面世以后，不少学者对《废艺斋集稿》等资料的真实性提出了疑问，认为不可信；有的甚至认为是有人故意造假；也有些学者信其为真，不断进行析

---

[1] 吴恩裕《曹雪芹〈废艺斋集稿〉丛考》，当代中国出版社，2010年，第59—73页。
[2] 吴恩裕《曹雪芹〈废艺斋集稿〉丛考》，当代中国出版社，2010年，第128页。
[3] 吴恩裕《曹雪芹〈废艺斋集稿〉丛考》，当代中国出版社，2010年，第131—134页。
[4] 吴恩裕《曹雪芹丛考》（上海古籍出版社1980年版）对这些资料有详细介绍和相关考证。

疑及证真的工作。

需要说明的是，最早撰文就《废艺斋集稿》的真实性提出质疑的应该是陈毓罴、刘世德两位。陈、刘在 1973 年曾与吴恩裕当面谈到对《废艺斋集稿》的"质疑"，随后撰文投给《文物》杂志，不过后来又撤了稿，直到 1978 年才发表《曹雪芹佚著辨伪》一文。[1] 而文雷针对陈、刘等人"质疑"的"析疑"文章则先陈刘之文刊发。[2]

综合相关资料，真伪论争主要从外证和内证两个方面展开。这里，以"问题"为线索，择其要者概述主伪方与主真方的论争情况，并以"按语"形式提出笔者的一些思考，指出继续存在的一些疑点。

1. 外证方面

有关《集稿》的来源及相关问题一直是主伪方质疑的重点。

（1）关于抄写情况前后矛盾的问题

主伪方的疑问（下文简称"疑问"）：陈刘《曹雪芹佚著辨伪》指出，抄存者既说除《考工志》之外，"其余的几种，都忽略过去了"，又说存有"鸳鸯戏水锦"的图案，并保存一个摹制的脱胎鹰头，且杨啸谷曾把第八册"抄下若干条"，前后矛盾。陈诏亦指出，孔祥泽开始说当年看到《集稿》时兴趣只在第二册《考工志》，甚至不了解敦敏、董邦达为何人，可是在吴恩裕文章发表后，却又陆续提供了有关讲织锦、讲绘画、讲治印、讲泥塑的残文，而且一字一句、井井有条，这些残文从何而来？为何不能公之于众？"敦记"残缺部分的细节从何而来？口语译文的依据又是什么？既然说赵雨山家有《此中人语》六本，为何不能拿出来看看？孔祥泽为什么

---

[1] 陈毓罴、刘世德《曹雪芹佚著辨伪》，刊于《中华文史论丛》1978 年第 7 辑，收入陈毓罴、刘世德《红楼梦论丛》，上海古籍出版社，1979 年。
[2] 文雷《曹雪芹佚著〈废艺斋集稿〉析疑》，《文物》1974 年第 7 期。

六 《废艺斋集稿》的来龙去脉及真伪论争

像挤牙膏一样断断续续抛出这些材料且只私下里传给吴恩裕一人?[1]

主真方的回应（下文简称"回应"）：吴恩裕承认，关于孔祥泽1944年抄摹《考工志》的经过，"他后来以至最近和我谈的也有详略的不同"；关于《集稿》的八册内容，"抄存者当时和后来告诉我的有些小的出入"[2]。作为提供材料的重要当事人，孔祥泽在《孔祥泽自述（上）》中谈到吴恩裕相关著述里的一些"错误"时说："吴恩裕出书的时候，我不在跟前，他可能记得不太实了。他把我的东西要去以后，把自己的想象、分析的东西也加进去了。也就是说我跟他说的话，他有记错的地方，发表的时候就有错误。……是我的事，我绝对承认，不是我的事，我没有代人受过的必要。"

> 按：就一般情理而言，孔先生的说法没错，文责自负，吴恩裕文中的"错误"自然应该由他本人负责。比较特殊的是，吴恩裕当初据以撰文的信息和材料已说明都是来自孔祥泽。而且，吴恩裕强调是如实转述孔祥泽的说法，孔祥泽又说吴恩裕可能记错了他说的话。吴恩裕记错甚或理解错孔祥泽的话是很有可能的，而今孔老虽然健在，可是要求一位百岁老人仅凭记忆再来"还原"70多年前的"事实"，显然已是不可能的事，因此，质疑者的有关疑问恐怕永远只能"存疑"了。

（2）关于提供材料之时间点及人证的问题

疑问：陈诏在《曹雪芹有无遗著》中就孔祥泽提供《废艺斋集稿》给吴恩裕的时间点提出了疑问：据孔祥泽说，当时看到并参与描摹的有赵雨山、关广志、金钟年、杨啸谷等人，让人奇怪的是，孔祥泽在三四十年中

---

[1] 陈诏《曹雪芹有无遗著、遗诗传世？所谓〈废艺斋集稿〉是不是曹雪芹的佚著？》（下文简称《曹雪芹有无遗著》），收入《红楼梦之谜》，上海古籍出版社，1994年。
[2] 吴恩裕《论〈废艺斋集稿〉的真伪》，见《曹雪芹佚著浅探》，天津人民出版社，1979年。

没有提到这件事,"恰恰在赵、关、金、杨等人都——谢世以后透露消息",以至于孔祥泽"成了有关此书的海内外唯一的知情人"。梅节提出了同样的疑问,并重点指出:如果说在 1940 年代,孔祥泽"不知道曹雪芹的遗著流传极少"因而"对这部手稿'并未注意'的话",那么,经过五十年代和六十年代的"评红",特别是曹雪芹逝世二百周年的讨论和纪念活动,孔祥泽应该很清楚这些未为人知的曹雪芹诗文的价值,"为什么要等到一九七二年那些抄本《风筝谱》'大致散失',也就是说等到一切旁证已经不复存在、无法对其所说进行核实的时候,始将其所藏、所知公开呢?"[1]

回应:对于提供材料的时间点的疑问提出来时,吴恩裕已经去世;孔祥泽在有关访谈中谈及"文革"时期的大环境及他自己家庭的变故,似能间接解释为什么未能更早提供这些材料。不过,吴恩裕在《论〈废艺斋集稿〉的真伪》一文中曾举出在中国和日本两地的人证。中国方面,虽然当时参加抄摹的赵雨山、关广志、杨啸谷、金福忠等人均已去世,但是,吴恩裕说,他自己曾于 1964 年同赵雨山面谈过,赵证实他参加过 1944 年描摹抄录《考工志》,还说他与孔祥泽参观了 1963 年在北京故宫举办的"曹雪芹逝世二百周年纪念展览",并因此而起了整理曹雪芹风筝谱的念头。吴恩裕也访问过金福忠两次,只不过似未说及见面交流的详情。

吴恩裕在这篇文章中提供的更有力的人证,应该是日本的高见嘉十。吴恩裕说,"据一九七五年四月二十九日日本《读卖新闻》所载,高见嘉十曾对为了《废艺斋集稿》访问他的松枝茂夫教授说,他还记得在北平时曾让一个中国学生摹写过集稿,并亲自修改过描摹不准的地方。关于其他

---

[1] 梅节《曹雪芹佚著〈废艺斋集稿〉质疑》,《河南教育学院学报》2006 年第 1 期。按:根据作者在篇首的说明及文末署时,该文于 1978 年 3 月 5 日写定,1979 年 3 月重抄并改写《前言》部分文字,未曾刊发,至 2006 年见关于《集稿》的真伪论争又起,遂再投稿刊发。

六 《废艺斋集稿》的来龙去脉及真伪论争

的细节，因年事已高，他的记忆就模糊了";"这是当事的日本人证明在一定的时间和空间内他见过、借过、主持抄摹过《集稿》这样一部书。"

  按：高见嘉十作为1944年抄摹《废艺斋集稿》的重要人证这一条资料后来成为证真方学者的有力证据之一。不过，吴恩裕这一说法与实际情况有些出入。松枝茂夫在1979年6月3日写给吴恩裕的信中对他拜访高见嘉十的情形有比较详细的介绍。松枝在医院见到高见时，高见患老年性脑动脉硬化，"这七十八岁的老人，所说的话，半懂不懂，听不明白的地方太多了。我翻阅着《文物》杂志里的那几种风筝图，一一指着问他：'这些图样您记得不记得？'他就想了一想，略点一点头，回答说：'记得，我还替他改一改了。'我问：'《废艺斋集稿》您看过么？'他答：'不记得，我不知道。'我问：'姓金田的日本人，您记得么？'他答：'不记得。'我问：'那抄存学生姓什么？'他答：'不记得'。"松枝书信中还说到两点重要信息：（1）他经过高见允许之后在高见常住的屋子里仔细查找过，看到有三本北京画帖，并无与风筝相关的任何东西，不过陪同前往的公民馆馆长说，以前在高见住处看到过风筝图。（2）他们查找金田氏没有任何信息，有人说可能是朝鲜人，那八本书（指《集稿》）可能流落到朝鲜半岛去了。[1]也就是说，松枝拜会高见时所获得信息，最多只能证明1944年的确有抄写风筝谱的事情，而未提及"集稿"这个关键词。笔者也查对了《读卖新闻》上

---

[1] 松枝茂夫给吴恩裕的信，见吴恩裕《曹雪芹佚著浅探》附录，天津人民出版社，1979年，第251页。

有关此事的新闻稿原文，同样没有"集稿"这个关键词。[1]

黄庚在《曹雪芹故居之发现及其他》一文中说："高见先生于1977年已在日本富山县作古，在他去世以前曾对松枝茂夫教授述说《集稿》原本流落日本的经过。"[2] 针对此说，松枝茂夫在信中特别指出："一九七八年九月香港《明报月刊》（第一五三期）上所载，黄庚先生和孔祥泽先生说及我与高见先生会谈之事，他们说的差些。关于集稿等等的话，老先生是一字不说的了。他什么都不记得。"针对黄庚一文，伊藤漱平在《论曹雪芹晚年的"佚著"》一文中亦特意指出："此一九七七当为一九七四之误，所谓高见氏对松枝教授谈《集稿》原本流落到日本的经过，也不合事实。"孔祥泽《感言》中说，松枝茂夫见高见嘉十时，"在谈到当年高见老师亲手指正过我，把曹氏手稿中的塑形和脱胎工艺做走了样的情景，使我回想起他那严肃认真，对我教诲的音容"等语，显然亦有发挥的成分。伊藤漱平在文章中还提供了当时日本大范围查找《集稿》下落的有关情况：（1）伊藤自己通过各种可能的途径进行查找，包括找到了高见在北京艺术专科学校工作时有交往的三位日本同事、朋友（高松亨明、末田利一、山田外夫），他们都没有听说过《集稿》及金田氏的事。还找到了1940年代住在北京、

---

[1] 笔者查到这篇1975年4月29日刊载在《读卖新闻》上的新闻，题为"自笔稿「金田某氏」に模写した人、すでに死亡"（《抄写"金田某氏"版手稿的人去世》），吴恩裕引文的相关内容原文为："昨年五月十五日、八十歳で死去しており、その半年前の一昨年十月、高見氏に会った早大教育学部の松枝茂夫教授（中国文学）によると「タコの絵を模写させて自分が手直ししたことはおぼえていたが、そのほかは記憶があいまいだった」という"，意为"在其去世的半年前，即去年的十月份，早大教育学部的松枝茂夫教授曾与高见嘉十会面，据松枝茂夫教授回忆，高见嘉十曾言：'还记得临摹过风筝的图案，并且自己亦参与修正，但关于其他方面，记忆就模糊了'。"而且，这篇新闻还明确说到，当时日本有关方面是受中国共产党政治局委员姚文元委托协助查找《集稿》下落。
[2] 黄庚《曹雪芹故居之发现及其他（二）》，《明报月刊》1978年第153期。

六 《废艺斋集稿》的来龙去脉及真伪论争

对文化界日本人的消息十分灵通而且对文物及《红楼梦》均抱着莫大兴趣的桥川时雄，也说从未听说过此事。（2）1975年4月及之后一段时间，日中文化交流协会认真向以日本国会图书馆为首的、藏有较多有关中国图书的各大学、研究机构发出照会和调查委托，同时还取得古书、古董业界有关人士和日本风筝会的协助，大范围搜寻《集稿》，结果都一无所获，甚至都没有听说编纂中国风筝图谱等事。总之，从松枝茂夫和伊藤漱平提供的材料来看，当年日本通过大范围寻找，唯一能够证明的是，孔祥泽所说的高见嘉十实有其人，且摹写风筝图实有其事，但是，对于证明《集稿》的真实性尤其是证明《集稿》为曹雪芹佚著来说，高见嘉十作为"人证"的证据力显然是不够的。

（3）关于《瓶湖懋斋记盛》的来源问题

疑问：陈刘《曹雪芹佚著辨伪》指出，抄存者提供给吴恩裕的《记盛》三页残文据说是在1972年初"借自敦惠后人金福忠的"本子抄的。敦惠是否实有其人？即使有敦惠其人，金福忠是否其后人都是问题。而且，如果金福忠家有"家传的原抄件"为什么不能直接拿出来示人？既已看到后半部分，为什么不直接录下而要用口语译出？陈刘还从《爱新觉罗宗谱》中找到了一位"敦慧"，不过只传了两代到道光年间已绝嗣，详见下文。

回应：文雷在《曹雪芹佚著〈废艺斋集稿〉析疑》中对"惠哥"持谨慎存疑的态度：①认为将"惠哥"解释成"敦惠"肯定错了；②《爱新觉罗宗谱》中的"敦慧"不是"敦记"中的"惠哥"；③暂时查不到"惠哥"的材料，不等于"惠哥"出于虚构；④抄存者对"惠哥"的解释是否可靠同《记盛》残文本身的真伪是两回事。

按：关于《瓶湖懋斋记盛》的来源，吴恩裕在不同文章中转述了孔祥泽的说法，关于是全文都抄完了还是只抄了一半这一关键信息前后并不一致。如前所述，吴恩裕在《曹雪芹〈废艺斋集稿〉丛考》里说的是，孔祥泽1970年在金本中又看到了《瓶湖懋斋记盛》的全文，他把全文照金的本子完全描摹下来了，但描摹下那篇原文后不久，又丢掉了自过子緤说"今日可云幸会矣"句以下的许多页原文，他手头剩的只有在后半部未丢失以前他根据全文写的一篇《懋斋记盛的故事》。[1] 这段文字文末注明的写作时间是"1974年11月，1976年5月11日改稿"。后来再次说道："孔祥泽从收藏者金福忠那里借抄原文的全部。他又把全文用白话文写成一篇《懋斋记盛的故事》。"[2] 这段文字写于"1977年10月24日"。

可是，在《论废艺斋集稿的真伪》一文里，吴恩裕的说法是，孔祥泽1972年在金家得阅《记盛》全文，借去后抄了一半就因为自己发生事故很快就送还。吴恩裕还特意说明，"孔祥泽是否只抄了一半，我不能判断"。不过，吴恩裕说孔祥泽早已申明，后一半并非"译文"，而是有根据的"述"，孔祥泽在写"懋斋记盛的'故事'时，基本上是把原文原意改成口语加以叙述而已，并没多增加什么"。吴恩裕推测，孔祥泽会将全文抄下来，然后才能写他的"故事"，只是对方不愿意拿出来，他也不能勉强。[3] 这篇文章末尾注明的写作时间是1979年6月2日。

也就是说，1976、1977年的说法是，孔祥泽于1970年借阅金本，《记盛》

---

[1] 吴恩裕《曹雪芹〈废艺斋集稿〉丛考》，当代中国出版社，2010年，第59—60页。
[2] 吴恩裕《曹雪芹〈废艺斋集稿〉丛考》，当代中国出版社，2010年，第96页。
[3] 吴恩裕《论〈废艺斋集稿〉的真伪》，见吴恩裕《曹雪芹佚著浅探》，天津人民出版社，1979年，第312—313页。

六 《废艺斋集稿》的来龙去脉及真伪论争

全文抄完了只是后来后半部分丢失了；1979年的说法变成孔祥泽1972年借阅金本，《记盛》只抄了一半，吴恩裕则猜测他也许抄完了，只是不愿意提供后半部分原文。

《孔祥泽自述（上）》关于抄写《记盛》的说法是："《瓶湖懋斋记盛》，是我从金福忠先生手里借来的，前半截也没有抄完，就赶上我被抄家了。我原本跟金福忠说好的，是抄一篇还一篇的，结果我抄的书稿，连带从金福忠那借来的，都被抄家的抄走了，再后来他的家也被抄了"；"后来又把从金福忠那里抄的《瓶湖懋斋记盛》残本也给吴先生了，包括自己回忆的白话文的东西也给他了。"[1] 这里说得很清楚，孔祥泽从金福忠处借来《记盛》，并未抄完，《记盛的故事》并非对着原文的"译"而是"回忆"性文字。

综上，孔祥泽借阅金本的时间有1970、1972年两说，出现这种误差情有可原，而且借阅时间到底是1970年还是1972年也无关紧要。不过，《记盛》毕竟有没有抄完则是非常关键的问题，因为它直接牵涉到《懋斋记盛的故事》的来源问题：如果抄完了后半部分如何又会轻易丢失？没抄完，后半部分又是如何做到"有根据的'述'"的？孔祥泽晚年"自述"的回答是，没有抄完，《记盛的故事》是"回忆的白话文"，这样逻辑上应该是顺了。不过，新的问题又来了，《记盛的故事》内容丰富，许多细节栩栩如生，完全靠阅读之后的"回忆"是否可能、可靠？吴恩裕在《论〈废艺斋集稿〉的真伪》一文提出，应该将《集稿》《记盛》《题自画石诗》三者的真伪分别对待，不宜持此真彼亦真、此假彼亦假的连坐法。笔者认为，这个提议是有道理的。不过，吴文论证的结果，还是认为三者均是真实可信的。后续研究者也都是将《集稿》与《记盛》的真伪放在一起来考虑的，例如胡

---

[1] 见位灵芝、朱冰整理《孔祥泽自述（上）》，《曹雪芹研究》2019年第3期。

德平、黄一农等学者新近的研究都是以《记盛》之真进而证明《集稿》之真。

（4）关于《考工志》版本的问题

疑问：陈刘指出，抄存者既说《集稿》在1945年之后"就不知下落了"，却又说《考工志》至少有五种抄本存在过，对于五种抄本何时何地所抄并无交代；且既然赵雨山家有家传的本子，赵又是指导抄存者制作风筝的人，为什么抄存者要费时费事描摹金田氏藏本？

回应：吴恩裕在《论废艺斋集稿的真伪》中补充说明，金福忠"保存的本子是他祖辈传下来的'宫式本'，其中没有彩图仅有尺寸图，但有风筝的做法、扎法、糊法的歌诀，曹的自序、董序和《记盛》。这个本子比孔抄本全。金本之所以叫作'宫式本'，是因为他的先人敦惠是天潢贵族，后来又供奉内廷。他所采用的风筝的某些做法、画法和用色等有些特点是为宫廷专业，与民式有别。而孔抄本、赵本、于叔度本和现在的哈魁明所保存的本子则称'民式本'……金福忠是敦家的后人，故在宫式本后面所附他的先人敦敏的《瓶湖懋斋记盛》是全文。"还补充说明哈魁明家保存的"藏有风筝做法的文字的资料，惜于1966年遗失了"。《孔祥泽自述（上）》说到1944年"双钩"曹序时还说道："我们对（照）的时候，有个最要紧的本子是于景廉（家传下来）的本子，我跟他家没有直接的联系，但是他们跟金福忠的联系一直没有断，我们很多本子的校定，词句的错与不错，比如歌诀，都是从于式本来的。"

按：吴恩裕、孔祥泽关于《考工志》五种版本的说法的确比较模糊，缺乏版本形态、递藏、内容等基本信息。吴恩裕关于版本的补充说明，一则提出了"宫式本"与"民式本"的差别；再则为孔祥泽1970年代初得以借阅金本并抄录《瓶湖懋斋记盛》提供了合理的解释。可是，

六 《废艺斋集稿》的来龙去脉及真伪论争

敦惠是否实有其人、即使敦惠实有其人、他是否是金福忠之先祖？既然金福忠手里有完整的《考工志》为什么未能提供实物？既然于氏本"最要紧"，而且当时已经拿出来"对照"，为什么没有以之为底本分头抄写？或者说，在金田氏带走他的本子之后，为什么没有借赵家或者于家的本子继续抄全？这些问题仍然没有解决。同时，又引发了新的问题：金本因是源自其先人"敦惠"故保留了敦敏的《记盛》全文，而金田氏买到的本子（即吴恩裕上文说的孔抄本）源自清皇族金鼎臣，是否亦与敦惠、敦敏有关？有关的话为什么这个本子是民式本？无关的话为什么这个本子也完整地保存了《记盛》全文？于式本、金本的递藏传承有何依据？孔抄本之外的《考工志》是否均有曹序？有的话字体是否一致？凡此种种，都令人好奇。

（5）关于金田氏的问题

疑问：关于《废艺斋集稿》的书主金田氏，伊藤漱平在《论曹雪芹晚年的"佚著"》一文中介绍了日本多方查找毫无消息的情况，并强调指出，"高见氏在未去世前，据说就是对金田氏等事毫无记忆，仅仅朦胧记得摹写风筝图之事。"因此，伊藤也重复了前述松枝茂夫信中介绍的假设性意见：有可能是"姓金田的朝鲜人"，这样的话，也可能《集稿》根本没有带到日本去；此外，伊藤还提出另外一种更大胆的假设：有可能"金田氏是乌有先生""是虚构的人物"。

回应：关于金田氏，吴恩裕在《曹雪芹佚著、遗物的发现》还有"□信武夫（原称'金田氏'）"之说；[1] 并在松枝茂夫来信的附记里说：据孔祥泽回忆，金田氏的真实姓名可能是□信武夫，希望日本的朋友们再查访□

---

[1] 吴恩裕《曹雪芹佚著、遗物的发现》，《人民画报》1979年第1期。

信武夫这个人。[1]《孔祥泽自述（上）》中对此有较详细的说明：1944 年金田氏打包邮寄行李时，孔祥泽看到"收件地址写的是鹿儿岛什么什么番，小地名，不记得。接东西的人呢？我记得好像是乙羽信武夫。年头太多了，想不起来了。我记得好像是乙羽。我就问他，这是你什么人？他中文说得不好，但也能说，就说'是我'。我说你不是金田先生吗？他就岔过去了，我也没当回事。"[2]

  按：孔祥泽的说法排除了金田氏为朝鲜人的可能；而且，明确交代了金田氏是鹿儿岛人，原名可能叫"乙羽信武夫"。不过，松枝茂夫和伊藤漱平对这一信息似乎兴趣不大，其他人也较少关注。近日听闻黄一农正沿此线索努力，真希望能有所收获。

（6）关于"工作量"问题

疑问：吴恩裕说，"据孔祥泽君一九七三年四月间为余言，曹雪芹之遗著今尚可踪迹求之者有以下几项：一、《瓶湖懋斋记盛》后半部。二、风筝图式扎法约二百种，每种均有图例。三、风筝歌诀约二百种。四、沙燕部分绘诀。五、风筝沿革。"[3]等等，这五项都是《考工志》中的内容，尚未包括《集稿》中其他部分。再，根据吴恩裕的考证推断："曹雪芹从（乾隆）二十年下半年开始写《南鹞北鸢考工志》到二十二年的'清明前三日'

---

[1] 吴恩裕《曹雪芹佚著浅探》，天津人民出版社，1979 年，第 379 页。
[2] 2016 年 11 月 28 日，笔者曾与位灵芝、胡鹏、雍薇等同仁一道，前往孔祥泽先生府上拜访，当时 97 岁高龄的孔老精神矍铄、思维清楚、声音洪亮，侃侃而谈四小时而意犹未尽。期间说到他当年陪金田氏去邮局寄行李的细节，笔者曾插话请教："既然知道《废艺斋集稿》很重要，金田氏有没有可能随身携带并未邮寄？"孔老对此并未作答，而是顺着自己的思路往下说。
[3] 吴恩裕《曹雪芹佚著浅探》，天津人民出版社，1979 年，第 184 页。

六 《废艺斋集稿》的来龙去脉及真伪论争

完成，大约有一年到一年半的时间。"[1] 即《考工志》的创作时间为乾隆二十年下半年至二十二年清明前三日。针对这些内容，郭若愚举例说，他曾就吴恩裕公布的曹雪芹风筝图版，请上海博物馆具有丰富经验的美工唐大公计算绘制这样形式的风筝图二百种需要的时间。唐大公郑重会同组内的同事一起研究，初步估计每图平均计算花时间是一星期，要绘制二百图需要整整四年时间。而曹雪芹从乾隆十九年到二十七年正忙于继续写作和修改《红楼梦》，根本"没有那么多时间去完成《废艺斋集稿》这样大本书的工作量"。[2]

> 按：郭若愚提出这一疑问时，吴恩裕已谢世，无从作答；孔祥泽及其他主真的学者似未加回应。《曹序》说，老于"时时促余为之谱定新样。此实触我〔怆感〕，于是援笔述此《南鹞北鸢考工志》，意将旁搜远绍，以集前人之成；实欲举一反三，而启后学之思。乃详察起放之理，细究扎糊之法，胪列分类之旨，缕成彩绘之要，汇集成篇"。据此看来，曹雪芹是广为搜罗当时的风筝图谱及歌诀等资料，"援笔"撰成《考工志》，那么，风筝图等应该都是他亲笔所绘，这样的话，的确存在工作量巨大的问题。即使不考虑"写作与修改"《红楼梦》的问题，要在数年内完成《集稿》中所罗列的工作量，并非易事。

2. 内证方面

内证方面，无论是主伪者的质疑，还是主真者的回应与补充论证，都

---

[1] 吴恩裕《曹雪芹〈废艺斋集稿〉丛考》，天津人民出版社，1979年，第80页。
[2] 郭若愚《红楼梦岁时志——兼论〈废艺斋集稿〉及其他》，《红楼梦研究集刊》第8辑，上海古籍出版社，1982年。

存在一种现象，就是以"曹序""董序""记盛"彼此进行对比或者以这三篇文章与《红楼梦》及其他相关资料等进行对比，进而证明《集稿》之真伪，比如说，关于"曹序""董序""记盛"三篇文章文字风格的问题、关于敦敏是否严格守制的问题、关于董邦达与曹雪芹是否能够亲密接触的问题、关于风筝歌诀用韵的问题、关于"曹序""董序""记盛"的文风与雪芹、董邦达、敦敏文风是否一致的问题、关于《考工志》中的风筝与《红楼梦》中描写的风筝是否相符合的问题、关于《集稿》中织锦残文与南京现存织造工艺是否相符的问题、关于《集稿》中有关残文的思想与《红楼梦》所表现的思想是否相符合的问题，等等，这些都是基于对进行类比的两种材料的解读，而解读的标准因人、因时而异，不可能取得共识；即使解释标准一致、对两种类比材料的解读准确，这种类比推理在逻辑上也只能得出或然性结论而不是必然性结论，因此，在"内证"方面，笔者准备搁置上述偏于主观、仁智互见的论争，只关注那些涉及客观事实、依靠旁证有可能证伪或者证真的论题。

（1）关于"十二字"出入的问题

疑问：吴恩裕提供的《考工志》"曹序"之"戏为老于扎风筝数事"句下加了一条附注说："据抄存者近告此处有'称贷两日，捴挡所有，仅得十金'十二字"。陈刘《曹雪芹佚著辨伪》质疑，既然抄存者提供的"曹序"全文中没有这十二个字，这十二个字来源可疑，"不能不使人对'曹序'的真实性产生一定的怀疑了"。

回应：吴恩裕《论〈废艺斋集稿〉的真伪》解释说，孔祥泽新提供的"曹序""十二字""是由金福忠的本子核对出来的"，且之前孔祥泽提供的抄写件对漫漶不清的地方有省略号提示。

六 《废艺斋集稿》的来龙去脉及真伪论争

按：吴恩裕的解释在逻辑上是成立的，不过，金福忠本子的存在本身存在争议。

（2）关于天气的问题

疑问："曹序"中在追述"囊岁"往事时有"是岁除夕，老于冒雪而来"之语。根据吴恩裕的考证，这个"囊岁""是岁""至迟当在（乾隆）十九年或竟更早一两年"。陈刘文章指出，经查相关资料，乾隆十九年上推到十二年，再下延到二十一年，"其中任何一年的除夕，北京地区都没有下雪"，因而"'曹序'出于后人的捏造。"再，"敦记"记乾隆二十三年事，有"入冬，雨雪频仍，郊行不便"之语。陈刘据相关资料考证，乾隆二十三冬季至次年春季，雨雪罕见，存在极其严重的旱象，因此，敦记"所述雨雪情况，完全是不符合实际情况的"。

回应：文雷在《曹雪芹佚著〈废艺斋集稿〉析疑》一文中指出，乾隆十九年除夕那天，北京城内无雪，西山地区有可能下雪；根据《晴雨表》等资料，《记盛》所说乾隆二十三年"入冬，雨雪频仍，郊行不便"之说与当时天气的"总体趋势是吻合的"。文雷"析疑"一文中这一条可以说是最有说服力的。吴恩裕沿着文雷的思路，提供了更多的资料说明了"老于冒雪而来"的可信性，并进一步推测，"是岁除夕〔老〕于冒雪而来"句或可增补为"是岁除夕〔前，老〕于冒雪而来"，这样的话，"陈、刘这方面的论证，就完全不能成立了"。至于"入冬，雨雪频仍，郊行不便"，吴恩裕同样提供了史料的证明。樊志斌更是以自己八年的亲身经历证明"城内与香山地区下雪不同的例子，不胜枚举"[1]。

---

[1] 樊志斌《〈废艺斋集稿〉曹著论》，收入周汝昌、杨先让编《五洲红楼》，东方出版社，2013年，第314页。

按：主真方对"天气"问题的解释是有说服力的，主伪方以有关天气的描写质疑"曹序"和"记盛"的真实性不能成立。

（3）关于"老身"和"雪芹"的称呼问题

疑问：朱家溍指出，在清人叙事文中，从未出现过"老身"这个词，只有戏曲对白和独白中常见；从前人与人之间的称呼，只有至近的朋友才可以单纯称"号"而不加别的应有关系称谓，并且还只限于男子与男子之间。可是《记盛》中那位白媪在敦敏面前自称"老身"，并直称曹霑的"号"——雪芹，不符合习俗。[1]

回应：关于"老身"一词，陈传坤举出了《儒林外史》第53回有虔婆自称"老身"的例子；[2]陈德平列举了戏曲、小说、诗词、正史中广泛使用"老身"一词的材料；[3]樊志斌更是找出了清朝皇太后自称"老身"的证据。[4]关于白媪称呼"雪芹"，樊志斌认为，曹雪芹当时的处境可谓白媪的特殊房客，且不知敦敏身份及来访目的，"以一句'客人其访雪芹耶'倒是最为贴切的一种方式；而以朱先生所谓的'客人其访曹二爷乎'加问，反而显得唐突了"[5]。

---

1 朱家溍《漫谈假古董——曹雪芹的佚著和遗物》（简称《漫谈假古董》），《红楼梦研究集刊》第3辑，上海古籍出版社，1980年；收入氏著《故宫退食录》，北京出版社，1999年。
2 陈传坤《有关〈曹雪芹书箱〉问题考两则》，《寻根》2010年第5期。按：陈文说"朱文中举例的'老身'为日本外来词一说，也失察"则实乃"失察"之说，因为朱文并未说"老身"为日本外来词。
3 陈德平《朱家溍遗作〈漫谈假古董〉中的第三个"失察"和"误判"的例证》，网络文章"红楼梦吧·百家争鸣"2011年6月24日。
4 樊志斌《朱家溍先生〈漫谈假古董〉一文平议》，《曹雪芹研究》2013年第2辑。
5 樊志斌《朱家溍先生〈漫谈假古董〉一文平议》，《曹雪芹研究》2013年第2辑。

六 《废艺斋集稿》的来龙去脉及真伪论争

按：主真者对"老身"一词举例足以证明朱家溍在这一问题上的确失察和误判了；至于樊志斌对白媪称"雪芹"之合理性的解释，则可备一说。

（4）关于敦敏"命轿车往候"董邦达的问题

疑问：朱家溍《漫谈假古董》指出，按清代官制，像董邦达这样的二品大员有自用车和随从，"绝无可能由敦敏派车去接的道理"。

回应：樊志斌《朱家溍先生〈漫谈假古董〉一文平议》一文联系《记盛》上下文分析指出，根据当天的情况，敦敏等人可能已经约好，董家轿夫将董送到皇宫后，即离去，待下午某时到懋斋来接。于是，为方便董邦达宫中差事结束后到懋斋赴会就需要敦敏派人去接。

按：樊志斌的解释可备一说，如果能找到清朝类似的旁证将更有说服力。

（5）关于"纹样"一词出现的时间问题

疑问：1978年初，吴恩裕得见张行家藏的两只书箱，其中一只书箱的背面有墨笔写的五行楷书——即后来学界所谓"五行书目"，其中四次用到"纹样"一词，如"为芳卿编织纹样所拟诀语稿本"。吴恩裕在1979年8月《人民画报》刊载《曹雪芹佚著、遗物的发现》一文，介绍了这些新的材料；并在1979年第1辑《红楼梦学刊》上刊发长文《新发现的曹雪芹佚著和遗物》就两只书箱的相关问题做了详细介绍，重点是认定这两只书箱曾为曹雪芹所有、五行书目为曹雪芹手迹，而五行书目的笔迹与之前孔祥泽提供的双钩"曹序"完全相同，从而证明《考工志》等曹雪芹佚著为真。朱家潘提出,"纹样""图案"等词汇是清代末年从日本翻译过来的,"在曹雪芹时代是没有的",言下之意,书箱不足以构成《集稿》为真的旁证。

回应:2007年,严宽在《清代档案史料·圆明园》中发现"纹样"一词;之后,陈传坤《有关"曹雪芹书箱"问题考两则》提供了唐人张籍诗句中用"纹样"的案例,至此,主张书箱与《集稿》为真的冯其庸在《曹雪芹书箱补论》一文中以"纹样"之疑得释而进一步认定书箱为真、集稿为真;[1] 朱冰《有关"纹样"一词新发现的文献及其本事考》做了进一步的补充论证,至此,"朱家溍关于曹雪芹时代不可能有'纹样'一词,故而《瓶湖懋斋记盛》为民国人伪造的论断被学界彻底推翻"[2]。

按:朱家溍以清代没有"纹样"一词证书箱上的五行书目为近代人所加并进而证《集稿》为伪造显然是失察了。不过,"书箱"上五行书目是否是曹雪芹手迹、五行书目与"曹序"字迹是否出自同一人之手等问题尚无定论的前提下,"纹样"的证据能够推翻朱家溍的质疑却不能证明"曹序"为真。

(6)关于"敦惠"与"母舅钮公"的问题

疑问:"记盛"的中心内容是记乾隆二十三年腊月二十四日敦敏举办的一次聚会,地点是敦敏家,参加聚会的共七人,董邦达是主客,过子龢、端隽、于叔度是陪客,敦敏、敦惠是主人,还有一位陪客是曹雪芹。陈刘通过查阅清内府抄本《近支、远支宗室名册》以及《爱新觉罗宗谱》等资料,不见"敦惠"只有"敦慧",且敦慧一系只传了两代,"道光十六年(1836)

---

[1] 冯其庸《曹雪芹书箱补论》,《红楼梦学刊》2011年第3辑。
[2] 樊志斌《朱家溍先生〈漫谈假古董〉一文平议》,《曹雪芹研究》2013第2辑。

六 《废艺斋集稿》的来龙去脉及真伪论争

已绝",故金福忠"'是敦惠的若干世孙,他家保存的风筝谱,就是敦惠得自曹雪芹的。'这就十分奇怪了。"陈刘还指出,即使能从谱系上证明金福忠是敦惠或者敦慧的后人,也不足以证明《考工志》确是曹雪芹所作、不足以证明"敦记"确有其事。相反,只要承认金福忠不可能是敦惠或者敦慧的后人,"就立刻露出了作伪者的马脚"。"敦记"里还有一位敦敏所谓"(母)舅钮公",陈刘经过考察,认为"他和敦惠一样,是个子虚乌有的人物","是出于作伪者的向壁虚造而已"。

回应:黄一农新近发表的《曹雪芹〈废艺斋集稿〉的证真》一文的突破点正在于通过查阅和分析有关资料,推断《记盛》中的"惠哥"("惠老四")为宗室敦敏的族弟惠敏、"□舅钮公"为国舅钮祜禄氏伊阿松、"过子龢"是董邦达应认识的过秉钧;而且,这些人的人脉网络与之前为红学界熟悉的人物如阿济格、永忠、李煦、陈浩、黄克显等都有链接。黄一农认为,"此研究应可强有力地支撑《废艺斋集稿》一书的真实性"。[1]

> 按:黄一农的考证另辟蹊径,不仅为《记盛》证真提供了新的思路、新的方法、新的材料,其结论具有重要参考价值,尤其是关于"□舅钮公"为伊阿松的论证从目前的材料看,颇具"唯一性"的可能。这一最新成果令陷入胶着的《废艺斋集稿》真伪论辩出现了新的高潮,而且将《记盛》的"证真"工作往前推进了一大步。不过,在黄一农的证据链中,惠哥与惠敏、□舅钮公与国舅钮祜禄氏伊阿松、过子龢与过秉钧之间的关系都还只是"可能",哪怕是□舅钮公与伊阿松之间,虽然极具可能不过仍然还只是可能,而非确定无疑的"实证",因此,仍有一间未达的遗憾。如果惠哥、□舅钮公、过子龢乃至端隽

---

[1] 黄一农《曹雪芹〈废艺斋集稿〉的证真》,《中国文化》2019第1期。

等人的身份全部得到证实，而且又能有效证明他们与敦敏、董邦达尤其是与曹雪芹等人存在人际关联，那么，必将极大地提高"记盛"的可信性。

值得说明的是，关于"惠哥""敦惠""惠敏"之名，黄一农《曹雪芹〈废艺斋集稿〉的证真》一文中有两点说法值得注意：（1）黄文说，"陈毓罴、刘世德先前在考证《瓶湖懋斋记盛》一文[1]中所提及人物的真实性时，径自认定'惠哥'即指的是敦惠"云云，容易让人误解是陈刘误判"惠哥为敦惠"才导致调查考证方向错误。事实上，并非陈刘"径自认定'惠哥'即指的是敦惠"，而是吴恩裕从《曹雪芹佚著和传记材料的发现》开始，所有著述中均是将惠哥作敦惠，而吴恩裕的说法应该是来自孔祥泽，至少是他们共同的认知。文雷早年的"析疑"一文谈论的也是敦惠、敦慧。（2）黄文说，"据2019年笔者亲访孔祥泽的口述资料，他是自金福忠得知惠敏之名"，并推测，"在部分红学界强大的批评压力之下，孔祥泽或欲解释其记忆与文献间的'矛盾'，遂于2006年接受位灵芝等人访问时，改口称'金福忠是敦诚、敦敏的叔伯弟弟的后代，（敦敏这个弟弟）应该叫敦惠，过继出去后改为惠敏'"。据此，孔祥泽从金福忠处听来的情况是"惠哥"名叫"惠敏"，后来迫于红学界的压力才改口说"惠哥"名叫"敦惠"，过继后改名为"惠敏"。这一说法与事实或有些出入。在笔者所看到的关于《集稿》真伪论争的所有资料中，"惠敏"之说最早见于《孔祥泽自述（上）》，

---

[1] 此指陈毓罴、刘世德《〈废艺斋集稿〉辨伪》。

六 《废艺斋集稿》的来龙去脉及真伪论争

而这份自述整理的孔祥泽访谈最早始于2006年。[1]令人疑惑的是，在1973年吴恩裕文章刊出之后，如前所述，"惠哥—敦惠（敦慧）"一直是争论的要点之一，如果金福忠和孔祥泽讲的是"惠敏"，是吴恩裕及其他人"擅认成敦惠或者敦慧，且被持续以讹传讹"，孔祥泽为何在很长一段时间里并未加以说明修正？因此，从相关材料推测，很可能孔祥泽是由早先的"敦惠"改为后来的"惠敏"而不是相反。学苑出版社于1998年重印了1937年最近一次出版的《爱新觉罗宗谱》，至少从逻辑上说，孔祥泽有看到相关材料再由"敦惠"改为"惠敏"的可能性。笔者与黄一农先生等一道于2019年6月6日到孔老府上拜访。孔老卧病在床，虽然意识清醒，但是语音模糊，交流起来已经很不顺畅，都是有人凑到孔老耳边大声提问，孔老有时会给明确回答，有时思考良久后回答说"不记得了"，有时良久未做回答。我们问孔老有没有看过《爱新觉罗宗谱》？回答说"没有"；问"为什么当初吴恩裕写'敦惠'引起很多争论而您没有出面修正说是'惠敏'？"孔老良久未做回答。这一问题也许只能存疑了。

（7）关于曹雪芹所鉴之画及鉴画过程

据孔祥泽提供的《懋斋记盛的故事》，曹雪芹和董邦达共同鉴别过两幅

---

[1] 崔悠笙《六年争议今未休！——记曹雪芹佚著的"抄存者"及其他》一文所记，"据孔祥泽说，他所了解的《考工志》一共有三种抄本（金田带走的不在此数），即'于氏本'（于叔度家的）、'金式本'（郭惠家的）、'陈氏本'"云云，这里的"郭惠家的"之"郭"当为"敦"之误。见《镜报月刊》1979年9月号。笔者补记：承蒙黄一农先生惠示其新作《敦敏〈瓶湖懋斋记盛〉中的惠哥小考》一文（未刊稿），介绍了较早提及"惠敏"的文章或著述有：艺儿《曹雪芹与风筝》，《民族艺术》1989年第2期；郑金兰主编《风筝的学问》，学林出版社，1989年；张倩《曹雪芹与孔氏风筝》，收入杨晓编《青少年应该知道的风筝》，泰山出版社，2012年。值得注意的是，黄先生此文提供了孔祥泽先生在刊载吴恩裕文章的《文物》杂志和《人民画报》上写的"批注"，对吴恩裕文章中的一些说法和做法表达了自己的不满，却并未修正"敦惠"之说。（2019年7月1日补记）

画：一幅是一张所谓"宋人李龙眠的《如意平安》",另一幅是"明人商祚之《秋葵彩蝶图》"[1]。吴恩裕在《论〈废艺斋集稿〉真伪》一文中即提供了有关《如意平安》图的信息,以作为《记盛》为真的补证。香港《大公报》1965 年 2 月 14 日的《艺林》上有张画的照片,看不出任何题字和图章,也没有编者按语,只在照片的旁边用铅字排了"元人如意平安图"七个字。吴恩裕指出,这张画的内容正与"记盛的故事"中所描绘的《如意平安》图的情形相符合,"大概是因为曹雪芹当日断定该图非宋人李龙眠所作,后来敦敏也就根据雪芹的判断,把它叫作'元人如意平安图'了"。吴恩裕断定,"这张画的发现,无可置疑地证明《记盛》的真实性"。

2005 年 1 月,严宽在人民美术出版社出版的《中国历代名画集》中查出台北故宫现藏有商祚的《秋葵图》,又在社科文献出版社出版的《宋元明清名画图录·花鸟卷》中找到一幅《元人如意平安》。同年 4 月,更是在北平故宫博物院《故宫书画集》第 30 期(1933)中查到《元人如意平安》,在第 38 期(1936)中见到曾被《石渠宝笈》著录的商祚《秋葵图》。[2] 胡德平认为,严宽查到的这两幅图即《记盛》中所说的《如意平安》与《秋葵彩蝶图》,而且认为这两幅图的出现"证明了《盛》文的真实性"。[3]

黄一农、高树伟在《史实与故事之间:〈懋斋记盛的故事〉所涉两幅古画辨正》一文中论证指出,被《石渠宝笈》收录的《秋葵图》并非《记盛》中的《秋葵彩蝶图》,深藏内府的《元人如意平安图》则应该就是曹雪芹曾过眼的《如意平安》图,并强调《如意平安图》的真实存在"让我们很难

---

[1] 吴恩裕《曹雪芹〈废艺斋集稿〉丛考》,当代中国出版社,2010 年,第 61—62 页。
[2] 黄一农、高树伟《史实与故事之间:〈懋斋记盛的故事〉所涉两幅古画辨正》,《曹雪芹研究》2019 年第 3 期。
[3] 胡德平《〈瓶湖懋斋记盛〉再谈——从发现曹雪芹鉴定过的古画资料说起》,http://www.redchamber.net/red/yj/noble_hdp2.htm 。

六 《废艺斋集稿》的来龙去脉及真伪论争

将《瓶湖懋斋记盛》一文中的故事归为造假"；胡德平则力证现藏台北故宫的商祚《秋葵图》即《记盛》中的《秋葵彩蝶图》。[1] 也就是说，黄一农暂时仅以《元人如意平安图》的存在来证明《记盛》的可靠性，胡德平则以《元人如意平安图》及《秋葵图》两幅图同时存在来证明《记盛》的可靠性。

　　按：《如意平安图》《秋葵图》的出现的确为《记盛》的真伪论争提供了新的角度，《记盛》以及《集稿》证真的链条上又增加了一个值得重视的间接证据。在兴奋之余，笔者所思考的是，吴恩裕、严宽、胡德平、黄一农等学者相继提供的有关两幅图的信息，只能证明的确有《记盛的故事》中所说的《如意平安（图）》《秋葵彩蝶图》这样两幅画存在，但是，这两幅画与曹雪芹等人之间的关系却有待进一步证明。况且，从时间上看，"懋斋记盛的故事"出现于1970年或者1972年，而无论是《故宫书画集》第30期（1933）、第38期（1936），《中国历代名画集》（1959年初版），还是《大公报》副刊上发布的《元人如意平安》（1965），都在"懋斋的故事"出现之前，从逻辑上说孔祥泽有看到这些资料的可能。而且，如前所述，《记盛的故事》并非对着《记盛》原文的"译"而是"回忆"性文字，而关于《如意平安》图，《记盛的故事》中提供的关键细节非常具体，包括："李画为工笔：一瓶胆，瓶内插荷花两枝，衬以三个荷叶。荷叶下有小竹数枝，亦插于瓶内。瓶旁有一盆灵芝，盆下一托盘，盛佛手等果。"这些细节描写与存世的《元人如意平安》若合符节。在没有看到形象的画作而仅是看到抽象的文字描述的情况下，"回忆"的细节如此具体、准确，反而令人有"细致、准确到难以置信"的疑惑。笔者并非无端猜疑，

---

[1] 胡德平《曹雪芹、乾隆监审过的〈秋葵图〉是同一幅画》，《曹雪芹研究》2019年第3期。

只是觉得越是具体的证据越要谨慎以对。值得高兴的是，2019 年 6 月 6 日，胡德平、黄一农、严宽、高树伟和故宫有关专家一道，已在北京故宫博物院目验了《元人如意平安》，有关情况请参考相关人士的后续研究。

限于篇幅，以上概述了有关真伪论争在"内证"方面的七个问题，对于主伪方的"质疑"主真方或提出了有力的反证，或提供了可备一说的解释；此外，主真方还提供了新的证真的思路和材料。

（三）结语

有关《废艺斋集稿》的存世材料和信息绝大部分来自孔祥泽提供的抄件或口述资料，少数来自吴恩裕对赵雨山、金福忠、费保龄等人的访问；孔祥泽的相关说辞又明显存在前后矛盾的地方。因此，从文献来源来说，这批资料先天不足，其真实性无可避免地会受到诸多质疑。

回顾近五十年来关于《集稿》的研究及真伪论争过程，主伪者主要从外证和内证两个方面提出质疑。

外证方面，主伪者提出的抄写者说辞前后矛盾、版本交代不清、人证缺失、《记盛的故事》靠"回忆"难以完成、《考工志》及全部《集稿》工作量巨大曹雪芹恐无暇胜任等等问题，当事人及主真者或解释无力，或未加回应。除非有朝一日《集稿》原件面世，否则这些外证方面的质疑恐怕会永远无解。

内证方面，抛开那些见仁见智的类比性论证，主伪者提出的有关天气以及"纹样""老身"之类词汇等方面的疑问，主真者做了有力的反驳；主

六 《废艺斋集稿》的来龙去脉及真伪论争

伪者提出的"曹序"有十二字的出入、敦敏"命轿车往候"董邦达以及白媪称呼"雪芹"是否合理等问题,当事人或主真者的解释在逻辑上可备一说。

在外证不利的情况下,吴恩裕及后续一些主真的学者另辟蹊径,结合相关材料,从《记盛》尤其是《记盛的故事》中的相关内容"证真"入手,以此推动《记盛》乃至《集稿》的证真工作,目前突出的成果主要有两项:一项是证明了《记盛的故事》中所说的《如意平安》与《秋葵彩蝶图》两幅图均为真,或者至少有一幅为真;另一项是证明了《记盛的故事》中所说惠哥、囗舅钮公、过子龢分别可能是历史上真实存在的惠敏、国舅钮祜禄氏伊阿松、过秉钧。从逻辑上说,《记盛》中两幅画的存在与《记盛》为真之间没有必然的联系,何况提供《记盛的故事》的孔祥泽有看到这两幅画的相关信息的可能;[1]《记盛》中所涉及的人物之身份如果能够得到无可置疑的"证实"并有效证明他们与敦敏、董邦达尤其是曹雪芹之间有关联,则无疑可以极大地提高《记盛的故事》《记盛》乃至《集稿》的可信度。

在抄录的事实已经不可能还原、传说中的原件未能出现的前提下,主真派这一思路和方法有助于推进证真的可能性,但是,就目前所取得的成果来看,离证真还有相当的距离。

简而言之,到目前为止,回顾关于《废艺斋集稿》近五十年的论争,主伪派提出的外证方面的质疑,除非《废艺斋集稿》原件面世,否则恐已成为无解的悬案。在内证方面,主伪者提出的质问有两类,一类是主观性强的文献资料解读,主真者以另一种解读回应,于是两造各持己见,谁也无法说服谁;另一类是从实证的角度,证明《记盛》及《记盛的故事》内

---

[1] 黄一农、高树伟在《史实与故事之间:〈懋斋记盛的故事〉所涉两幅古画辨正》一文中说,据孔祥泽先生的口述,他在1971年写作《懋斋记盛的故事》之前,已看过《故宫书画集》中珂罗版影印的《元人如意平安》。

容不可信，这种思路是可取的，不过到目前为止，主伪者提出来的这方面的疑问主真者或提出了有力的反驳，或者给予了可以自圆其说的解释。不过，主真者反驳或者解释了主伪者的疑问，不等于就可以证真。在外证极为不利的情况下，要从来源可疑的材料内证出发去证实材料的可靠性，难度可想而知。不过，黄一农、胡德平等学者新近的研究成果让这一艰难的工作已经有了令人兴奋和期待的开头。

值得一提的是，虽然《集稿》外证疑窦重重，但是，在内证方面，到目前为止，主伪方未能提出有杀伤力的证伪证据，主真方除了上述"析疑""补证"工作之外，还有被不少人认可的双钩"曹序"与书箱"五行书目"乃至正白旗39号院题壁诗字迹一致这样的证据链环，再加上可能性很大的《记盛》中相关人员人际网络的存在，其观点不可忽视。

总之，在《集稿》问题上，秉着严肃认真、实事求是、客观理性的学术态度，无论主伪还是主真，所有人的努力都是值得肯定和尊重的。

七

论《红楼梦》抄本的方言词修订问题

有学者统计,在《红楼梦学刊》1979年第1辑至2010年第2辑凡135辑(包括1997年增刊)所刊发的文章中,如果根据"学术研究方法与研究视角"将1674篇文章分为38种,位列前五的分别为文献研究(557篇,约34%)、形象论析法研究(115篇,约7%)、文化研究(114篇,约7%)、比较研究(110篇,约7%)、语言研究(84篇,约5%)。[1]这一统计数字从一个侧面显示,《红楼梦》语言研究已经受到相当程度的关注,并且取得了可观的成果。另一方面,文学首先是语言的艺术,语言研究无疑是文学自律性、本质性研究的重中之重。因此,《红楼梦》语言研究可谓任重道远、意义重大。

《红楼梦》经常被当作"京味"小说的典型代表,并被认为"是学习官话最理想的教科书"[2],这些说法无疑是正确的。但是,深究起来,《红楼梦》的方言是个非常复杂的问题,其"京味""官话"并非一成不变,从早期抄本,到程高本修订出版、大行天下,明显存在去南方话、趋北方话的渐变过程。而这一现象牵涉早期抄本中"异文"的作者、抄本源流、程高本底本、修订效果以及《红楼梦》语言艺术成就等诸多重要的问题。限

---

[1] 高淮生《〈红楼梦学刊〉三十年述论》,《红楼梦学刊》2010年第5辑。
[2] 王利器《〈红楼梦〉是学习官话的教科书》,《红楼梦学刊》1979年第1辑。

于篇幅，本文拟集中考察现存《红楼梦》抄本的方言词修改问题，至于程高本的方言词修订问题则另外再撰专文讨论。

（一）《红楼梦》方言成分及研究前提

早在清代已经有不少人指出《红楼梦》的官话、北京话特色，典型如，周春《〈红楼梦〉评例》云读《红楼梦》要"通官话京腔"[1]，明确指出《红楼梦》具有北京话特色；张新之《红楼梦读法》云，"书中多用俗谚巧语，皆地道北京话，不杂他处方言"；[2]《海上花列传》作者韩邦庆曾说："曹雪芹撰《石头记》皆操京语，我书安见不可以操吴语？"[3] 说《红楼梦》"皆地道北京话，不杂他处方言"、曹雪芹"皆操京语"，显然言过其实，不过书中有大量"地道北京话""京语"则是不争的事实。

现当代很多学者也一再强调《红楼梦》的北京方言特色或者京味色彩，代表性说法如，佩之认为，"《红楼梦》所用的文字，是纯粹的北京土话，不着一些色彩"[4]。俞平伯说："《红楼梦》里的对话几乎全部是北京话，而且是经作者加工洗练过的北京话，真是生动极了"[5]，强调人物对话用的是加工过的北京话。王利器认为，"产生于乾隆年间的《红楼梦》，就是以官话写

---

1 周春《红楼梦评例》，见朱一玄编《红楼梦资料汇编》，南开大学出版社，2001年，第566页。
2 张新之《红楼梦读法》，见朱一玄编《红楼梦资料汇编》，南开大学出版社，2001年，第703页。
3 见孙玉声《退醒庐笔记》，上海图书馆，1925年。
4 佩之《〈红楼梦〉新评》，见吕启祥，林东海《红楼梦研究稀见资料汇编》，人民文学出版社，2001年，第51页。
5 俞平伯《〈红楼梦〉的思想性和艺术性》，见《俞平伯全集 第6卷》，花山文艺出版社，1997年，第198页。原载于《东北文学》1954年第2期。

七 论《红楼梦》抄本的方言词修订问题

成的社会百科全书","是学习官话最理想的教科书"[1]。所谓官话,就是北京话,当时谓之"京话"。曾保泉认为,"《红楼梦》是用北京话写北京事,这总是不错的","而且,《红楼梦》中的风俗、名物、地理等等都浓厚地体现了北京风味儿"[2]。

当然,也有人注意到了《红楼梦》南北语言混用的特色,如太愚指出,"《红楼梦》作者生在一个居住江南的北京人家庭里,他说的是极纯熟的北京话,却又至少懂得南方话,所以作者可以采用地道的北京话,也可以因必要加入些南方词类和语法";[3]陈熙中和侯忠义两位先生认为,"《红楼梦》中的语言,基本上是典范的北京话(以致有的语言学家在语法书中专以《红楼梦》的语言作例句),同时吸收和运用了一些方言词(其中包括吴语词汇)"[4]。

关于《红楼梦》中方言构成情况,胡文彬先生的说法颇具代表性及启发意义:

> 《红楼梦》的主体语言和语言韵味、语法结构是以北京话为中心,并吸收了广大北方地区的方言,包括个别的蒙古语词汇与满族词汇,与此同时,作者根据故事情节、人物刻画的需要,还采用了相当数量的江南语言。作者在"批阅十载,增删五次"的过程中已经对《红楼梦》中的方言进行了渐进式地修改,特别是在"去"南话方面,表现尤为突出。[5]

---

1 王利器《〈红楼梦〉是学习官话的教科书》,《红楼梦学刊》1979年第1辑。
2 曾保泉《曹雪芹与北京》,中国妇女出版社,1993年,第251页。
3 太愚《红楼梦的语言》,见吕启祥,林东海《红楼梦研究稀见资料汇编》,人民文学出版社,2001年,第1241—1242页。
4 陈熙中、侯忠义《曹雪芹的著作权不容轻易否定——就《红楼梦》中的"吴语词汇"问题与戴不凡同志商榷》,《红楼梦学刊》1979年第1辑。
5 胡文彬《〈红楼梦〉的方言构成及其演变——兼谈〈红楼梦〉方言研究与校勘中两种值得思考的倾向》,《辽东学院学报》(社科版)2009年第2期。

这里，胡先生不仅相对客观、全面、准确地描述了《红楼梦》方言构成情况，还提出了一个重要观点：《红楼梦》"作者"在"批阅""增删"的修订过程中存在明显的"'去'南话"现象，即早期抄本中已经存在删改"南话"的现象。

在尚未进入正题之前，关于方言研究有三个重要前提需要说明。

第一，方言的不确定性。有不少学者对《红楼梦》中具体方言做了许多分析。据林纲、刘晨《〈红楼梦〉方言研究二十年评述》一文的简单介绍，有湖南方言、东北方言、山东方言、江淮方言、云南方言、客家方言、宝坻方言等多种说法[1]，此外，还有吴方言、大同方言、贵州方言、青海方言、唐山方言、陕西方言、牟平方言等等，不一而足。在辨析、指认小说中的方言时，有两个不可忽视的前提：一是共同语或者官话中往往包含有不同地区的方言成分；二是受人员迁徙、语言不断融合演变等因素的影响，很多方言词汇很难判断专属某地，而且还有历史演变的问题。因此，很多地方乃至全国各地的读者都能在《红楼梦》中找到一些自己熟悉的方言词汇并不奇怪。如果仅凭少数方言词汇就说《红楼梦》具有某地地方色彩，甚至进一步推断作者属于某地人，方法上明显存在问题，结论自然不足为信。

第二，本文对南方话与北京话（北方话）的界定。关于汉语方言区的划分是一个很复杂的问题，有多种不同分法。目前学界代表性说法之一是分为十大方言区：官话区、晋语区、吴语区、徽语区、赣语区、湘语区、闽语区、粤语区、平话区、客家话区等。然后，再按大区—区—片—小片—点五个层次依次进行划分，比如，官话大区又分东北官话区、北京官话区、冀鲁官话区、胶辽官话区、中原官话区、兰银官话区、西南官话区、江淮官话区等八个区。吴语区又可分太湖片、台州片、瓯江片、婺州片、处衢片、

---

[1] 林纲、刘晨《〈红楼梦〉方言研究二十年评述》，《湖南社会科学》2011年第4期。

宣州片等六个片，其中太湖片又分毗陵小片、苏沪嘉小片、苕溪小片、杭州小片、临绍小片、甬江小片等六个小片。[1]由此可见现代汉语方言复杂性之一斑，因此，《红楼梦》中方言的细致区分几乎是一个不可能完成的任务，有鉴于此，本文将以南方话泛指包括吴语在内的南方方言，以北方话泛指包括北京话在内的北方方言。

第三，研究《红楼梦》方言，必须考虑到版本差异问题。比如说，从版本流传的角度来说，周春、张新之、韩邦庆三人所评论的对象应该均为程高本。尽管在程高本中仍然能够找到不少南方话的痕迹，但是，与早期抄本相比，程高本的北京话色彩明显要浓郁很多，这应该是张新之、韩邦庆等人做出"皆地道北京话，不杂他处方言""皆操京语"等判断的重要原因之一。如果不考虑版本演变因素，笼统地以明显程高本为依据来讨论《红楼梦》的北京方言、进而讨论曹雪芹的语言艺术，显然有失偏颇。

本文拟举例说明《红楼梦》现存抄本中的方言修改现象并就其隐含的意义做力所能及的分析。

（二）早期抄本的方言修改现象

如前所述，胡文彬先生曾指出，曹雪芹在修订过程中已经对方言进行了"渐进式修改"，呈现出"'去'南话"倾向，王稼冬先生则具体讨论了庚辰本留下的删改南方话的痕迹[2]，这些都极具启发和借鉴意义。为了表述的方便，本文暂且将《红楼梦》方言修改过程中的"去"南方话而改用北方话的现象称为"去南趋北"现象。

---

[1] 李荣《汉语方言的分区》，见《中国语言地图集》，香港朗文（远东）有限公司，1990年。
[2] 王稼冬《〈红楼梦〉吴语初探》，《红楼梦学刊》1994年第4辑。

一般认为，目前所见保存下来的《红楼梦》抄本有甲戌本、己卯本、庚辰本、列藏本、戚序本（有正本）、蒙府本、南图本、甲辰本、杨藏本（梦稿本）、舒序本（己酉本）、郑藏本、卞藏本等十二种。其中，南图本为戚序本的复制本，近年发现的卞藏本是否是早期抄本尚有争议，[1]郑藏本只有两回，材料有限，因此，这三种本子除外，本文仅以其余九种本子为考察对象。[2]

再则，方言研究应该包括词汇、语音、语调等内容，这里主要考察词汇，分析中偶及其他。

笔者在借鉴相关研究成果的基础上，从前八十回中选取一些比较典型的案例，对抄本的方言修改情况做必要的介绍和分析。考虑到抄本以庚辰本最为完整，又同时保留了底文和改文，因此，例文以庚辰本底文为准，再一一说明各本的异文情况。

首先参考王稼冬先生《〈红楼梦〉吴语初探》一文，选取10条材料如下。

---

1 沈治钧《卞藏本研究十周年回顾》，《曹雪芹研究》2017年第2期。
2 九种抄本及两种程本的版本依据分别为：（1）甲戌本，《脂砚斋甲戌抄阅再评石头记（影印本）》，上海古籍出版社，1985年；（2）己卯本，《脂砚斋重评石头记（影印己卯本）》上海古籍出版社，1981年、《脂砚斋重评石头记己卯本》影印本，国家图书馆出版社，2015年版；（3）庚辰本，《脂砚斋重评石头记（影印庚辰本）》《脂砚斋重评石头记庚辰本》影印本，国家图书馆出版社，2015年；（4）杨藏本（梦稿本），《乾隆抄本百廿回红楼梦稿（影印本）》，上海古籍出版社，1984年；（5）蒙府本，《蒙古王府本石头记（影印本）》，书目文献出版社，1987年；（6）戚序本（有正本），《戚蓼生序本石头记（影印有正大字本）》，人民文学出版社，1975年；（7）列藏本，《列藏本石头记（影印本）》，中华书局，1986年；（8）舒序本（己酉本），《舒元炜序红楼梦（影印本）》，中华书局，1987年；（9）甲辰本，《甲辰本红楼梦影印本》，书目文献出版社，1991年；（10）程甲本，《程甲本红楼梦》，清萃文书屋藏版（影印本），书目文献出版社，1992年；（11）程乙本，《程乙本红楼梦》，清萃文书屋藏版（影印本），中国书店，2011年。

七 论《红楼梦》抄本的方言词修订问题

1. 第 6 回:"回来你见了就信了"

信:庚辰、己卯两本点改为"知道";甲辰径写"知道";[1] 甲戌、杨藏、戚序、蒙府四本为"信";舒序、列藏本缺(图四十一—四十四)。【程甲、程乙为"知道",同庚辰、己卯、甲辰】

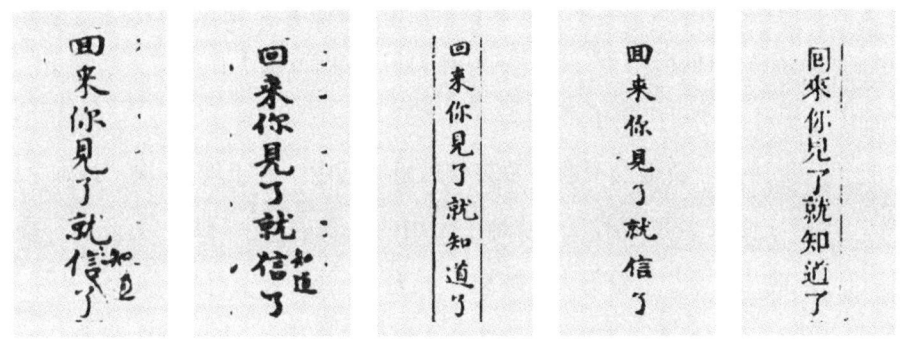

图四十 庚辰本　图四十一 己卯本　图四十二 甲辰本　图四十三 甲戌本　图四十四 程甲本

2. 第 6 回:"再歇歇中觉越发没有时间了"

中觉:庚辰、己卯两本点改为"晌觉",舒序、列藏本缺,甲戌、杨藏、甲辰、蒙府、戚序五本为"中觉"。【程甲、程乙为"中觉",同甲戌等】值得注意的是,第 50 回"我因为天短了不敢睡中觉",庚辰本与其他各本一样,仍作"中觉"。

3. 第 9 回:"哥儿听见不曾可先要揭我们的皮呢"

听见不曾(可):庚辰本点改为"听见没有(可)";己卯原文稍异,为"哥儿可听见了不曾先要揭我们的皮呢","不曾"点改为"没有";甲

---

[1] 说明:这里的"庚辰、己卯两本点改为'知道'"之"点改"意思是庚辰本保留了原文"信"字,将其标示出来,再在旁边写上"知道"两字。"甲辰径写'知道'"之"径写"意思是甲辰本此处直接写为"知道",没有修改痕迹,下文类似表述同此。在下文讨论中,庚辰、己卯存在点改情况时将分别以庚辰(底)、庚辰(改)及己卯(底)、己卯(改)本称之,以示区别。

戌缺文；杨藏、舒序、甲辰、蒙府、戚序、列藏六本为"哥儿可听见了不曾先要揭我们的皮呢"，同己卯（底）本。【程甲同杨藏等，程乙本为"哥儿可听见了先要揭我们的皮呢"，即直接删除了"不曾"两字】

4. 第21回："你也不用生气从此后我只当哑子"

只当哑子：庚辰、己卯两本点改为"只粧哑巴"；甲戌本缺文；杨藏、甲辰两本径写"只当哑了"；舒序、蒙府、戚序、列藏四本径写"只当哑子"。【程甲、程乙为"只当哑子了"】[1]

5. 第24回：贾琏与贾芸、贾芸与凤姐对话中一共出现18次"婶婶"[2]

婶婶：庚辰本底文第二个"婶"是用两点表示叠字符号，有6处将叠字符号点改为"子"，1处仍为"婶婶"，其余11处将叠字符号径改为"子"，有修改痕迹，庚辰本明显是将"婶婶"改为"婶子"，漏了一个未改。甲戌本缺文。己卯本缺凤姐与贾芸对话的一大段文字，只有在贾琏与贾芸的对话中出现两次"婶婶"，未做改动。[3] 列藏本有7个"婶子"，11个"婶娘"，即列藏本"婶子""婶娘"混用。舒序本有15处径为带叠字符号的"婶婶"，1处径为"婶娘"，即舒序本以"婶婶"为主，夹杂了个别"婶娘"。杨藏本11处径用"婶娘"、3处将"子"字涂改为"娘"、2处将"子"圈去在旁边写上"娘"，尚有一处"婶子"，当为遗漏所致，即杨藏本倾向于将"婶子"改为"婶娘"。戚序本17处径为"婶婶"。甲辰本17处径为"婶娘"。蒙府本17处径为"婶娘"。【程甲、程乙本均17处"婶娘"，同戚序本、甲辰本】

---

1 补充说明：杨藏本中的"我"字有误，类似"日也"或者"是"。
2 各版本文字略有差异，"婶婶"次数不一。
3 己卯本上海古籍出版社影印本贾琏与贾芸、凤姐与贾芸对话均缺文；此据国家图书馆出版社影印本。

6. 第 34 回：王夫人与袭人对话中袭人有 17 处自称"我"或者"我们"

我（们）：庚辰本 13 处"我"旁改为"奴才"，1 处"我"被点涂，2 处径写为"我们"，1 处"我们"被点涂。甲戌本缺文。己卯本 12 处"我"旁改为"奴才"，3 处径写为"我们"，2 处径写为"我"。其他各本均为"我（们）"。也就说，庚辰、己卯有意将"我（们）"改为"奴才（们）"，未改的"我（们）"或者被当作多余的字点涂掉，或者是遗漏未改。【程甲、程乙为"我（们）"】

7. 第 36 回："谁知有一种小虫子……咬了一口，就像蚂蚁夹的"

夹：庚辰本点改为"咬"；己卯本点改为"叮、咬"；甲戌缺文；杨藏本径为"叮"；列藏本径为"丁"；舒序本缺字；甲辰、蒙府、戚序径为"夹了"。【程甲、程乙为"叮"，同杨藏本】

8. 第 62 回："这手弄的泥乌苔滑¹的还不快洗去"

泥乌苔滑：庚辰本改为"恶脏"；甲戌、舒序两本缺文；己卯、戚序、列藏三本为"泥乌苔滑"；甲辰、蒙府两本径为"泥污苔滑"；杨藏将"乌"点改为"污"。【程甲、程乙为"泥污苔滑"，同甲辰、蒙府】

9. 第 75 回："一个专做点心的厨子"

点心：庚辰、杨藏本点改为"饽饽"；甲戌、己卯、舒本三本缺文；甲辰、蒙府、戚序、列藏四本径为"点心"。【程甲、程乙为"点心"，同甲辰等四本】

10. 第 77 回："他也装病在家不肯出头了"

出头了：庚辰本点改为"出来了"；甲戌、己卯、舒序三本缺文；杨藏、甲辰、列藏三本径为"出头了"；蒙府、戚序两本径为"出头"。【程甲、程乙为"出头了"，同甲辰等三本】

以上 10 例，庚辰本都做了点改，将原文画圈或者标示出来，在旁边

---

1 王稼冬《〈红楼梦〉吴语初探》一文误为"乌泥苔滑"。

写上替换的词。王稼冬先生将庚辰底文与点改文字进行对照之后认为，上述10例中"被改掉的都是吴语，加上的都是北方话"。¹ 这一现象值得关注。除上述10条之外，再举几例庚辰本有点改现象的例文如下：

11. 第8回："不说丫环们太小心过余还只当我素日是这等轻狂惯了呢"

太小心过余：庚辰本点改为"小心太过"；甲戌、己卯、杨藏、舒序、蒙府五本为"太小心过余"；甲辰本为"太小心"；戚序本为"太过余小心"；列藏本为"太小心过了"。【程甲、程乙为"太小心"，同甲辰】

"过余"应为"过逾"同音词。《汉语方言大词典》解释"过逾"："〈副〉太。江淮官话。江苏镇江，你～认真了。"² "太～过逾"应该是"太""过逾"两个副词连用。《二十年目睹之怪现状》第76回有云："文琴那同事，其实他也不是有心弄的，不过太过于不羁，弄出来的罢了。"这里的"太过于"用法应该与"太过余、太过逾"同。已有学者指出，包括《二十年目睹之怪现状》在内的晚清四大谴责小说"或多或少都和吴语有关，或者苏白对话，四位作者也出生于江南或者在江南长期生活。"³由此推测，"太小心过余""太过余小心"等应为吴语方言句式，"太小心"则是常用北方话句式。

12. 第16回："下姑苏割聘教习采买女孩子"

割聘：庚辰本改为"聘请"；甲戌、列藏两本为"割聘"；己卯、杨藏、蒙府、舒序四本"割"字旁改为"合"；甲辰径为"请聘"；戚序本径为"合聘"。【程甲、程乙为"请聘"，同甲辰】

陈熙中先生认为，"割聘"和"合聘"均为吴语词汇，改"割"为"合"

---

1 王稼冬《〈红楼梦〉吴语初探》，《红楼梦学刊》1994年第4辑。王先生该文主要关注庚辰本的修改情况，因此对第5条材料中的"婶婶"一词，只注意到庚辰本改"婶婶"为"婶子"，未注意其他版本的"婶娘"。"婶婶""婶子""婶娘"之间的南北方言差异，需要进一步论证。
2 许宝华、[日]宫田一郎《汉语方言大词典》，中华书局，1999年，第1856页。
3 沈骅编《江南文化十六讲》，武汉大学出版社，2017年，第151页。

更符合通常的用法,而凡改为"聘请""请聘"则是因为不明词义而妄改。[1]
王家惠列举了更多材料,进一步证明"'割聘'即'合聘'应该没有疑义",
而聘请则是一个常用北方词汇。[2]

13. 第31回:"袭人好意来劝你又括上她"

括:庚辰本改为"拉";甲戌本缺文;己卯、列藏、戚序、蒙府、舒序、
甲辰六本作"括";杨藏本为"刮括"。【程甲作"括拉",与各本异;程乙
作"刮拉"】

《汉语方言大词典》释"括":带上、伙上,是一个闽南方言。[3]程甲、
程乙所用之"刮拉"在《老北京方言俗语趣味词典》解释为:"牵扯、连
累的意思。也作'寡拉''剐拉'。明清时北京方言。"[4]周汝昌主编《红楼梦
辞典》同时解释了"刮拉"和"括":"【刮拉】北京一带方言。牵连;连累。
【例】袭人好意劝你,又刮拉上他。比较:例中'刮拉'新校本作'括'。【括】
牵连,连累。【例】袭人好意来劝,你又括上他。比较:例中'括'旧行
本作'括拉'。"[5]这里的"'括'旧行本作'括拉'"当指程甲本。查《汉语
方言词典》中有"括拉"一词的解释:"交,结交。官话。管桦《将军河》:
'你这么弄这闲白情儿,括拉上这种人?'"[6]据此解释,则"括拉"与"刮
拉"意思差别较大,或许是程乙将程甲的"括拉"改为"刮拉"的原因。
不过,事实上"刮""括"在吴语中是同音词[7],加上字形易混淆,因此,"刮

---

[1] 陈熙中《"割聘"试释——读红零札》,《文史知识》2010年第4期。
[2] 王家惠《红楼五百问》,河北教育出版社,2016年,第235—236页。
[3] 许宝华、宫田一郎《汉语方言大词典》,中华书局,1999年,第4011页。
[4] 刘延武编著《老北京方言俗语趣味词典》,群众出版社,2015年,第97页。
[5] 周汝昌主编《红楼梦辞典》,广东人民出版社,1987年,第198页。
[6] 许宝华、宫田一郎《汉语方言大词典》,中华书局,1999年,第4011页。
[7] 石汝杰《吴语字和词的研究》,上海教育出版社,2018年,第164页。

拉"与"括拉"很容易混淆。

14. 第 63 回:"你一天不挨他两句硬话蠢你,你再过不去"

蠢:庚辰本点改为"撞";甲戌、舒序两本缺文;己卯、列藏两本径为"蠢";蒙府、戚序两本径为"蠢蠢";甲辰本为"村"。【程甲、程乙为"村",同甲辰本】

现代汉语中"撞"有顶撞之意,即用强硬的话语反驳他人(多指长辈或者上级)。至于"村",在《北京话词典》中解释为"挖苦,讥讽";王家惠《红楼五百问》认为,"村"是丰润土话,是"抢白"的意思;又引张相《诗词曲语辞汇释》说明"村"为北方话常用词,意为用硬话、狠话抢白人。[1]据吴汝杰《吴语字和词的研究》,吴语中"蠢"与"村"是同音字,[2]义当亦同。

15. 第 76 回:"你不必僗嘴,我也有了,你听听"

僗嘴:庚辰本点改为"说嘴";甲戌、己卯、舒序缺;杨藏本作"唠叨";甲辰、列藏两本作"捞嘴";蒙府、戚序两本作"得意"。【程甲、程乙作"捞嘴"】

《汉语方言大词典》对"说嘴"的解释:"争辩,官话;指责批评,数说别人短处,江淮官话。"该词典对"捞嘴"的解释:"多嘴,耍嘴,官话",[3]引文即为《红楼梦》中此一例句。《北京土话中的满语》则云:"捞嘴——多嘴,现不用。"[4]意指"捞嘴"为满语词汇。

上述 5 例,庚辰底文与改文之间分别为太小心过余—小心太过、割聘—

---

[1] 王家惠《红楼五百问》,河北教育出版社,2016 年,第 1136—1137 页。
[2] 吴汝杰《吴语字和词的研究》,上海教育出版社,2018 年,第 159 页。
[3] 许宝华、宫田一郎《汉语方言大词典》,中华书局,1999 年,第 4477、4709 页。
[4] 爱新觉罗·瀛生《北京土话中的满语》,北京燕山出版社,1993 年,第 209 页。

请聘、括—拉、蠢—撞、捞嘴—说嘴,同样存在"去南趋北"现象。

除了庚辰本底文与点改文之间的比较之外,这15条材料的方言词修改还牵涉到其他抄本以及程本的问题,值得进一步分析。

(三)抄本方言修改的意义

上述15例材料中,己卯本的情况与庚辰本比较接近,同样存在点改的情况,而点改的内容与庚辰本有相同的,也有不同的。具体来说,己卯本保存或者部分保存的有12条(缺材料9、10、15)。在这12条中,与庚辰本点改文字相同的有4条(材料1、2、4、6),基本相同的有2条(材料3、7),不同的有6条(材料5、8、11、12、13、14),也就是说,在己卯本保存了原文的12条材料中,与庚辰本点改内容相同或者基本相同的合计共6条,占50%。不过,己卯本与庚辰本点改文字的墨色有所区别,己卯本是与正文不同的朱笔,庚辰本是与正文一致的墨笔。其余各本中只有杨藏本偶有点改现象,而且点改文字与庚辰本同(材料9),其余基本上均未留下修改痕迹。

接下来,笔者以上述15条材料为例,对包括庚辰本及己卯本点改文字在内的《红楼梦》抄本之方言词修改现象做适当的统计分析。

1. 庚辰本的修改痕迹为《红楼梦》版本研究提供了重要的"标记"

众所周知,在版本研究中,一些版本的特殊标记往往可以成为版本比勘的重要标记物。在上述方言修改现象中,庚辰本同时保留底文与改文这一现象,对《红楼梦》抄本研究来说就是一项具有特殊价值的标记,这一点尚未受到应有的重视。同时,己卯本有些地方亦具这一特征,杨藏本也偶尔有一些,它们可以与庚辰本参照互证。比如说,材料2"再歇歇中觉越发没有时间了"之"中觉",庚辰、己卯由"中觉"点改为"晌觉";材料4"你也不用生气从此后我只当哑子"之"只当哑子",庚辰、己卯由"只当哑子"点改为"只粧哑巴";材料6中的"我(们)"庚辰本全部点改为"奴才(们)",己卯本绝大部分点改为"奴才(们)";材料5庚辰本将17个"姊姊"点改为"姊子"、1个仍作"姊姊",杨藏本将一个"姊姊"点改为"姊子"、保留了16个"姊姊";材料9庚辰、杨藏两本将"点心"点改为"饽饽"。

关于庚辰本、己卯本等抄本上的点改者是谁,较少有人关注。陈熙中先生曾推测,材料12中己卯本将"割聘"旁改为"合聘","可能是近人陶洙据有正本所改"[1]。不过,既然己卯、杨藏、蒙府、舒序四本均将"割"字旁改为"合"、成为"合聘",甲辰、戚序两本又径为"合聘",毕竟是哪个本子最早用"合聘"、点改者为谁,恐怕还需进一步考察。

从字迹来看,庚辰的点改文字与正文似乎无明显差别,己卯以及杨藏本亦然,亦即这三个本子的点改文字很大可能是抄手所为,当然也有可能是收藏者等其他人所为。至于最初点改的原因,是出自个人的理解或喜好,还是参照其他本子,亦不得而知。尽管如此,这一现象仍然有其特殊的意义,值得重视。

假如点改文字乃抄手为之,自然与曹雪芹无关;假如点该文字乃根据抄录的底文"照样画葫芦"抄下来,有的从内容上也容易判断不大可能出自曹雪芹之手,典型如材料6中的"我(们)"庚辰、己卯两本点改为"奴才(们)"即颇能说明问题。冯其庸先生曾从避"祥"字讳和"晓"字讳这一细节着眼,证实了己卯本为怡亲王府原抄本,解决了《红楼梦》抄本问题中的一大疑案,并且通过比对进一步得出了庚辰本系据己卯本过录的

---

[1] 陈熙中《"割聘"试释——读红零札》,《文史知识》2010年第4期。

七 论《红楼梦》抄本的方言词修订问题

结论。[1] 庚辰本是否是根据己卯本过录是一个仍然存在争议的问题,不过,庚辰本与己卯本关系密切则是公认的事实。知道了己卯本出自怡亲王府这一前提,己卯本以及与之密切相关的庚辰本将袭人自称的"我(们)"改为"奴才(们)"以凸显主奴意识之内在逻辑就不言而喻了,而此等极端强化阶级秩序的用词显然与曹雪芹倡导自由平等的人道思想相悖离。再有,材料9中的"一个专做点心的厨子"中的"点心"一词,在保存了这一回文字的各抄本中,只有庚辰和杨藏两本将其点改为满洲词汇"饽饽",联系到庚辰本与满洲贵族怡王府的关系也就不稀奇了。

概言之,主要见于庚辰本偶尔也见于己卯、杨藏本中的底文与改文并存的事实可以作为重要的"标记",证明《红楼梦》早期抄本的异文有一部分很可能为抄手或者收藏者所为(与因音形近似导致的讹误不同),应非曹雪芹改笔。

2. 两种不同性质的异文应该区别对待

除了前面列举的方言词,庚辰本其他文字修改亦存在底文与改文并存的现象,比如第28回,"说着一迳往东边二门前来"之"前"字点改为"上"、"我昼悬夜想"之"悬"点改为"思"。第31回"哄的老夫人只是叫宝玉"之"夫人"点改为"太太"。第32回"或玉环金珮或鲛帕鸾绦"之"鲛"被点改为"鸳鸯","鸾绦"之间加"凤",底文中的"鲛帕鸾绦"即成了"鸳鸯帕鸾凤绦",甲戌本缺,其他各本均与庚辰本底文一致,径为"鲛帕鸾绦"。

与此类保留底文与改文的"异文"不同,另一类"异文"看不出修改痕迹,典型如第8回回目,分四种情况,一是庚辰、己卯、杨藏本一致,为"比通灵金莺微露意 探宝钗黛玉半含酸",一是甲戌、列藏、舒序本为

---

[1] 冯其庸《论庚辰本》,上海文艺出版社,1978年。

"薛宝钗小恙梨香院 贾宝玉大醉绛云轩",一是戚序、蒙府为"拦酒兴李奶母讨厌 掷茶杯贾公子生嗔",一是甲辰本为"薛宝钗巧合认通灵 贾宝玉奇缘识金锁",四种不同的异文除了蒙府本"李"字有涂抹之外,其余均无修改痕迹。这类异文才很有可能是曹雪芹"批阅""修改"过程中不断修订的文字。

因此,以庚辰本为典型代表,同时保留了底文的"点改"异文与各本直接呈现的、很可能出自曹雪芹之手的异文性质不同,在校勘和研究中应该区别对待。

在既有研究中这一点似乎少有论者关注。王稼冬先生《〈红楼梦〉吴语初探》一文指出了庚辰本点改异文的现象,颇具启发意义,不过直接将庚辰本点改异文作为早期抄本的代表,与程本进行比较分析而未能考虑点改异文的特殊性质,则有一间未达之憾。

红楼梦研究所新校本《红楼梦》(简称新校本)以庚辰本为底本,对庚辰本中的点改异文基本采取忽略的态度,而以"底稿"文字为准,是很有见地的,比如,材料4、6、8、9庚辰本的点改文字校注本并未采用。不过,新校本偶尔也会采用点改异文,比如,材料12中的"割聘"即采用了点改的"聘请",并出校注云:"从底本改文";[1] 材料15中"你不必僗嘴"之"僗嘴",校注本采用"说嘴",校注云:"'说嘴',原作'僗嘴','僗'点改为'说'。"[2] 这两处采用的都是点改文字。所以,新校本仍然存在将很可能出自抄手或者收藏者的文字径作曹雪芹原文的现象,这样做是否恰当显然有进一步讨论的空间。

---

1 中国艺术研究院红楼梦研究所校注《红楼梦》,人民文学出版社,2008年,第216页。
2 中国艺术研究院红楼梦研究所校注《红楼梦》,人民文学出版社,2008年,第1073页。

3. 抄本中的方言"去南趋北"倾向

关于《红楼梦》抄本先后顺序,迄今众说纷纭。郑庆山先生将各版本按"抄写的大致时间,排列如下:己卯本、庚辰本、甲戌本、靖藏本、郑藏本、列藏本、梦觉本、舒序本、程甲本、王府本、程乙本、杨藏本、戚沪本、戚宁本、有正本"。[1] 其中靖藏本已迷失,梦觉本即本文所称甲辰本,王府本即本文所称蒙府本。至于戚沪本、戚宁本、有正本三者关系比较复杂[2],本文未将它们分别作为一个本子来考察,亦即本文所称戚序本包含了郑庆山先生所说的戚沪本、戚宁本、有正本三个本子。

虽然郑先生所列的顺序存在争议,但是不妨备为一说,这里暂且借其说法,看看程本之前几种抄本的方言修改情况。参考郑庆山先生的说法,在本文考察的九种抄本中,在程甲本之前的有:己卯本、庚辰本、甲戌本、列藏本、甲辰本、舒序本六种。需要说明的是,庚辰、己卯存在"底本"与"改本"的区别,故分开统计:

材料序号	己卯(底)	己卯(改)	庚辰(底)	庚辰(改)	甲戌	列藏	甲辰	舒序	程甲	程乙
1	信	知道	信	知道	信	缺	知道	缺	知道	知道
2	中觉	晌觉	中觉	晌觉	中觉	缺	中觉	缺	中觉	中觉
3	不曾	没有	不曾	没有	不曾	不曾	不曾	不曾	不曾	异文
4	只当哑子	只桩哑巴	只当哑子	只桩哑巴	缺	只当哑子	只当哑子	只当哑子	只当哑子	只当哑子
5	婶婶	婶婶	婶婶	婶子	缺	婶子、婶娘混用	婶娘	婶婶	婶娘	婶娘
6	我(们)	奴才	我(们)	奴才	缺	我(们)	我(们)	我(们)	我(们)	我(们)

---

1 郑庆山《〈红楼梦〉版本源流概说》,《红楼梦学刊》1998年第4辑。
2 杜春耕《〈红楼梦〉版本概述》,见《红楼梦导读》,黑龙江教育出版社,2003年,第280—306页。

（续表）

材料序号	己卯（底）	己卯（改）	庚辰（底）	庚辰（改）	甲戌	列藏	甲辰	舒序	程甲	程乙
7	夹	叮、咬	夹	咬	缺	丁	夹了	缺	叮	叮
8	泥乌苔滑	泥乌苔滑	泥乌苔滑	恶脏	缺	泥乌苔滑	泥乌苔滑	缺	泥污苔滑	泥污苔滑
9	缺	缺	点心	饽饽	缺	点心	点心	缺	点心	点心
10	缺	缺	出头了	出来了	缺	出头了	出头了	缺	出头了	出头了
11	太小心过余	太小心过余	太小心过余	小心太过	太小心过余	太小心过了	太小心过余	太小心过余	太小心	太小心
12	割聘	合聘	割聘	聘请	割聘	割聘	请聘	合聘	请聘	请聘
13	缺	缺	括	拉	缺	括	括	缺	括拉	刮拉
14	蠢	蠢	蠢	村	缺	蠢	村	缺	村	村
15	缺	缺	僗嘴	说嘴	缺	捞嘴	捞嘴	缺	捞嘴	捞嘴

为了便于说明相关问题，我们可以对上表所列"异文"做进一步的简化：

1. 信—知道。

2. 中觉—晌觉。

3. 听见不曾—听见没有。

4. 只当哑子—只桩哑巴。

5. 婶婶—婶子

6. 我（们）—奴才们。

7. 夹—咬、叮。

8. 泥乌苔滑—恶脏。

9. 点心—饽饽。

10. 出头了—出来了。

11. 太小心过余—太过余小心、小心太过、太小心。

七 论《红楼梦》抄本的方言词修订问题

12. 割聘—聘请、合聘、请聘。
13. 括—拉、括拉、刮括。
14. 蠢—蠢蠢、村。
15. 傍嘴—说嘴、捞嘴、得意、唠叨。

如前所述,王稼冬《〈红楼梦〉吴语初探》认为,材料1—10中,相对于庚辰底文来说,被点改掉的都是吴语,加上的都是北方话;材料11—15在上文笔者已经提供相应材料证明,每一条都存在有的版本改南方词汇为北方词汇的现象,却几乎没有发现相反的、改北方词汇为南方词汇的情况,可见《红楼梦》的方言词修改明显存在"去南趋北"现象。需要强调的是,这种"去南趋北"现象不止存在于程高本与抄本之间,而且存在于抄本与抄本之间。程高本相对于早期抄本的"去南趋北"现象待另撰专文讨论,这里只强调抄本之间的"去南趋北"现象,比较典型的如:

材料1,己卯(改)、庚辰(改)、甲辰三本改"信"为"知道"。
材料2,己卯(改)、庚辰(改)两本改"中觉"为"晌觉"。
材料6,己卯(改)、庚辰(改)两本改"我(们)"为满语"奴才"。
材料9,庚辰(改)改"点心"为满洲词汇"饽饽"。
材料12,庚辰(改)改"割聘"为"聘请"、甲辰本改"割聘"为"请聘"。
材料14,庚辰(改)改蠢为"撞"、甲辰改"蠢"为"村"。

这些材料中尤其值得重视的是,材料1己卯(改)、庚辰(改)、甲辰一致,改"信"为"知道",且为程本所采纳;材料12庚辰(改)与甲辰类似,程本采纳了甲辰本的"请聘";材料14庚辰(改)改"蠢"为"撞"、甲辰改"蠢"为"村","撞"和"村"均为北方词汇,程甲本采纳了甲辰本的"村",这三条材料能够比较有力地说明:在程本之前,抄本已经存在"去南趋北"现象,而且抄本的修改有的被程本直接采纳。

4. 从方言词修改看程甲本的底本问题。

在上述15条材料中,程甲与程乙不同或者略有不同的只有两条(3、13),而且程甲与程乙之间的修改是另一个问题,这里以程甲本作为比较的对象,看看程本与早期抄本之间的关系。从这个角度上表可以进一步简化为:

材料1,程甲同己卯(改)、庚辰(改)、甲辰,列藏、舒序缺。

材料2,程甲同己卯(底)、庚辰(底)、甲戌、甲辰,列藏、舒序缺。

材料3,程甲同己卯(底)、庚辰(底)、甲戌、列藏、甲辰、舒序,甲戌缺。

材料4,程甲高度类似己卯(底)、庚辰(底)、列藏、甲辰、舒序,甲戌缺。

材料5,程甲同甲辰,甲戌缺。

材料6,程甲本同己卯(底)、庚辰(底)、列藏、甲辰、舒序,甲戌缺。

材料7,程甲本类似己卯(改)、列藏,甲戌、舒序缺。

材料8,程甲本同己卯(底)、己卯(改)、庚辰(底)、列藏、甲辰,甲戌、舒序缺。

材料9,程甲本同庚辰(底)、列藏、甲辰,己卯(底)、己卯(改)、甲戌、舒序缺。

材料10,程甲本同庚辰(底)、列藏、甲辰,己卯(底)、己卯(改)、甲戌、舒序缺。

材料11,程甲本与几种抄本均不同。

材料12,程甲本同甲辰,类似庚辰(改)。

材料13,程甲本类似庚辰(改),己卯(底)、己卯(改)、甲戌缺。

材料14,程甲本同庚辰(改)、甲辰,甲戌、舒序缺。

七　论《红楼梦》抄本的方言词修订问题

材料 15，程甲本同列藏、甲辰，类似庚辰（底），己卯（底）、己卯（改）、甲戌、舒序缺。

以实际取例计算，程甲本与各本相同及相似的条目比例为：

版本及保存材料数	己卯（底）11	己卯（改）11	庚辰（底）15	庚辰（改）15	甲戌 4	列藏 13	甲辰 15	舒序 7
同程甲本数	5	3	5	4	2	8	12	3
百分比	45.5%	27.2%	33.3%	26%	50%	61.5%	80%	42.8

从这个简单的统计中可以看出，程甲本与几种抄本的文字相同或者高度相似的比例从高至低依次为：甲辰（80%）—列藏（61.5%）—甲戌（50%）—己卯（底）（45.5%）—舒序（42.8%）—庚辰（底）（33.3%）—己卯（改）27.2%—庚辰（改）26%，即相同或者相似度最高的是甲辰本（80%），最低是庚辰点改本（26%）。

程甲本与甲辰本不同的 3 条材料情况分别为：材料 7 程甲本不取甲辰本的"夹了"，而取"叮"，应该与此处"夹"为南方词汇、"叮"为北方词汇有关。[1] 材料 11 程甲本不取甲辰本的"太小心过余"而用不见于几种抄本的"太小心"；材料 13 程甲本不取甲辰本的"括"，而用"括拉"——类似于庚辰（改）之"拉"，如前所述，"太小心过余""括"恰好都是典型的南方词汇，而"太小心""括拉"（"拉"）恰好都是比较典型的北方词汇，因此，程甲本与甲辰本不同的 3 条材料都可以看作程高本整理者有意做"去南趋北"处理的结果。

已有不少学者从不同的角度推断程甲本的底本为甲辰本，从方言修订的角度亦可以推出同样的结论，亦即方言修订现象可以为程甲本的底本为甲辰本之说提供比较有力的辅证，15 条材料中，程高本不仅有高达 12 条

---

[1] 王稼冬《〈红楼梦〉吴语初探》，《红楼梦学刊》1994 年第 4 辑。

与甲辰本同，而且如果排除己卯、庚辰点改本，则材料1、7、12、14等4条只有甲辰本与程甲本同（1、12、14）或略同（7）；此外，材料5也只有甲辰本与程甲本全部为"婶娘"，另有列藏本是"婶子""婶娘"混用，应该是修改未尽导致的结果，这样的话，材料5亦可看作只有甲辰本与程高本同，这样一来，在15条材料中，有5条是甲辰本与程高本独有的，可见甲辰本与程甲本之间的关系的确非同一般。总之，程甲本在方言词修改方面高度接近甲辰本，这一点非常值得关注。

八
论程高本"擅用"北方词汇问题

正如我们在《论〈红楼梦〉抄本的方言词修订问题》[1]一文中所指出的，早在清代，周春、张新之、韩邦庆等人均已指出，《红楼梦》具有地道的北京话色彩；现代学者佩之、俞平伯、王利器等人亦持同样观点，他们所依据的均应该是程高本。可以说，程高本在凸显《红楼梦》的北京话特色方面起到了非常关键的作用，具体说，在北方方言词汇的使用、满语词汇的使用、儿化音的使用等等多个方面，程高本都做了令人瞩目的努力。仅就方言词汇而言，程高本对《红楼梦》的"去南趋北"处理，主要表现在两个方面：一是面对早期抄本中南方方言词和北方方言词并存的情况时，"舍南取北"；二是将早期抄本中一些南方方言词擅自径改为北方方言词汇，其中有些是比较典型的京语词汇。关于前者，拙文《论〈红楼梦〉抄本的方言词修订问题》做了比较详细的讨论；本文主要讨论后者，即程高本擅自将南方方言词汇改为北方方言词汇的现象，具体又分两种情况：一是程甲本擅改，程乙本依从；二是程甲本未改，程乙本擅改，也就是说，程乙本在程甲本的基础上进一步强化了北方方言特色。

---

[1] 段江丽、黄园园《论〈红楼梦〉抄本的方言词修订问题》，《红楼梦学刊》2020年第1辑。

关于《红楼梦》现存各抄本以及程本之间的源流关系，至今众说纷纭。这里，笔者仍然采用郑庆山先生的观点，将各版本按"抄写的大致时间"排序——"己卯本、庚辰本、甲戌本、靖藏本、郑藏本、列藏本、梦觉本、舒序本、程甲本、王府本、程乙本、杨藏本、戚沪本、戚宁本、有正本"[1]，其中靖藏本已迷失，郑藏本只有两回样本意义有限，梦觉本即甲辰本，王府本即蒙府本，至于戚沪本、戚宁本、有正本三者关系比较复杂。[2]本文将它们当作一个本子来考察，称之为戚序本。因此，版本顺序可以简化为"己卯—庚辰—甲戌—列藏—甲辰—舒序—程甲—蒙府—程乙—杨藏—戚序"，也就是说，在具体的版本比对中，笔者主要以己卯、庚辰、甲戌、列藏、甲辰、舒序等六种抄本为程甲本的比较对象，同时亦提供蒙府、杨藏、戚序等后三种抄本的情况以供参考。

（一）程甲本"擅用"北方词汇的现象

笔者在对《红楼梦》早期抄本的方言词进行异文比对时发现，程甲本很可能是以甲辰本为底本。而进一步的比对发现，程甲本中一些明显属于北方方言的词汇有异于包括甲辰本在内的它之前的所有抄本，大概率属于擅自改动，典型材料如下：

---

1 郑庆山《〈红楼梦〉版本源流概说》，《红楼梦学刊》1998年第4辑。
2 杜春耕《〈红楼梦〉版本概述》，见《红楼梦导读》，黑龙江教育出版社，2003年，第280—306页。

八　论程高本"擅用"北方词汇问题

1. 第2回：他父亲又不肯回原籍来，只在都中城外和道士们<u>胡闹</u>。[1]【程甲】

己卯本、庚辰本、甲戌本、列藏本、甲辰本、舒序本等六本均为"胡羼"，程甲本改为胡闹，程乙同。【王府、杨藏、戚序亦为"胡羼"】

《说文·羊部》："羼，羊相厕也。"本意指羊杂处在一起，引申为掺杂。南朝梁陈间吴郡吴（今江苏苏州）人顾野王所编《玉篇·羊部》中云："羼，初苋切，羊相厕也，相出前也"，同《说文》；与顾野王同时的梁朝建康（今江苏南京）人颜之推《颜氏家训·书证》云："典籍错乱……皆有后人所羼，非本文也"，此处用"羼"之引申义，指掺杂，可见在梁朝时南京话中即以"羼"指掺杂、混乱。今人林伦伦《潮汕方言历时研究》解释"羼队"一词云："羼队，相厕，争前；如：'人人在排队，你怎呢来羼队（人人都在排队，你为什么要插队呢）？'"[2] 另，四川《泸州市志》中收录"羼"有两种意思"胡缠，如别羼了；讨厌，如羼胡子。"[3] 前一种含义与"掺杂"接近。

---

[1] 本文所用《红楼梦》版本依据分别为：（1）甲戌本，《脂砚斋甲戌抄阅再评石头记（影印本）》，上海古籍出版社，1985年；（2）己卯本，《脂砚斋重评石头记（影印己卯本）》上海古籍出版社，1981年，《脂砚斋重评石头记己卯本》影印，国家图书馆出版社，2015年；（3）庚辰本，《脂砚斋重评石头记（影印庚辰本）》《脂砚斋重评石头记庚辰本》影印，国家图书馆出版社，2015年；（4）杨藏本（梦稿本），《乾隆抄本百廿回红楼梦稿（影印本）》，上海古籍出版社，1984年；（5）蒙府本，《蒙古王府本石头记（影印本）》，书目文献出版社，1987年；（6）戚序本（有正本），《戚蓼生序本石头记（影印有正大字本）》，人民文学出版社，1975年；（7）列藏本，《列藏本石头记（影印本）》，中华书局，1986年；（8）舒序本（己酉本），《舒元炜序红楼梦（影印本）》，中华书局，1987年；（9）甲辰本，《甲辰本红楼梦影印本》，书目文献出版社，1991年；（10）程甲本，《程甲本红楼梦》，清萃文书屋藏版（影印本），书目文献出版社，1992年；（11）程乙本，《程乙本红楼梦》，清萃文书屋藏版（影印本），中国书店，2011年。特殊情况另做说明。
[2] 林伦伦《潮汕方言历时研究》，暨南大学出版社，2015年，第231—232页。
[3] 游瑞林总编，泸州市地方志编纂委员会编纂，《泸州市志》，方志出版社，1998年，第1296页。

由此可见，南朝时期南京话中已有以"屦"指掺杂、混乱的用法，至今潮汕、泸州等南方话中依然保留了这一词汇。

而程甲本所改用的"胡闹"则是一个典型的北方词汇，清代被公认为京语小说代表作的《儿女英雄传》第三回中有云："这么大远的，你可不许胡闹！"[1]《现代汉语辞海》解释"胡闹"："〈动〉做事不合道理，无理取闹。"[2]《红楼梦辞典》直接将"胡屦"解释为"胡闹；胡乱搅在一起"。[3]

在这条例文里程甲本径自将南方方言词"胡屦"改成了北方词汇"胡闹"。

2. 第13回：却说宝玉因近日林黛玉回去，剩得自己落单。【程甲】

己卯本、庚辰本、甲戌本、列藏本、甲辰本、舒序本均为"孤恓"，程甲本改为"落单"，程乙本同。【王府、杨藏、戚序亦为"孤恓"】

《红楼梦辞典》解释"孤恓"为"孤独寂寞"。[4] 在古汉语中"恓"与"栖"是异体字，如《学生古汉语词典》云："【恓恓】同'栖栖'，忙碌不安貌"；[5]《古代汉语词典》云："【恓惶】同'栖遑'，匆忙不安"。[6] 此外，在吴语同音字表中"妻凄栖蛆趋"同音。[7] 由此可知"孤凄""孤栖""孤恓"在古代方言中是通用的。《汉语方言大词典》释"孤凄"为："〈形〉孤苦凄凉。中原官话。河南郑州。苏兆连《杨大娥入院》，'自从你嫁到俺家后，撇下她老人家受～。'吴语。江苏海门、启东。"[8] 吴歌中有明昆山人叶盛《水东

---

1 （清）文康著，泽润点校《儿女英雄传》，凤凰出版社，2008年，第3回。
2 倪文杰、张卫国、冀小军主编《现代汉语辞海》，人民中国出版社，1994年，第389页。
3 周汝昌《红楼梦辞典》，广东人民出版社，1987年，第232页。
4 周汝昌《红楼梦辞典》，广东人民出版社，1987年，第193页。
5 卢元《学生古汉语词典》，上海辞书出版社，1988年，第462页。
6 祝鸿熹《古代汉语词典》，四川辞书出版社，2000年，第566页。
7 石汝杰《吴语字和词的研究》，上海教育出版社，2018年，第144页。
8 许宝华、宫田一郎《汉语方言大词典》，中华书局，1999年，第3770页。

八 论程高本"擅用"北方词汇问题

日记》记录："南山脚下鹁鸪啼,见说亲爷娶晚妻。爷娶晚妻爷心喜,前娘儿女好孤凄!"[1]明冯梦龙《醒世恒言·李玉英狱中讼冤》："那老妪见她哭的苦楚,亦觉孤恓。"[2]明范受益、王錂《寻亲记·诳妻》："这都是我儿夫相连累,你凄凉便是我的孤恓。"[3]冯梦龙是南直隶苏州府长洲县(今江苏省苏州市)人,范受益是明吴县(今江苏苏州)人,他们应该都习惯用吴语。上述材料证明,"孤恓"是一个常用的南方词汇。

而程甲本所改用的"落单"则是一个北方词汇。《汉语方言大词典》中解释"落单"为:"〈动〉离开众人,只剩独自一个。北京官话。"[4]陈刚《北京方言词典》有"落单儿"一词,解释为"失群。|人家都走了,他就~了。"[5]由此可知,"落单"是一个北京方言词。

在这条例文里程甲本径自将南方方言词"孤恓"改成了北方词汇"落单"。

3. 第16回:"嬷嬷很嚼不动那个,倒没的<u>硌了他的牙</u>。"【程甲】

己卯、庚辰、甲戌、列藏、舒序五本均为"矼了他的牙",甲辰本为"吃了他的牙",显然误抄。程高本改为"硌了他的牙",程乙本同。【王府、杨藏、戚序亦为"矼了他的牙"】

胡文彬先生曾指出:"'矼'字为南方话,甲辰本改为'没的到吃了他的牙',程甲、程乙本改为'咯了他的牙'。'咯了'是典型的北方话。"[6]"矼"

---

[1] 过伟《吴歌研究》,古吴轩出版社,2011年,第182页。
[2] (明)冯梦龙《醒世恒言》,天津古籍出版社,2004年,第405页。
[3] 毛晋编《六十种曲》第1册《寻亲记》,中华书局,1958年。
[4] 许宝华、宫田一郎《汉语方言大词典》,中华书局,1999年,第5937页。
[5] 陈刚《北京方言词典》,商务印书馆,1985年,第159页。
[6] 胡文彬《〈红楼梦〉的方言构成及其演变——兼谈《红楼梦》方言研究与校勘中两种值得思考的倾向》,《辽东学院学报》(社科版)2009年第2期。胡先生文中"咯"为"硌"之误。——引者注

在《汉语方言大词典》中解释为："〈动〉牙齿或身体被硬东西硌了。江淮官话。"[1] 该词典引用的例句正是上述《红楼梦》第16回这条引文。《红楼梦辞典》解释"硌"字："触着凸起的东西觉得不舒服或受到损伤。"[2] 例文除了第16回这一条之外，还有第97回："黛玉那里坐得住，下身自觉硌的疼，狠命地撑着。"《北京土话》中收录了"硌"字："音个，坐卧处不平，曰'硌得慌'。《红楼梦》第六回有'没的硌了他的牙'。"[3] 可见，"矼"字为南方方言，"硌"字为北方方言。程甲本径自将南方方言词"矼"改成了北方方言词"硌"。

4. 第49回：如今香菱正满心满意只想作诗，又不敢十分<u>啰唣</u>宝钗，可巧来了个史湘云。【程甲】

己卯、甲戌、舒序本缺，庚辰、列藏、甲辰本为"罗唣"，程甲本改为"啰唣"，程乙本同。【王府、戚序本亦为"罗唣"；杨藏本为"啰唣"，同程本】

《汉语方言大词典》解释"罗唣"："纠缠不清，吵闹寻事；麻烦他人。吴语。江苏苏州。《喻世明言·宋四公大闹禁魂张》：'见众人～，吃了一惊，正不知什么缘故。'浙江定海。《定海县志》：'俗谓琐屑不晓事曰噜苏，亦作～。'茅盾《动摇》：'农民们都对者她们看，很嚷嚷的议论着，有几个还走到她们面前～。'"[4] 吴连生编著的《吴方言词典》亦收录了此词。[5]

《汉语方言大词典》中有："【啰啰唣唣】〈形〉啰唣。北京官话。北京。

---

[1] 许宝华、宫田一郎《汉语方言大词典》，中华书局，1999年，第1023—1024页。
[2] 周汝昌《红楼梦辞典》，广东人民出版社，1987年，第184页。
[3] 齐如山《北京土话》，北京燕山出版社，1991年，第96页。
[4] 许宝华、宫田一郎《汉语方言大词典》，中华书局，1999年，第5424页。
[5] 吴连生《吴方言词典》，汉语大词典出版社 .1995年，第285页。

明沈榜《苑署杂记·民风二·方言》:'答不结绝曰~'。"[1] 可见,啰唆即啰啰唆唆,为北京官话用语。

程甲本径自将南方词汇"罗唣"改成了北方词汇"啰唆"。

5. (1) 第51回:我那里就害瘟病了,<u>生怕招了人</u>!(2) 第52回:不叫他在这屋里,怕<u>过</u>了病气。【程甲】

(1) 甲戌、己卯、舒序本缺,庚辰、列藏、甲辰本为"只怕过了人",程甲本改为"生怕招了人",程乙本同。【蒙府、杨藏、戚序本亦为"过"了人,杨藏本"过"字旁改为"招"】

(2) 甲戌、己卯、舒序本缺,其他六种抄本及程甲、程乙均为"过"。《红楼梦辞典》同时对"过"和"招"都做了解释:

【过】江浙一带方言。传染疾病。[例一]我那里就害瘟病了。只怕过了人!(五十一/717)[例二]不叫他在这屋里,怕过了病气;(五十一/730) 比较:例中"过"旧行本作"招"。[2]

【招】北京一带方言。传染。[例]我那里就害瘟病了?生怕招了人!我离了这里,看你们这一辈子都别头疼脑热的!(五十一/641)比较:例中"招"新校本作"过"。[3]

《红楼梦辞典》引文中所说"旧行本"指人民文学出版社1959年11月版《红楼梦》,底本为程乙本;新校本指人民文学出版社1982年3月版,前八十回底本为庚辰本,后四十回底本为程甲本。[4] 需要指出的是,第二

---

[1] 许宝华、宫田一郎《汉语方言大词典》,中华书局,1999年,第5424页。
[2] 周汝昌《红楼梦辞典》,广东人民出版社,1987年,第210页。
[3] 周汝昌《红楼梦辞典》,广东人民出版社,1987年,第770页。
[4] 周汝昌《红楼梦辞典》"凡例",广东人民出版社,1987年,第19页。

条引文见于《红楼梦》52回,《红楼梦辞典》错标为51回。《红楼梦辞典》在解释"过"字时,取例于新校本,所以例文中保留了南方方言词"过";在解释"招"字时,取例于旧行本,所以例文中保留了北方方言词"招"。

在上述第51回这条引文中,程甲本径自将江浙一带方言词汇"过"改为北京一带方言词汇"招",第52回这条引文中同样意义的"过"程本则未加改动,仍保留了南方方言词。

6. 第73回:"这痴丫头,又得了个什么爱巴物儿这么欢喜?拿来我瞧瞧。"【程甲】

己卯、甲戌、舒序本缺,甲辰本为"狗不识",庚辰、列藏本为"狗不识儿",程甲本改为"爱巴物儿",程乙本同。【蒙府、杨藏、戚序本亦为"狗不识儿",杨藏本旁改为"爱巴物儿"】

关于"狗不识儿",《红楼梦辞典》解释为:"稀罕物儿,挖苦别人见识少,不曾见过这东西,故称'狗不识儿'"。[1]《汉语方言大词典》中解释:"〈名〉不易辨别的东西,江淮官话。吴世昌注:'不易认得东西,骂人的话'。"[2]

关于"爱巴物儿",《汉语方言大词典》解释:"〈名〉可爱的东西。官话。"[3]根据该词典"凡例"的说明,这里的"官话"当指"元代以后以至现当代普通话基础方言区文学作品中的方言词语"中"无明确的现代方言点可归靠"的词语。[4]不过,吕长鸣《红楼梦里的北京土话》则明确将"爱巴物儿"作为"北京土话"收录,解释为:"自己特别喜欢的物件。……该

---

[1] 周汝昌《红楼梦辞典》,广东人民出版社,1987年,第190页。
[2] 许宝华、宫田一郎《汉语方言大词典》,中华书局,1999年,第3496页。
[3] 许宝华、宫田一郎《汉语方言大词典》,中华书局,1999年,第4979页。
[4] 许宝华、宫田一郎《汉语方言大词典》"凡例",中华书局,1999年,。

词现在仍为此意，但使用较少了。例：这队毛绒玩具你千万不能扔了，这是她的爱巴物儿。"[1]

以上六例，均是程甲本将早期抄本中的南方方言词汇擅改为北方方言词汇，其中，"爱巴物儿"还是比较地道的北京土话；程乙本与程甲本同。

（二）程乙本"擅改"北方词汇的现象

在擅用北方方言词这一点上，相较于程甲本，程乙本有进一步强化的趋势，典型材料如下。

7. 第10回：贾蓉听毕话，方出来叫人<u>抓药</u>去煎给秦氏吃。【程乙】

己卯、甲戌本缺，程甲本与甲辰、舒序、庚辰、列藏同，为"打药"，程乙本改为"抓药"。【杨藏、蒙府、戚序亦为"打药"】

《汉语方言大词典》解释"打药"："〈动〉抓药；买中药。（一）东北官话。东北'已经派人去打药了，也该回来了。'（二）冀鲁官话。山东济南、寿光。（三）江淮官话。江苏扬州、东台'你就照药方子去打药。'江苏南通。《红楼梦》第十回：'贾蓉听毕话，方出来叫人打药去煎给秦氏吃。'"[2] 可见包括东北、冀鲁、江淮等在内的多地方言用"打药"。

《河北方言词汇编》中有"抓药"一词，解释为："急用时说。（唐：山、乐）取中药均称抓药。（石：石、滦、正）"，也就是说在河北唐山地区的唐山、乐亭以及石家庄地区的石家庄、栾城[3]、正定等地方称取中药为"抓

---

1 吕长鸣《红楼梦里的北京土话》，中国书籍出版社，2011年，第4页。
2 许宝华、宫田一郎《汉语方言大词典》，中华书局，1999年，第1023—1024页。
3《河北方言词汇编》中的"石：石、滦、正"之"滦"疑为"栾"之误，根据该书所附"简称对照表"，石家庄地区所辖之地名并无含"滦"字，只有"栾城"；另承德地区有"滦平"县、唐山地区有"滦县"。

药";¹《现代汉语常用词表》亦收录了"抓药"一词;²而京味小说代表作家老舍有一篇小说名字就叫"抓药"³,可见在河北一些地区尤其是北京话中不说"打药"而说"抓药"。

程乙本擅自将《红楼梦》原文中的"打药"改为北京话"抓药"。

8. 第14回:每日在里头单管亲友来往倒茶,别的事不用他们管。【程乙】

甲戌、列藏、舒序本为"人来客往";程甲本与己卯、庚辰、甲辰本一样,为"人客来往",程乙本改为"亲友来往"。【杨藏为"人来客往",蒙府、戚序为"人客来往"】

《红楼梦辞典》中解释"人客":"江浙一带方言。客人。"⁴《汉语方言大词典》中也将"人客"解释为"客人(泛指来往的亲友)",并且指出,广泛见于西南官话、闽语、徽语、吴语、湘语、赣语、客家语之中。⁵晁继周《语文词典论集》则强调指出"'人客'是吴语词,客人的意思。"⁶"亲友"则是常用的京语词汇,在《儿女英雄传》中可谓俯拾皆是,如:"又有几家亲友子弟,因他的学问高深,都送文章请他批评改正,一天却也没些空闲"(第1回);"等我把头场的诗文抄出来,好预备着亲友们要看"(第1回);"诸事安排已毕,这老爷、太太辞过亲友,拜别祠堂"(第2回);"少刻,又有那些亲友们来看,人来人往,乱了半天"(第3回);"但是亲友本家家里我也见过许多的少年闺秀"(第4回),等等。

---

1 李行健《河北方言词汇编》,商务印书馆,1995年,第469页。
2《现代汉语常用词表》,商务印书馆,2008年,第141页。
3 老舍《抓药》,见《老舍全集》第8卷,人民文学出版社,1999年。
4 周汝昌《红楼梦辞典》,广东人民出版社,1987年,第494页。
5 许宝华、宫田一郎《汉语方言大词典》,中华书局,1999年,第127页。
6 晁继周《语文词典论集》,商务印书馆,2005年,第371页。

八 论程高本"擅用"北方词汇问题

程乙本擅自将《红楼梦》原文中的南方词汇"人客"改为京语词汇"亲友"。

9. 第18回：才他老子拘了他这半天，让他<u>松泛</u>一会子罢。【程乙】

甲戌、舒序缺，程甲本与己卯、甲辰、庚辰、列藏一样，为"开心"；程乙本改为"松泛"。【杨藏、蒙府、戚序本亦为"开心"】

"松泛"是一个典型的北京方言词。北京市方志馆编著的《京郊方言》有收录"松泛"，解释为："舒服；舒坦。如：这几天浑身难受，吃了点药才~点儿！"[1]《北京话语汇》中有："松泛"轻松舒适的意思。例如："脱了一件衣服，身上才松泛了一点儿。"又如："车上人一少了，就显着松泛了。"[2]

10.（1）第26回：你出去就好了，只管这么<u>委琐</u>，越发心里腻烦了；（2）第33回：既出来了，全无一点慷慨挥洒谈吐，仍是<u>委委琐琐</u>。【程乙】

（1）己卯本缺，程甲与庚辰、列藏、甲辰、舒序一样为"葳蕤"，有的程乙本也为"葳蕤"，笔者所见北京师范大学图书馆藏乾隆五十七年壬子（1792）萃文书屋活字本《新镌全部绣像红楼梦》（程乙本）为"委琐"。[3]

---

1 北京市方志馆编著《京郊方言》，中国书店，2015年，第38页。
2 金受申《北京话语汇》，商务印书馆，1961年，第156页。
3 关于该条引文，笔者所查中国书店2011年影印程乙本、日本仓石武四郎旧藏《程乙本红楼梦》（日本东京大学东洋文化研究所官网电子扫描版）均为"葳蕤"；北师大图书馆藏程乙本为"委琐"。张俊、沈治钧《新批校注红楼梦》（商务印书馆2011年版）以北师大图书馆藏程乙本为底本，为"委琐"；另有文化艺术出版社"名家导读古典名著系列"之《红楼梦》（2014年版），未说明底本依据，该条亦为"委琐"，很有可能是以北师大藏程乙本或者其他某与北师大藏程本类似的程乙本为底本。诸如此类程乙本之间的异文值得进一步关注。补充说明：(1) 仓石藏本虽然标示为程乙本，但是学界多认为该本为程甲程乙混合本。参见陈传坤：《现存八种〈红楼梦〉重印活字本刍议》，《文学与文化》2013年第3期。（2）中国书店影印本原本为荣华堂店主1947年购藏，后转售于来熏阁，现藏于中国书店，2011年影印出版，题名《程乙本红楼梦》。该本与陈其泰评本、杜春耕藏本之间存在很多异文，有可能是抽换活字造成的异植字现象。参见王丽敏《中国书店购藏程乙本〈红楼梦〉考辨》，《河南教育学院学报》（哲社版）2015年第1期。

【杨藏、蒙府、戚序本亦为"葳蕤"】

（2）甲戌本缺，程甲与己卯、庚辰、列藏、甲辰、舒序一样为"葳葳蕤蕤"，程乙本改为"委委琐琐"。【蒙府、杨藏、戚序本为"葳葳蕤蕤"，杨藏本旁改为"委委琐琐"】

《明清吴语词典》解释"葳蕤"：

〈形〉萎靡不振。写了个帖，又无一个人跟随，自家袖了，葳葳蕤蕤，走到州里衙门上来递。（《拍案惊奇》22卷）主人未出来，先叫门馆先生出来陪着，只见一个人葳葳蕤蕤踱将出来。（《二刻拍案》惊奇22卷）跟跄好像丧家狗，葳蕤端似雨淋鸡。（《生绡剪》13回）又作"葳㽔"。亦有反言者,神气不振曰"葳㽔"（本荣盛意）。（《重修靖江县志5卷》）又作"萎蕤"。少精采曰萎蕤。（《光绪黎里续志1卷》）¹

凌濛初为浙江湖州人，"二拍"语言保留了明显的湖州方言特点。²《生绡剪》全称《花幔楼批评写图小说生绡剪》，为明末清初多人所作短篇小说集，共19回，回次下标明作者，共有谷口生、篱隐君等15人，均为化名，其中第13回名"杨树根头开竹花 毒蛇泥马是冤家"，作者为"有砚斋"。苗壮先生根据各篇故事发生地点即主人公籍贯等材料推测，"大体可以断定,《生绡剪》的作者群基本上都是江浙人"³。其语言自然具有江浙方言特色，而靖江隶属江苏泰州、黎里隶属江苏苏州吴江。所以,《明清吴语词典》所引各条例文的确可以证明，"葳蕤"是明清时期一个典型的吴语词。

---

1 石汝杰、宫田一郎《明清吴语词典》，上海辞书出版社，2005年，第628页。
2 凌培、钱嘉猷《〈二拍〉中湖州方言词语汇释》，《方言》1989年第4期。
3 苗壮《〈生绡剪〉述考》，《明清小说研究》1988年第3期。

八 论程高本"擅用"北方词汇问题

《汉语方言大词典》解释"葳蕤":

> 吴语。江苏昆山。清乾隆十五年《昆山新阳合志》:"神气不振曰~。"江苏靖江。《史记司马相如传》:"纷纶~。"唐闻马贞索引胡广曰"~,委顿也。"《红楼梦》:"袭人道:你出去就好了,只管这么~,越发心里腻烦了。"[1]

这里,直接将《红楼梦》抄本第26回"你出去就好了,只管这么葳蕤,越发心里腻烦了"作为吴语的证据。

总之,"葳蕤""葳葳蕤蕤"是典型的吴语词,而"委琐"则是一个北方词汇,《陕西方言大词典》解释"委委琐琐":"形容人有气无力或没有精神。"[2] 在现代汉语中有"琐碎""容止鄙俗""委顿、萎靡不振"等多种含义,而据吕长鸣《红楼梦里的北京土话》说,北京话中的"委琐"是指"精神萎靡不振,躺着或坐着不愿意活动的意思",至今仍有此用法,如:"你别总在家里委琐着,没事儿出去遛遛。"[3]

有的程乙本将吴语"葳蕤""葳葳蕤蕤"径改为"委琐""委委琐琐"。

11. 第33回:一面说,一面打开<u>绢子</u>,将戒指递与袭人。【程乙】

甲戌缺,列藏本为"手帕",程甲与己卯、庚辰、甲辰、舒序一样,为"手帕子",程乙本改为"绢子"。【蒙府、杨藏、戚序本为"手帕子",杨藏本旁改为"绢子"】

《红楼梦辞典》解释"绢子"为:"北京一带方言。手帕。[例]一面说,

---

[1] 许宝华、宫田一郎《汉语方言大词典》,中华书局,1999年,第5922页。
[2] 熊贞主编《陕西方言大词典》,陕西人民出版社,2015年,第443页。
[3] 吕长鸣《红楼梦里的北京土话》,中国书籍出版社,2011年,第330页。

一面打开绢子,将戒指递与袭人。(三十二/385)比较:例中'绢子'新校本作'手帕子'"[1]《汉语方言大词典》解释"手帕"为:"〈名〉毛巾。西南官话。湖北宜昌。"[2]《江苏语言资源资料汇编》有收录此词。[3]《海上花列传》第3回有"耐末晓得啥差勿多。阳台浪晾来哚一块手帕子搭我拿得来。"[4]晁继周《语文词典论集》曾指出:"'手帕子',吴语,高鹗改为北京方言词'绢子'了。"[5]

程乙本将吴语"手帕"(手帕子)径自改为北京方言词"绢子"。

综上,第1—6条材料显示,程甲本擅自将早期抄本中的一些南方词汇修改为北京词汇,程乙本全部保留了程甲本修改的内容;第7—11条材料显示,程乙本进一步将一些南方词汇擅改为包括北京土话在内的北方词汇。这种"擅用"北方方言词的现象所隐含的意义值得进一步探讨。

(三) 程高本"擅用"北方词汇现象平议

为了更清楚地说明问题,笔者将上述11条材料共12条例文的基本信息列表如下:

---

1 周汝昌《红楼梦辞典》,广东人民出版社,1987年,第313页。
2 许宝华,宫田一郎《汉语方言大词典》,中华书局,1999年,第811页。
3 《江苏语言资源资料汇编》编委会编,《江苏语言资源资料汇编 第7册 连云港卷》,凤凰出版社,2015年,第169页。
4 (清)韩邦庆《海上花列传》,安徽文艺出版社,2005年,第20页。
5 晁继周《语文词典论集》,商务印书馆,2005年,第371页。

八 论程高本"擅用"北方词汇问题

序号	版本									
	己卯本	庚辰本	列藏本	甲戌本	舒序本	程甲本	蒙府本	程乙·中	程乙·北	杨藏本原文	杨藏本旁改	戚序本
1	胡羼	胡羼	胡羼	胡羼	胡闹	胡闹	胡闹	胡闹	胡羼	—	胡羼
2	孤恓	孤恓	孤恓	孤恓	孤恓	落单	落单	落单	孤恓	—	孤恓
3	矼	矼	矼	矼	吃	矼	硌	硌	矼	—	矼
4	缺	罗唣	缺	罗唣	罗唣	缺	啰唆	啰唆	啰唆	—	罗唣
5	缺	过	缺	过	缺	招	过	招	招	过	招
6	缺	狗不识	缺	狗不识	缺	爱巴物儿	狗不识儿	爱巴物儿	爱巴物儿	爱巴物儿	爱巴物儿
7	缺	打药	缺	打药	打药	打药	打药	抓药	抓药	—	打药
8	人客来往	人客来往	人客来往	人客来往	人客来往	人客来往	人客来往	亲友来往	亲友来往	—	人客来往
9	开心	开心	缺	开心	缺	开心	开心	松泛	松泛	—	开心
10	（1）缺	葳蕤	葳蕤	葳蕤	葳蕤	葳蕤	葳蕤	委琐	葳蕤	—	葳蕤
	（2）葳葳蕤蕤	葳葳蕤蕤	缺	葳葳蕤蕤	葳葳蕤蕤	葳葳蕤蕤	葳葳蕤蕤	委委琐琐	委委琐琐	委委琐琐	葳葳蕤蕤

(续表)

序号	版本									
	己卯本	庚辰本	甲戌本	列藏本	甲辰本	舒序本	程甲本	蒙府本	程乙·中	程乙·北	杨藏本原文	杨藏本旁改	戚序本
11	手帕子	手帕子	缺	手帕子	手帕	手帕子	手帕子	手帕子	绢子	绢子	绢子	绢子	手帕子

综合来看，在11条材料所提供的12条例文（其中第10条材料有两条例文）中，擅改南方词汇为北方词汇的情况程甲本有6条（第1—6条）；中国书店影印程乙本有11条，北师大图书馆藏程乙本有12条；[1] 抄本中，仅杨藏本有4条旁改北方词汇，其余均保留了南方词汇。据此，我们可以对程高本"擅用"北方词汇的现象所隐含的意义展开讨论，至少包含如下几个方面。

1. 程高本"擅用"北方方言词汇，从而在一定程度上淡化了《红楼梦》的吴语色彩而增加了京语色彩。

程伟元、高鹗《红楼梦引言》（程乙本）说："书中前八十回抄本，各家互异；今广集核勘，准情酌理，补遗订讹。"在没有证据证伪的前提下，笔者认为这话是可信的。面对"各家互异"的不同抄本，在南方词汇与北方词汇并存的情况下，程甲本往往选择以甲辰本为代表的北方词汇，而不取南方词汇[2]，表现出了明确的"去南趋北"倾向；更有甚者，对早期抄本

---

[1] 现存程乙本之间的异文现象比较复杂，为免枝蔓，本文仅指出中国书店本与北师大本所存在的相关异文现象，在具体讨论中将程乙本作为一个本子对待。
[2] 段江丽、黄园园《论〈红楼梦〉抄本的方言词修订问题》，《红楼梦学刊》2020年第1辑。

八　论程高本"擅用"北方词汇问题

中一些比较典型的南方方言尤其是吴语词汇，程甲本在毫无版本依据的前提下，径自将其修改为比较典型的北方词汇，包括一些比较典型的北京土语。程乙本几乎保留了程甲本所有"去南趋北"的处理结果，并将更多的南方词汇擅改为北方词汇或者北京土语，从而在一定程度上个淡化了《红楼梦》的吴语色彩而增加了京语色彩。除了上述案例之外，还有其他一些词语的修改亦是强有力的辅证，典型如"越性"一词的使用。据统计，吴语词"越性"[1]在各抄本中出现次数分别为己卯15、庚辰35、甲戌3、列藏16、甲辰2、舒序7、蒙府20、杨藏7、戚序19；到了程甲本只剩1处，实乃漏网之鱼；到了程乙本则踪迹全无了，各抄本中的"越性"在程本中根据上下文分别被改为索性、爽性、越发、一发等北方词汇。[2]

2. 程高本"擅用"北方方言词这一现象从一个侧面证明，就前八十回而言，抄本与刻本基本上属于泾渭分明的两个系统；而且，从版本源流来说，至少杨藏本在程本之后之说可以成立。

上述随机抽查的12条例文，在现存具代表性的9种抄本中，按郑庆山的排序，无论是在程甲本之前的己卯、庚辰、甲戌、列藏、甲辰、舒序等6种本子，还是在程甲之后程乙之前的蒙府本，还是在程乙之后杨藏（原文）、戚序本，没有缺文的情况，居然无一例外，全部保留了南方词汇，这一现象说明，即使蒙府、杨藏、戚序在程本之后，除了杨藏本有4处旁改之外，其余各条均未受程本改文的影响。这一现象在一定程度上说明，抄本与刻本属于泾渭分明的两个系统。虽然例文有限，但是12条例文高度一致应非偶然，至少值得版本源流研究者高度重视。

---

1 陈熙中《"越性"考源》，见氏著《红楼求真录》，北京大学出版社，2016年，第53—55页。
2 陈熙中《说"越性"——兼评程前脂后说》，见氏著《红楼求真录》，北京大学出版社，2016年，第43—52页。

而杨藏本同时保留了底文和改文的材料，尤其是第6、10、11条例文则强有力证明了杨藏本肯定在程乙本之后，因为其旁改的这4处文字只见于程乙本。

3. 从"擅用"北方方言词这一现象看，程高本的主要整理者是高鹗。

自胡适在《考证〈红楼梦〉的新材料》与《〈红楼梦〉考证》（改定稿）等[1]文章中提出程伟元为"普通书商"、程本乃"伪书牟利"等说法之后，程伟元以及程本在《红楼梦》刊刻传播史上的巨大贡献在很长一段时间内都没有得到应有的肯定。"文雷"（胡文彬与周雷）《程伟元与红楼梦》[2]的长文较早关注到这一不合理现象，以历年所搜集到的有关资料为程伟元"正名"，逐渐引起学界关注。

之后的30多年间，胡文彬先生持续跟踪程伟元研究，于2011年出版《历史的光影——程伟元与〈红楼梦〉》一书，提供了大量的第一手材料，并对程伟元在《红楼梦》版本史上的贡献做了客观公允的评价。[3]

笔者认为，在评价程伟元与高鹗的红学贡献时还有一个问题值得进一步讨论，那就是版本搜罗之功与程本整理之功应该区别对待。综合程甲本程伟元"红楼梦序"、高鹗"红楼梦序"以及程乙本程伟元与高鹗联名的"红楼梦引言"可知，毫无疑问，版本搜罗、购藏完全仰赖程伟元，高鹗只是应程伟元"分任之"之邀而"欣然""襄其役"，以"付剞劂"。[4]至于具体整理过程，程伟元说："乃同友人细加厘剔，截长补短，抄成全部，复为

---

[1] 胡适两文均见《胡适红楼梦研究论述全编》，上海古籍出版社，1988年。
[2] 文雷《程伟元与红楼梦》，《文物》1976年第10期。
[3] 胡文彬《历史的光影——程伟元与〈红楼梦〉》，时代作家出版社，2011年；《历史的光影——程伟元与〈红楼梦〉》（增订本），中国文史出版社，2020年。
[4] 高鹗《红楼梦序》（程甲本），见朱一玄《红楼梦资料汇编》，南开大学出版社，2001年，第45页。

八　论程高本"擅用"北方词汇问题

镌板，以公同好，《红楼梦》全书始至是告成矣。"[1]据此，则"细加厘剔，截长补短，抄成全部"的整理工作应该是程伟元"同友人"高鹗一起完成的。具体如何分工？或者说，谁负主要责任？整理之功主要应该归于谁？似乎文献不足征，也较少有人关注。而本文所讨论的程本"擅用"北方方言词这一现象，或许可以为这一问题提供参考线索。

程高本"擅用"北方方言词的原因之一应该是整理者对原文中的某些南方方言词感到费解，比如对"越性"一词的修改即是典型。而另一方面，则又需要对北方方言尤其是北京土话比较熟悉。

根据胡文彬先生的研究，程伟元于1745年出生于江苏苏州府长洲县，自小在家乡读书，或于1771年参加乡试，或于1772年26岁时离开家乡长洲与友人李葇一起赴京参加壬辰科考试，落第，此后直至1791年，多数时间客居北京。[2]

高鹗为内务府镶黄旗汉军人，生卒年约为1763—1816年，祖籍奉天（今辽宁）铁岭[3]，"清兵入关后，流寓北京"[4]，乾隆六十年（1795）进士，历任内阁中书、内阁典籍、内阁侍读、江西道监察御史、掌江南道监察御史、署工科给事中、刑科给事中等官职。[5]也就是说，高鹗应该是土生土长的北

---

1 程伟元《红楼梦序》（程甲本），见朱一玄《红楼梦资料汇编》，南开大学出版社，2001年，第45页。
2 胡文彬《程伟元生平年表》，见《历史的光影——程伟元与〈红楼梦〉》（增订本），中国文史出版社，2020年，第251—257页。
3 张书才《高鹗生卒年考实》，《文献》1989年第4期。一说高鹗旗籍为镶黄旗满洲。参见蒋金星《高鹗籍贯新考》，《清史研究》2003年第4期。
4 胡邦炜《张问陶与高鹗有误姻亲关系》，《文史杂志》1999年第3期。这里所说的"清兵入关后，流寓北京"应该是指其祖上自清军入关后即流寓北京，而非独指高鹗本人。——引者注
5 张书才《有关高鹗的几件档案史料》，《历史档案》1985年第4期。

京人，在中进士走上仕途之前，一直生活于北京。

从程伟元、高鹗两人的籍贯及生活经历来看，对包括吴语在内的南方方言陌生有时甚至不解而对包括北京土话在内的北方方言非常熟悉的自然是高鹗而非程伟元。因此，从"擅用"北方方言词这一点来看，负责"细加厘剔，截长补短"的文字修订工作的应该是高鹗而非程伟元，至少高鹗是主要负责者。如果结合程本尤其是后四十回明显增加了满语词汇并大量运用儿化音等现象来考虑，这一推论当更有说服力。关于《红楼梦》满语词汇以及儿化音使用情况当另撰文讨论，此处不赘。

程高本的整理出版对于《红楼梦》的传播来说具有无法估量的意义，程伟元、高鹗在红学史上居功至伟，如果要进一步细分的话，笔者认为，程伟元作为版本搜集、购藏者以及主事者，自然功不可没；但是，具体文字整理工作则很可能是由高鹗完成的，至少主要是由高鹗承担的。

4. 程高本"擅用"北方方言词这一现象有时损害了原文的韵味乃至丰富的审美内涵。

包括早期抄本在内，《红楼梦》各版本的异文向来是个很复杂的问题，各抄本上的异文出自谁手、如何评价是个问题；如何评价程高本的修订又是一个问题。就程高本对抄本的修订来说，纠正一些明显的错讹固然可取，但是，"擅改"原文所带来的后果则未必可取，至少应该一分为二加以分析。以"擅用"北方方言词汇这一点来说，增加了京味色彩，客观上更有利于传播，可以说是正面影响。但是，方言词的替换有如不同语言之间的翻译，有时会有损于"原语言"的韵味乃至丰富内涵。例如：

材料1："他父亲又不肯回原籍来，只在都中城外和道士们胡羼／胡闹"（第2回）

"胡羼—胡闹"，南方方言中的"胡羼"固然有"胡闹"的意思，可是

八 论程高本"擅用"北方词汇问题

还有"杂处""胡乱搅在一起"的意思；北方方言"胡闹"则主要指无理取闹。贾敬抛弃家国责任，整天在道观中与道士们一起，烧丹炼汞、妄求飞升成仙，用"胡羼"非常形象，用"胡闹"则难免有隔靴搔痒之感，新校本注释为"鬼混"语感上比较接近"胡羼"。

材料2："却说宝玉因近日林黛玉回去，剩得自己孤恓／落单"（第13回）

自黛玉进贾府之后，与宝玉同行同坐、同止同息、似漆如胶、形影不离。黛玉回扬州之后，宝玉感到孤独寂寞、烦恼不安，"孤恓"一词用来形容这种情形非常形容准确，主要指向人物的情绪、心境；"落单"意为"离开众人，只剩下独自一个"，只要指向一种事实。而事实是，虽然黛玉回南方了，宝玉身边依然是珠环翠绕、姐妹丫鬟成群，只是他因为心爱的人不在身边，"不和人玩耍"而已。所以，"孤恓"改为"落单"之后，情窦初开的小恋人那种朦朦胧胧的相思情味就荡然无存了。

材料6："这痴丫头，又得了个什么狗不识儿／爱巴物儿这么欢喜？拿来我瞧瞧。"（第73回）

傻大姐在大观园捡到五彩绣香囊，傻笑着边走边看，被邢夫人撞见了，于是有问。南方方言中的"狗不识儿"指不易辨别、辨认的东西，有挖苦之意；北京土话中的"爱巴物儿"则指可爱、喜欢的东西，有喜悦、欣赏的语感。此处用含挖苦、嘲笑之意的"狗不识儿"不但陈述了傻大姐捡到了她不认识的物件这一事实，还体现了邢夫人刻薄、傻大姐痴傻的性格特征，可谓一箭双雕，非常贴切，尤其是"又"字，有强调傻大姐日常对很多事物都"不识"的意味，更显挖苦之意；换作"爱巴物儿"之后，就只剩下傻大姐"喜欢"所捡到的物件这一层意味了，而且整句话体现出来的欢愉善意的语感也与邢夫人阴鸷刻薄的性格不相符合。而且，下文还有傻大姐笑嘻嘻的答语："太太真个说的巧，真个是狗不识／爱巴物儿呢。"傻大姐既不知道是何物，正要拿去给贾母看，却说是"可爱、喜欢的东西"，也不合情理；说是"狗不识"，一则说明她不认识，再则"笑嘻嘻"回答对方带着嘲笑的提问，更显其痴憨之态。庚辰本在傻大姐答语后有批语云："妙，寓言也。大凡知此交媾之情者，真狗畜之说耳。非肆言恶詈。凡识此事者，即狗矣。然则云与贾母看，则先骂贾母矣。此处邢夫人亦看，然则又骂邢夫人乎？故作者又难。"批者以"狗不识"为"寓言"，认为是作者借以"骂"贾母和邢夫人，自然有过度阐释之嫌。但是，捕捉到了这一词汇所包含的贬义；而且，进一步认为"狗不识"的反义是"狗识"因此有"詈骂""识"者之寓意，也就是说，邢夫人嘲笑傻大姐"不识"，傻大姐无意中以"狗识"反讽了邢夫人，可谓妙趣横生。文学作品的审美价值正在于这种多维感知、阐释的空间与可能性，换作"爱巴物儿"之后其内涵就变得单一表浅了。

　　程高本对于《红楼梦》传播的意义怎么评价都不过分，抛开后四十回作者问题不论，仅就前八十回而言，程高本相对于早期抄本来说存在大量异文是一个不争的事实，其中就包含了本文所说的整理者"擅改"的内容。如何评价程高本的价值，大可见仁见智，但是如果不做细致的异文比对、不分"异文"的来源，简单地将一百二十回本《红楼梦》当作一个整体，而且全部视作曹雪芹原作，进而主观地断定程乙本是"最完善的本子"，显然是有悖事实和逻辑的，——至少有一点可以肯定，程本经过整理者修订乃至"擅改"之后，与曹雪芹原作面貌已经有了相当的距离。这些修订乃至擅改的内容，需要一分为二地分析，从"理校"的角度，修订了一些明显的字词错讹；"京味"色彩的加强，有利于《红楼梦》的传播与接受，这些都是值得肯定的。一些"擅改"，损害了原文的情韵与审美内涵，无疑是一种莫大的遗憾。

九

《红楼梦》前八十回中的北京人文景物原型考述

叶嘉莹先生在给周汝昌先生《芳园筑向帝城西：恭王府与〈红楼梦〉》一书所撰序言中写道："王国维先生曾经说过，有'造境'，有'写境'，所有的'造境'也都有写实的依据，所有的实境也都有理想的意味存在其间，所以'造境'之中也有'写境'，'写境'之中也有'造境'，所以他说大诗人写实之作必邻于理想，大诗人的理想之作也必然有现实的依据……"[1]《红楼梦》创造了一个诗性的世界，实境往往蕴含着独特的意蕴，且其中一些景物描写与北京有着千丝万缕的联系，对此有必要做适当的考述分析。

需要说明的是：第一，本文所说"北京景物"指《红楼梦》中以实名出现的北京景物，不包括大观园等纯以文学虚构方式命名的景物，因此，大观园原型之类的论题不在本文讨论范围之内，只是在讨论《红楼梦》故事地点时略加涉及；第二，学界主流观点认为《红楼梦》后四十回或为他人续作，抑或有曹雪芹的部分原稿，但是经过他人整理加工，本文讨论仅限前八十回。

---

[1] 周汝昌《芳园筑向帝城西：恭王府与〈红楼梦〉》，漓江出版社，2007年，第20页。

（一）关于《红楼梦》的故事地点

在讨论《红楼梦》中的北京景物原型问题之前，需要对《红楼梦》的主要故事地点做一简单介绍。

《红楼梦》中明确写到甄士隐家住姑苏（今苏州），所以，作为全书的主题象征，甄士隐一家小荣枯的故事发生地点是苏州；黛玉、香菱、芳官、龄官等人籍贯也都是苏州；林黛玉父亲林如海仕宦之地在维扬（今扬州）；贾府旧宅在金陵（今南京）；甄宝玉一家亦生活在金陵，所以，苏州、扬州、南京等无疑都是《红楼梦》的故事地点。不过，它们都是次要故事地点，至于小说中心内容贾府盛衰故事发生地则存在争议，主要牵涉大观园的原型问题。

关于大观园原型，主要有南京随园说和北京恭王府说。最早提出大观园原型乃随园的，是明义，他与曹雪芹是同时代人，而且很可能有交往。明义在《题红楼梦》组诗二十首之序中说："曹子雪芹出所撰《红楼梦》一部，备记风月繁华之盛。盖其先人为江宁织府，其所谓大观园者，即今随园故址。惜其书未传，世鲜知者，余见其钞本焉。"此外，明义在《和随园自寿诗韵十首》之一中又说："随园旧址即红楼，粉腻脂香梦未休"，并自注"新出《红楼梦》一书，或指随园故址"。[1] 袁枚亦在《随园诗话》中云："……其子雪芹撰红楼梦一部，备记风月繁华之盛。明我斋读而羡之。中有所谓文（大）观园者，即余之随园也。"[2] 随园曾为袁枚所有，随园遗址位于今南京市广州路南京大学与南京师范大学之间。明义和袁枚的说法查

---

1 参见一粟《古典文学研究资料汇编·红楼梦卷》，中华书局，1963年，第11、12页。
2 参见一粟《古典文学研究资料汇编·红楼梦卷》，中华书局，1963年，第13页。

九 《红楼梦》前八十回中的北京人文景物原型考述

无实据,却影响甚广,同时也受到许多质疑。[1]

周汝昌先生是坚定的随园否定派,主张大观园原型乃恭王府。恭王府位于北京城西北方,在地安门什刹海以西。《红楼梦》中宝钗有诗云"芳园筑向帝城西,华日祥云笼罩奇",故有人在北京城西各个旧王府邸中寻找,遂有了恭王府乃大观园原型一说。早在1938年,古建筑史学家单士元先生在《恭王府沿革考略》一文中,通过考证恭王府的历史沿革,否定了恭王府之说。[2]不过,1962年,单士元先生面对前来请益的吴柳,又修改了看法,认为"恭王府是大观园遗址,完全有可能";吴柳经过实地考察,撰写了《京华何处大观园》一文,极力证实恭王府即大观园原型。[3]周汝昌先生1953年在《红楼梦新证》中已"疑心"恭王府为大观园原型[4],1976年在《红楼梦新证》增订后再版中补充说明,自己是按小说中所写,又比照《乾隆京城全图》,推断大观园乃恭王府。[5]之后,又撰写了论文《芳园筑向帝城西》以及专著《恭王府与红楼梦》《恭王府考》,从诸多方面全面考证,论定恭王府即大观园。[6]在吴柳、周汝昌等人的论文及著作影响之下,相对于南京随园说,北京恭王府说占了绝对优势。

关于大观园的原型,笔者赞同卞孝萱先生的说法:"'大观园'不是反

---

[1] 王人恩《大观园的原型究竟在哪里——对红学史的一个检讨》,《中国古代小说戏剧研究丛刊》2006年第4辑。
[2] 单士元《恭王府沿革考略》,《辅仁学志》第7卷第2期,1938年12月。转引自顾平旦编《大观园》,文化艺术出版社,1981年,第363页。
[3] 吴柳《京华何处大观园》,《文汇报》1962年4月29日。转引自顾平旦编《大观园》,文化艺术出版社,1981年,第327页。
[4] 周汝昌《红楼梦新证》,1953年版。转引自顾平旦编《大观园》,文化艺术出版社,1981年,第169页。
[5] 赵冈《红楼梦新探》,转引自顾平旦编《大观园》,文化艺术出版社,1981年,第247页。
[6] 周汝昌《红楼梦新证》,人民文学出版社,1976年,第150页。

映某一个具体的园林，而是当时南北园林优点的综合，比具体的园林，更典型、更理想。"[1]因此，从大观园原型探讨《红楼梦》故事地点意义不大。

至于《红楼梦》中主要故事地点，俞平伯先生曾从小说中所涉及的地点、叙述情景（包括房屋建设、植物种植）等内证以及曹家踪迹、雪芹生平等外围研究出发，推断《红楼梦》所记的事应当发生在北京，却掺杂了许多回忆想象的成分，所以有很多江南的风光。[2]

胡文彬先生对俞先生的说法做了进一步的补充。他从开篇第一回贾雨村与甄士隐对话所提到的"神京路远""大比""春闱"中推测出"神京"即是北京，而非南京；又从小说中涉及的庙宇、街巷、地名等方面说明曹雪芹、《红楼梦》与北京之间有千丝万缕的联系。[3]和俞平伯先生一样，胡先生也不认为《红楼梦》所描写的一切都属于北京，而是"地名亦古亦今、亦南亦北、亦中亦外，但仔细考察一下可知，其中大多数地名与北京的关系最为密切"。[4]也就是说，《红楼梦》中主要的故事场景是建立在现实的北京城基础上而又融合了多种地域特色的"北京"。

在此前提下，我们讨论《红楼梦》中北京人文景物的原型，并非要落实具体的景物到底是属于北京还是北京之外的其他地方，只是为了强调，曹雪芹在创作中，有可能借鉴、参考了哪些北京人文景物。

《红楼梦》前八十回中涉及的"实名"人文景物有很多，大致分类可分为：宗教建筑、街巷、宫殿和住宅园林四类。宗教建筑有：葫芦庙（第一回）、智通寺（第二回）、铁槛寺（十二回、十五回）、水月庵（七回、

---

1 卞孝萱《大观园即随园说辟谬——从随园历史说到新发现的〈随园图〉》，《扬州师院学报》1978年第1、2期合刊。
2 俞平伯《红楼梦研究》，复旦大学出版社，2004年，第133页。
3 胡文彬《红楼梦与北京》，陕西人民出版社，2008年，第84页。
4 胡文彬《红楼梦与北京》，陕西人民出版社，2008年，第86页。

九 《红楼梦》前八十回中的北京人文景物原型考述

十五回、七十七回）、玉皇庙（二十三回）、清虚观（二十九回）、栊翠庵（四十一回、五十回、七十六回）、水仙庵（四十三回）、地藏庵（七十一回、七十七回）、天齐庙（八十回）；街巷有：十里街（第一回）、仁清巷（第一回）、廊下（二十三回）、兴隆街（三十二回）、关厢（四十七回）、鼓楼西大街（五十七回）、小花枝巷（六十四回）；宫殿包括：赤瑕宫（第一回）、阿房宫（第四回）、大明宫（十三回）、临境殿（十六回）、偏宫（五十八回）、广寒宫（七十六回）；住宅园林主要是宁荣二府和大观园。

在上述人文景物中，我们选取几个有代表性的、学界认为与北京相关的实名景物进行考述，包括水月庵、清虚观、天齐庙为代表的宗教建筑；以廊下、鼓楼西大街、小花枝巷为代表的街巷和以天香楼为代表的住宅园林建筑。这一研究的意义在于，可以为《红楼梦》文学地理学研究提供参考。

（二）前八十回中"北京"的宗教建筑原型

1. 水月庵

水月庵在前八十回中出现了三次，一次是第七回："周瑞家的听了，便往这边屋里来。只见惜春正同水月庵的小姑子智能儿两个一处玩耍呢……"[1]一次是第十五回："凤姐嫌不方便，因而早遣人来和馒头庵的姑子静虚说了，腾出几间房子来作下处。——原来这馒头庵就是水月庵，因他庙里做的馒头好，就起了这个浑号，离铁槛寺不远。"还有一次是第七十七回："从此芳官跟了水月庵的智通，蕊官藕官二人跟了地藏庵的圆心，各

---

[1] 曹雪芹著，无名氏续《红楼梦》，人民出版社，2008年。（本文所有《红楼梦》中相关文献皆出于此，下同，不再标注。）

自出家去了。"关于水月庵的原型有两种说法：一说是在南京，一说是在北京。笔者查阅相关资料发现，以"水月庵"命名的寺庙几乎遍及全国各地，但从作者的人生经历来看，北京或者南京的水月庵最有可能是曹雪芹"借来"一用的原型。到底哪一处可能性更大呢？下面简要地分析一下。

吴新雷先生、严中先生和王永泉先生是"主南派"的代表。吴新雷和严中认为水月庵位于今南京珠江路太平桥南附近，综合他二人的论述如下：（1）据康熙五十年（1711年）七月初四日，曹寅给康熙的奏折云："菩提子织造局内所种四粒，已出一颗，树权叶色相同，惟叶下有刺，少异于众。万寿庵、水月庵两处所种，亦俱于六月内各出一颗，与扬州香阜寺所生无异。"吴先生考证菩提子是康熙赏赐给曹家并种植于曹家家庙——水月庵，按照《同治上江两县志》所标示，这个水月庵就在南京太平桥附近，而《红楼梦》中的水月庵正好也是贾府的家庙。[1]（2）严中先生引用袁枚的《随园诗话补遗》和清末陈作霖的《东城志略·山志》中的相关记载，来证明现实中的水月庵在时间上符合曹雪芹的生活时代，又根据胡祥翰的《金陵胜迹志》中记载："正觉寺，初名水月庵，在太平桥南"，印证了《同治上江两县志》上的图示。[2]

以上观点尚有存疑的地方：首先，康熙赏赐的菩提子对曹家来说是极其珍贵的，故种植于家庙无可厚非，我们因此有理由相信奏折中的"水月庵"就是曹家的家庙，但书中的水月庵是不是贾府的家庙还有待商榷。在第十五回和水月庵同时出现的铁槛寺，有直接的文本可以证明是贾府的家庙：

---

[1] 吴新雷《曹雪芹家庙万寿庵遗址的新发现——附考水月庵遗址》，《红楼梦学刊》1991年第4辑。
[2] 严中《红楼梦与南京》，河海大学出版社，2013年，第104页。

九 《红楼梦》前八十回中的北京人文景物原型考述

> 原来这铁槛寺原是宁荣二公当日修造,现今还是有香火地亩布施,以备京中老了人口,在此便宜寄放。

铁槛寺由宁荣二公修造,有香火田地的布施,还承担着暂厝族中灵柩的重要任务;而且按常理,铁槛寺一定只是服务于本族,绝不会暂厝他族棺椁,所以必是家庙无疑了。

可是细读文本,并无水月庵是贾府家庙的确切信息。书中只提到该庵受贾府的"月例香供银子"供奉,所谓"月例香供银子"就是施主按月给各寺庙道观供奉神佛的香火银。古代人们给寺庙供奉香火银是常有的事,贾家按月给予水月庵一定的香火费也只是大户人家区别于普通老百姓供奉神灵的一种特殊方式,并不足以证明水月庵归贾府掌管。再有,第十四回秦可卿出殡时作者写道:"一时只见宁府大殡浩浩荡荡、压地银山一般从北而至。"可知队伍是往南走,而太平桥南的水月庵却在江宁织造府的北边。况且,书中的水月庵是在郊外,而太平桥南的水月庵却在城内。[1]因此,吴、严两位先生的说法值得商榷。

王永泉先生认为"水月庵"的原型应在南京西南郊区的月庵村内。通过实地考察并参考方志内的相关记载,得出此为书中之原型。[2]因此,笔者特意去国家图书馆查看了《南京市雨花台区地名志》,在"江东乡、上新河镇地名图"中找到了相关记载:

> 月庵村:……明代中期,村中建有水月庵,香火盛极一时,后庵

---

[1] 王永泉《水月庵新探》,《明清小说研究》1994年第2期。
[2] 王永泉《水月庵新探》,《明清小说研究》1994年第2期。

遭火焚，重建后又被洪水淹没，现已无存。[1]

据王先生在1987年的实地考察记录，该庵在60多年前（20世纪20年代左右）就已被洪水淹没，也就是说，至少在1917年前该庵是存在的。但何时遭受的火灾，何时重建都无从得知。所以，笔者不能确定曹雪芹时代是否真的有此庵。

退一步来讲，即便是真有此庵，在信息交流不发达的年代，曹雪芹作为一个生活在侯门深宅的贵公子，而且少年或者孩童时代即已离开南京，能否对一个郊外小村庄中的小庵印象深刻、长大之后写入作品，也是问题。[2]所以，王永泉先生的观点也值得怀疑。

对于以上三位学者的观点，在没有新证据出现之前，笔者不能轻易地认定水月庵的原型就是在南京。下面再看看"主北"派的观点。

"主北派"的胡文彬先生认为《红楼梦》里写到的水月庵可能是南京那个水月庵，但更可能指北京城内的水月庵"。[3]通过对北京城多处水月庵的考察，胡先生根据《日下旧闻考》中的相关记载，发现位于静明园绣壁诗态之北的水月庵在方位上较符合于《红楼梦》中的描写。不过，从特征上来看，位于东四北五条的水月庵，传说旧有做馒头处，也与书中的描写

---

1 雨花台区地名委员会编纂《南京市雨花台区地名志》，1992年，第185页。
2 注：曹家于雍正五年（1727年）十二月二十四日被抄，第二年全家迁往北京。根据学界目前对曹雪芹生年的两种主要看法来推算，如果按照生于康熙五十四年（1715年）来算，他在南京生活了12年；若按生于雍正二年（1723年）来算，在南京只短短生活了4年。所以，曹雪芹对于府门以外世界的了解应该是极少的。
3 胡文彬《无为有处有还无——〈红楼梦〉里地名的研究》，《贵阳师专学报》（社科版）1987年第2期。

九 《红楼梦》前八十回中的北京人文景物原型考述

相符。[1]

《日下旧闻考》始修于乾隆三十八年(1773),成书于乾隆四十七年(1782),在时间上距离曹雪芹生活的时代较近,故可信度较高。但东四北五条的水月庵旧有做馒头处,只是一个传说,无法证实其真实性。如果有的话,是在曹雪芹之前就有?还是后世好事者读了《红楼梦》之后强加上去的?笔者不得而知。

经过以上梳理,笔者暂时不能肯定水月庵的原型在南京,也不能在北京找到一个与《红楼梦》中"水月庵"完全相对应的实体,但是,相对于在南京的短暂童年,长达30多年的北京生涯一定更容易进入《红楼梦》的创作。所以,从现有资料来看,笔者更倾向于胡文彬先生在《红楼梦与北京》一书中的结论:

> 我在查对了这些水月庵(寺)之后,觉得哪个都像书中的,又觉得都有不像的理由。所以,我倒认为曹雪芹生活在北京,哪个水月庵都有可能见过,只不过取其名而用之罢了。[2]

也就是说,《红楼梦》中水月庵的原型是北京多处水月庵的复合体,抑或有南京水月庵的影子,但后者可能性很小。

《红楼梦》中的水月庵到底承担着何种"角色"呢?首先我们可以肯定水月庵绝不仅仅只是一所为贾府祈福禳灾的普通寺庙。第七回中周瑞家的送宫花,遇到正和惜春玩耍的智能儿,当着她的面调侃净虚是"秃歪剌";

---

[1] 胡文彬《无为有处有还无——〈红楼梦〉里地名的研究》,《贵阳师专学报》(社科版)1987年第2期。
[2] 胡文彬《红楼梦与北京》,陕西人民出版社,2008年版,第87—88页。

第十五回更是提道："那智能儿自幼在荣府走动，无人不识，因常与宝玉秦钟顽笑。"可见贾府上至主子下至仆人与水月庵往来频繁，即便是王熙凤，也问净虚："你们师徒怎么这些日子也不往我们那里去？"言外之意就是平时常常往来。

可是与贾府这样一个"诗礼簪缨之族"关系密切的寺庙却不是清净之所。智能儿和秦钟关系暧昧，净虚帮人包揽官司。荒唐的是这样的寺庙竟然享受着贾府的月例供养，为贾府祈福消灾。曹雪芹如此安排具有极大的反讽意味。

除此之外，如果说凤姐"治家呈威"的第一次正面描写是第十三回"秦可卿死封龙禁尉，王熙凤协理宁国府"，那么在水月庵私揽诉讼便是对其"谋财贪利"形象的首次刻画，亦是敛财之始，"自此凤姐胆识愈壮，以后有了这样的事，便恣意的作为起来，也不消多记。"由此，我们可以窥探王熙凤这一人物形象性格的微妙变化。

再有，书中写道："……不想如今后辈人口繁盛，其中贫富不一，或性情参商：有那家业艰难安分的，便住在这里了；有那尚排场有钱势的，只说这里不方便，一定另外或村庄或尼庵寻个下处，为事毕宴退之所。即今秦氏之丧，族中诸人皆权在铁槛寺下榻；独有凤姐嫌不方便，因而早遣人来和馒头庵的姑子净虚说了，腾出两间房子来作下处。"凤姐作为本次葬礼的主办人竟然也不愿意住在铁槛寺，这与她本身"尚排场有钱势"有关，也是作者为了引出水月庵而用的巧笔。

2. 清虚观

清虚观出现在二十九回，贾府初一日阖府打醮一节。和水月庵一样，清虚观的原型也分为"主南"和"主北"两派。

"主南"派的严中先生认为《红楼梦》中的清虚观就是南京雨花台的

九 《红楼梦》前八十回中的北京人文景物原型考述

曹寅祠,其论证思路是:首先,曹寅祠是祭祀曹雪芹祖父曹寅的,而清虚观的张道长又是荣国公出家的替身,很难说二者之间没有关联。再,据乾隆十一年袁枚监修的《江宁新志》卷十"祠祀志"载:"曹公祠在雨花台,祀织造曹公寅,康熙间建。"以此来说明时间点上的契合。还有,多年后"金陵尚衣副使"陈坦园在其所著《如我谈》中称赞曹公祠:"每至花时,游人雅赏而来,如入清虚之府。"这一材料正好暗合"清虚观"之名。[1] 以上分析的确可谓有理有据,但严先生疏忽了一点,陈坦园以"清虚之府"喻曹公祠,只是他的主观感受,并不能证明是曹雪芹的感受。且据袁卿武先生考察,陈坦园生于嘉庆十七年,任"金陵尚衣副使"是道光二十五年,距离曹雪芹生活的时代少说也近80年了。[2] 这么多年间沧桑变化,曹公祠是否还是当年的原貌谁人可知?所以,不能用后世的感受去迎合曹雪芹当年对曹公祠的认知。再说,曹公祠是因何而建?严先生在其著作中亦有分析:

> 又据《嘉庆江宁府志》卷十五中云:"江宁机房,昔有限制。机户不得逾百张,张纳税当五十金,织造批准注册给文凭,然后敢毁。此抑兼并之良法也。国朝康熙间,尚衣监曹公深恤民隐,机户公吁奏免额税,公曰:'此事吾能任之,但奏免易,他日思复则难,慎勿悔也。'于是得旨求免,机户感颂。遂祀公于雨花冈,此织造曹公祠所由建也。"[3]

显然是众机户为了表示对曹寅的感恩而建此祠,而《红楼梦》中的张

---

[1] 严中《红楼梦与南京》,河海大学出版社,2013年,第109页。
[2] 袁卿武《新发现的曹雪芹诗词抄本》,《西北大学学报》(哲学社会科学版)1994年第4期。
[3] 严中《红楼梦与南京》,河海大学出版社,2013年,第109页。

道长是一个趋炎附势的反面人物，是曹雪芹嘲讽的对象。曹雪芹怎么会把祭祀祖父的祠庙化作自己抨击对象的道观呢？何况，一个是具有儒家文化的祠堂，另一个是道家宗教场所，性质完全不相同。所以，严先生的观点仍然值得商榷。

"主北"派的胡文彬先生根据《增订北京指南》《顺天府志》和《宸垣识略》中的记载，发现鼓楼西大街路西曾有一座清虚观。不过，《红楼梦》里的"清虚观"在城外，因此胡先生认为可能也是仅用其名而已。[1] 据李希凡和冯其庸主编的《红楼梦大辞典》引明代沈榜《宛署杂记》卷十九《观·城内》中云："清虚观，景泰二年(1451)供应库大使李宗施宅建，敕赐今名。礼部尚书胡濙记。"可知，清虚观明代已有。又据考证发现：

> 六十年代初，此观还保存得比较完整，两道山门，四个院落，两座大殿等都有迹可寻。而今，清虚观所在的胡同已改名清秀巷，但附近的老北京人，还习惯称作清虚观。[2]

就像前面论述水月庵一样，曹雪芹在北京居住多年，先是住在城内，后又搬到西山，足迹踏遍城内城外，创作时极有可能顺手把城内景观的名字"张冠李戴"到小说中城外的建筑上。所以，从目前的研究成果来看，笔者也认为曹雪芹只是借用了北京清虚观的名字而已，以南京曹寅祠为原型的说法值得商榷。

"清虚"是清净虚无的意思。《汉书·艺文志》之《诸子略》"小序"云："……然后知秉要执本，清虚以自守，卑弱以自持，此君人南面之术

---

[1] 胡文彬《红楼梦与北京》，陕西人民出版社，2008年，第88页。
[2] 李希凡、冯其庸《红楼梦大辞典》，文化艺术出版社，1990年，第820页。

也。"¹阮籍《首阳山赋》云："且清虚以守神兮,岂慷慨而言之。"²蒲松龄在《聊斋志异·莲香》中写道："次夜,果出刀圭药啖生。顷刻,洞下三两行,觉脏腑清虚,精神顿爽。"³在黄老原论中,"清虚"意味着清净虚无、清高淡泊的精神境界。但是《红楼梦》中的张道人,却有违这一信仰:一见宝玉便一把抱住,除了嘴上称赞,还声情并茂地"说着两眼流下泪来",可见其人之机巧;拿三五十件"珠串宝贯""玉琢金镂"的玉器敬奉贾母,可见其人之庸俗。

清虚观打醮本为祈求平安,作者却描绘了几个与平安相悖的细节:先是出发时聒噪混乱的场面,然后小道士撞到凤姐怀里而挨打,贾蓉被贾珍呵斥,最后张道长给宝玉提亲引发了"宝黛"相遇以来最激烈的一次矛盾。由此,我们能窥视到几个问题:(1)贾府看似是一个等级严森、主仆有序的名门贵族,实际上对仆人缺乏管教,以至于"贾母等已经坐轿去了多远"丫头们还在"叽叽呱呱,说笑不停";(2)贾府主子不仅施威于外人,家庭亲子教育亦存在缺陷;(3)"宝黛爱情"的最大阻碍是大观园外的现实社会;(4)本回写"打醮"却对宗教仪式和流程只字未提,可见作者并不相信神秘的宗教能挽救贾府的命运。

3. 天齐庙

天齐庙的原型应该也在北京。有两种说法:一说天齐庙就是今天朝阳门外的东岳庙,理由如下:(1)《红楼梦》原文说道,宝玉看见庙中的狰狞鬼神感到害怕,不敢近前。东岳庙中的鬼神塑像也同样狰狞凶恶;(2)

---

1 (汉)班固《汉书》第六册,中华书局,1962年,第1732页。
2 陈伯君校注《阮籍集校注》,中华书局,1987年,第27页。
3 (清)蒲松龄著,张友鹤辑校《聊斋志异(会校会注会评本)》,上海古籍出版社,2011年,第223页。

唐代曾封东岳泰山为"天齐王"[1]。另一说是城西曾经确有一座天齐庙。《红楼梦大辞典》中引明代沈榜《宛署杂记》卷十七《民风一·朝东岳》云:"城西有古庙,祀东岳神。规制宏广,神像华丽。"[2]

胡文彬先生在《红楼梦与北京》一书中引《北平游览指南》"御果园及桃园"条下记载:

(董四墓桃园)……每年值桃花之际,桃红遍野,红紫缤纷,直如世上桃园。当时城中王公大人届时呼车唤马,联翩而至该地观赏桃花,以为乐事。该地有天齐庙一座,庙后墙地每年中秋节,必由民众共同发起演唱谢秋戏一天,以谢花神。[3]

笔者无法确定城西的东岳庙是否就是董四墓附近的天齐庙,但可以肯定的是城西有一座与书中描写相类似的庙宇。董四墓在西郊红山口,宝玉和两三个老嬷嬷也是"坐车出西城门外天齐庙来烧香还愿",而作者曹雪芹又多年居住于西郊,很有可能来过天齐庙。天齐庙有可能是曹雪芹借用了城西的地理位置和庙名,再糅合了城东庙中的狰狞神像而创造出的庙宇。

天齐庙的"当家"道长王一贴坦白地告诉贾宝玉,他的药是假的。靠卖假药射利还敢毫无忌惮地坦白,从反面来看,可见当时社会对宗教的世俗化和功利化已经持比较宽容的态度。王道长甚至还说:"……我有真药,我还吃了作神仙呢,有真的,跑到这里来混?""跑到这里来混"显然是指"寄生"于贾府,可见王道长、张道长以及净虚等人一样都是贾府的"蛀

---

1 李希凡、冯其庸《红楼梦大辞典》,文化艺术出版社,1990年,第826页。
2 李希凡、冯其庸《红楼梦大辞典》,文化艺术出版社,1990年,第827页
3 胡文彬《红楼梦与北京》,陕西人民出版社,2008年,第88页。

虫",他们由外而内地侵蚀,一定程度上促进了贾府的衰败。脂砚斋旁批道:"寓意深远,在此数语。"[1]确实引人深思。

天齐庙里的狰狞鬼神就是冥府的"地狱七十二司"[2],具有佛家色彩,而掌管本庙的"当家"却是道士。这种佛道合一的空间描写,恰恰应和了《红楼梦》中"一僧一道"多次联袂出现的情景。作者在小说开篇所奠定的佛道思想基础,竟然可以如此细节化、深入化,实在令人称赞!

综上,《红楼梦》前八十回出现"水月庵""清虚观"和"天齐庙"都极有可能取材自北京本地;同时,这些宗教场所的寓意是《红楼梦》文本内涵的重要组成部分。

(三)前八十回中"北京"的街巷原型

《红楼梦》是一本以世家贵族的兴盛衰败和爱情悲剧为主题的作品,致使它不会像"三言二拍"、《水浒传》《儒林外史》《醒世姻缘传》等作品那样有大量丰富的市井街巷的描写,书中对于街巷往往都只是简单提及,很少有市井景物具体描写。人物活动的空间背景多囿于宁荣二府,主要人物和主线情节也多圈定在小小的大观园之内,但这并不意味着书中涉及的街巷没有价值。这些街巷有很多都直接取自北京城内的实有街道,对了解曹雪芹在北京的生活足迹以及《红楼梦》文本的意蕴均有一定的意义。

如前所述,《红楼梦》前八十回中涉及的街巷主要有廊下、鼓楼西大街、小花枝巷等,分别考述如下。

---

[1] 陈庆浩《新编石头记脂砚斋评语辑校》(增订本),中国友谊出版社,1987年,第698页。
[2] 邹宗良《脂批"狱神庙"非"嶽神庙"辨》,《海南大学学报》(社科版)2013第1期。

1. 廊下

"廊下"出自《红楼梦》二十三回贾琏与凤姐的对话："西廊下五嫂子的儿子芸儿来求了我两三遭，要个事情管管……"在新校本第3版《红楼梦》中，对"廊下"的注释为：

> 廊下——建筑术语。中国建筑史上自隋唐以来，府第、衙署、寺庙这一类的多院落的大建筑群，四周皆以廊庑围绕，沿回廊两侧之街巷则称东西廊下（正房皆座北朝南，所以不会有南北廊下）。宋以后回廊多以廊屋和围墙代表，形成今天四合院的面貌，但东西廊下之旧称仍沿用不变。[1]

贾府是传统的四合院建筑，贾芸住在"西廊下"就是说他家在贾府围墙外西边的街上。[2]

但是，也有材料说明，西廊下所指为特定地名。据《红楼梦大辞典》引清代于敏中等纂《日下旧闻考》卷二十五"朝天宫"的按语云：朝天宫本元代旧址，盛于明嘉靖时……毁于天启年间。今阜成门东北虽有官门口、东廊下、西廊下之名……"[3] 由此可知乾隆年间"西廊下"在今阜成门东北附近。

户力平先生在《曹雪芹笔下的北京地名》一文中指出，据清乾隆《京城全图》中标示，阜成门大街北侧有东廊下、中廊下、西廊下，而整幅图

---

[1] 中国艺术研究院红楼梦研究所校注《红楼梦》，人民文学出版社，2008年，第308页。
[2]《红楼梦》第二十四回，贾琏对宝玉说："他是后廊上住的五嫂子的儿子芸儿"（320页），可知"西廊下"和"后廊下"是一回事。
[3] 李希凡、冯其庸《红楼梦大辞典》，文化艺术出版社，1990年，第819页。

也只此一处西廊下。[1] 如果户先生所言不差，则曹雪芹笔下的"西廊下"的确有可能以阜成门东北的西廊下为原型。[2]

曹雪芹把贾芸的家设定在"西廊下"绝不是随意安排的。首先，如此安排有助于叙事情节与空间对应的合理性。据《宸垣识略》记载，"西廊下之名，其实周围数里，大半民居矣"[3]。第二十四回有贾芸在回家的路上受到街坊倪二仗义疏财的叙事情节，必然就要有一个市井叙事空间与其相对应；其次，有助于更加突出贾芸为人处事的"市井哲学"。第二十四回，贾宝玉开玩笑说贾芸像他的儿子。贾芸却笑道："俗语说的，'摇车里的爷爷，拄拐的孙孙'。虽然岁数大，山高高不过太阳。只从我父亲没了，这几年也无人照管教导。如若宝叔不嫌侄儿蠢笨，认作儿子，就是我的造化了。"宝玉虽比贾芸长一辈，但这样的玩笑未免有点过分。而贾芸却不以为怒，还欣然接受，其取巧讨好的心理，与他从小受到市井文化的影响是分不开的。或者说，生活在"西廊下"的他能如此应答，也不会让读者感到太突兀；再有，亦可窥探贾府族群中富贵贫贱之差异。贾家各房各支人口众多，贫富不一，贾芸作为"贫"的代表人物，到底有多穷呢？靠放债为生的倪二借给他银子时说道："你要写什么文契，趁早把银子还我，让我放给那些有指望的人使去。"仅此一句可见贾芸之贫困。同为贾府子孙，宝玉等人和贾芸生活境遇有天壤之别。

2. 鼓楼西大街

"鼓楼西大街"出自《红楼梦》五十七回，讲的是邢岫烟将衣服当在

---

[1] 户力平《曹雪芹笔下的北京地名》，《人才资源开发》2012年第5期。
[2] 现今在阜成门东北、平安里西大街南依然有西廊下胡同、中廊下胡同和东廊下胡同，抑或是自清代演化而来。
[3] （清）吴长元《宸垣识略》，北京古籍出版社，1981年，第144页。

了"鼓楼西大街"的"恒舒典"。如今北京的鼓楼西大街指的是从鼓楼沿向德胜门的那条斜街，据《红楼梦大辞典》引《宸垣识略》载："鼓楼在地安门北金台坊，旧名齐政楼，元建。……西斜街临海子，率多歌台酒馆，有望湖亭，昔日皆贵官游赏之地。"[1] 这里的"金台坊"就是今天位于鼓楼东大街的宝钞坊，"西斜街"就是今天的鼓楼西大街，"海子"当然就是什刹海了。依《红楼梦》所写，则在曹雪芹时代就有这条鼓楼西大街了，只不过在《宸垣识略》中被叫作"西斜街"而已。胡文彬先生考证西斜街上曾有一间当铺叫"恒舒号"[2]，如若属实，则自然为西斜街乃《红楼梦》中鼓楼西大街之原型的说法提供了有力证据。

曹家迁回北京后没几年就过上了"满径蓬蒿老不华，举家食粥酒常赊"的艰难日子，典当度日自然在情理之中。上引《宸垣识略》中说西斜街是"昔日皆贵官游赏之地"，试想在这样的地方，寒酸的曹雪芹去当东西是何等的凄凉。邢岫烟当衣服的悲凄，雪芹定然感同身受。所以，无论是否真有"恒舒号"，曹雪芹将邢岫烟当衣服的地方设置在鼓楼西大街，其中蕴含的独特意味已然明了。

3. 小花枝巷

"小花枝巷"也有可能取材于北京。清代朱一新《京师坊巷志稿》中提到五处与"花枝"相关的地名，包括两处"花枝营"和三处"花枝胡同"。两处花枝营分别为：一"在正阳门东、长安街南、崇文门衡西"，一"在地安门街东、王府衡西、东长安街北"；三处"花枝胡同"分别为：一"在安定门街东、北新桥街南、大市衡西，马市衡北"，一"在大市街东，阜

---

[1] 李希凡、冯其庸，《红楼梦大辞典》，文化艺术出版社，1990年，第822页。
[2] 胡文彬《红楼梦与北京》，陕西人民出版社，2008年，第85页。不过，笔者尚未查到"恒舒号"的有关记载，故无法了解曹雪芹时代是否有"恒舒号"。

成门街南、报子街北",一"在广宁门衡南、大川淀半截胡同西"。¹周汝昌先生则认为"小花枝巷"的原型应该是距离今护国寺不远的花枝胡同:

> ……果然在护国寺街以北不太远,就有一条花枝胡同,北通三不老胡同,右侧即是宝玉出北门的"大道"——德胜门大街。"小花枝巷",就像花枝胡同,我想这不可能都是偶然的吧?²

德胜门内大街往东不远处就是恭王府,周先生认为大观园就是以恭王府的后花园为蓝图刻画的,因此宝玉出的北门肯定是德胜门,"宁荣街后二里远近小花枝巷"定然就是花枝胡同了,更巧的是此处离邢岫烟当衣服的鼓楼西大街也不远。³两相对照,的确似乎并非偶然。不过,仍然存在疑问:首先,大观园是不是恭王府的萃锦园一直存在争议,仍有商榷空间,对此学界多有讨论,此处不再赘述;⁴再有,护国寺以北的花枝胡同起源于何时?曹雪芹的时代是否就有?在这些问题没有得到解决之前不能就此轻易下结论。

北京有多处以"花枝"命名的地方,曹雪芹生活在北京多年,无论哪个都有可能去过,也都有可能成为创作的素材来源,但前提是时间点上要契合。因此,笔者认为"小花枝巷"之地名有可能取自北京,至于具体为

---

1 李希凡、冯其庸《红楼梦大辞典》,文化艺术出版社,1990年,第823页。
2 周汝昌《红楼梦新证》,棠棣出版社,1953年,第142页。
3 胡文彬《红楼梦与北京》,陕西人民出版社,2008年,第85页。
4 很多学者不赞同大观园就是恭王府的说法,如王利器先生、胡文彬先生、周思源先生、吴新雷先生等,他们认为大观园是中国园林艺术的结晶,亦南亦北,世间绝无一所这样的园林,笔者赞同此说法。具体论述可参考周思源《论〈红楼梦〉的浓度》(《红楼梦学刊》1988年第3辑)、胡文彬《无为有处有还无——〈红楼梦〉里地名的研究》(《贵阳师专学报》,1987年第1期)等文章。

哪一处，则不必拘泥，因为作为小说创作的原型，原本就不必局限于具体某一处。

对于"小花枝巷"背后所蕴含的意蕴，张俊先生的阐述非常具有启发意义。张先生认为，"花枝"指女子的年轻貌美，正好暗合"小花枝巷"是尤二姐的藏身之所。[1] 况且尤二姐本身就是一个贞洁观淡薄的平民之女，诸联就曾将尤二姐比作杨花，取"水性杨花"之意。[2] 因此，作者让贾琏"藏娇"于小花枝巷，有匠心存焉。

（四）天香楼

最后，再谈谈天香楼。虽然天香楼故事向来为探佚学者重视，但其原型却少有人关注，因此也较少有争议。胡文彬先生云：

> 《红楼梦》里写到一座天香楼，原来位于什刹海附近，是京城内一座著名的酒家，乾隆间人张宜泉《春柳堂诗稿》中有诗《和欧阳先生会饮天香楼原韵二首》和《九日戏寄郑恒斋被人约饮天香楼》为证。曹雪芹"借"来一用，"添"进了宁国府的"会芳园"中。[3]

这座酒楼记载于清代得硕亭的诗集《草珠一串》："地安门外赏荷时，数里红莲映碧池。好是天香楼上座，酒阑人醉雨丝丝。"[4] 由此可知天香楼的

---

[1] 张俊《〈红楼梦〉及其续书与明清小说中的张家湾——兼谈〈红楼梦〉之"地舆"避讳》，《曹雪芹研究》2018年第2期。
[2] 参见段江丽《红楼人物家庭角色论》，辽宁人民出版社，2019年，第216页。
[3] 胡文彬《红楼梦与北京》，陕西人民出版社，2008年，第86页。
[4] 杨米人等著，路工编选《清代北京竹枝词（十三种）》，北京出版社，1962年，第52页。

确是一座酒楼，且周围的风景不错。

今天我们对得硕亭知之甚少，对其生卒年、人生经历均无从了解，只知道《草珠一串》刊行于嘉庆二十二年（1817）[1]，也无从得知这首诗创作的具体年月。不过，如果曹雪芹逝于壬午除夕，即1763年2月12日，则这首诗刊行时间离曹雪芹去世的时间不过54年，隔得不算太久；且张宜泉《和欧阳先生会饮天香楼原韵二首》（其一）的第一句就是："芰荷香里夕阳楼，乘兴登临事事幽"，题中有"天香楼"，诗句中有"芰荷"，与得硕亭《草珠一串》所写高度吻合。再则，曹雪芹生性嗜酒，常和友人去天香楼喝酒也是有可能的。

再者，书中第五回和第十一回都提到了挂于秦可卿卧室的一副对联："嫩寒锁梦因春冷，芳气笼人是酒香"，一直以来学界对这副对联的含义多有争议。笔者认为，这副对联或许具有某种预示性和指示性。上联"嫩寒锁梦因春冷"给春天蒙上了凄冷之感，或许预示秦可卿的病在春天不能痊愈，况且第十回张太医说秦可卿的病"总是过了春分，就可望全愈了。"——"可望"二字，显然是说给贾蓉听的安慰之词；下联"芳气笼人是酒香"联系上文现实中的酒楼，或许是暗指"秦可卿淫丧天香楼"一节。前半句是"草蛇灰线"之笔法，后半句可能是对取材来源的暗指。"假作真时真亦假"贯穿了整本《红楼梦》，读者实难落实曹雪芹之创作意图，不过，按读者反应理论，作者未必然，读者未必不然。笔者的理解应该是在合理推测范围之内。

与天香楼联系最为紧密的情节自然是曹雪芹应"老朽"之嘱删除了"秦可卿淫丧天香楼"故事，但从留下的蛛丝马迹来看，"天香楼"在书中独特的意蕴至少有两点：第一，秦可卿在神话世界是掌管人间风情月债的首

---

[1] 杨米人等著，路工编选《清代北京竹枝词（十三种）》，北京出版社，1962年，第5页。

座，自缢于以"天香"命名的建筑，迎合了回归太虚幻境之意；第二，秦可卿与贾珍之间有乱伦之嫌，最后的归宿却是"天香"这样本来有着美好寓意的地方，或存讽刺之意，或存悲悯之怀。

（五）结语

对于曹家来说，北京既是走向繁荣的起点，也是走向衰落的转折点；对于曹雪芹来说，北京既是他从簪缨公子堕落成寒酸文人的炼狱，又是他汲取创作素材的活水源头。纵观明清两代与北京相关的世情小说，大多数都只是将北京实有的人文景物当作简单的功能性或符号性的创作材料，如《林兰香》《醒世姻缘传》等[1]，唯有曹雪芹能在赋予人文景物形而上的独特意蕴的同时，还能赋予其虚虚实实、真真假假的情节功能。从某种程度上说，这是极具中国传统诗艺意境美的典型创作手法。南宋严羽评价盛唐诗歌时云："……如空中之音，相中之色，水中之月，镜中之象，言有尽而意无穷。"[2] 此语用于《红楼梦》对北京景物原型的艺术处理亦未尝不可。

---

1 此一话题值得另撰专文讨论，此处不赘。
2（南宋）严羽《沧浪诗话》，中华书局，2017年，第23页。

后 记

近年来关注"曹雪芹与北京"的课题,一则出于学术研究兴趣,二则出于工作职责。就学术研究兴趣而言,要深入研究《红楼梦》不可不深入了解曹雪芹。曹雪芹自雍正六年(1728)初随家人一起由南京北上返京,终其一生在北京度过(一说成年后曾有短暂离京的经历),因此,"曹雪芹与北京"无疑是红学研究者应该关注的重点课题之一。就工作职责而言,本人自2014年春《曹雪芹研究》杂志创刊开始,先后作为副主编及轮值主编参与编辑部的相关工作。与兄弟刊物相比,《曹雪芹研究》最大的特色就是重视《红楼梦》的作者及成书年代的研究,常设"作者·时代"专栏以便及时刊发"曹学"领域的新成果。作为编辑人员,为了更好地与杂志的作者、读者"对话",自然需要不断积累相关知识、了解前沿研究动态,这样,有关"曹雪芹与北京"的诸多争议性话题自然也就成了本人关注的重点。

2015年,我以"曹雪芹与北京"为题,成功申请到北京市社会科学基金研究项目(项目编号15JDWYA002)。此前已有吴恩裕《曹雪芹丛考》、舒成勋口述/胡德平整理《曹雪芹在西山》、曾保泉《曹雪芹与北京》、胡文彬《〈红楼梦〉与北京》、周汝昌《曹雪芹传》、胡德平《说不尽的红楼梦——曹雪芹在香山》等著作从不同角度对"曹雪芹与北京"这一课题做了比较全面的介绍，对相关问题亦有比较深入的研究。有鉴于此，本人设计的课题内容是：在既有研究的基础之上，突出问题意识，不求全面，但求深入，以专题的形式集中讨论一些重要的、具有代表性的问题。该课题于2020年顺利结项，研究成果申请到北京语言大学2020年度出版基金的资助，有幸付梓，因此，首先要衷心感谢北京市社科办及北京语言大学的鼎力支持！

如前所述，原课题名为"曹雪芹与北京"，为了与曾保泉先生的《曹雪芹与北京》相区别，更为了体现本书稿围绕专题进行考述论辩的特色，在出版时特将成果名称（书名）修改为"'曹雪芹与北京'考论"。书稿的内容及意义主要包括以下几个方面：（一）对有关蒜市口地方、正白旗39号院、曹雪芹书箱、曹霑墓石、《废艺斋集稿》等问题的论争情况进行全面梳理、认真辨析，有助于厘清曹学领域几桩重要"公案"的来龙去脉，并力求在现有材料的基础上推断出一个实事求是、相对客观公正的结论；（二）对曹雪芹在北京的遗迹及朋友圈做比较全面的考述，有利于进一步了解曹雪芹的生活、创作情况；（三）对《红楼梦》（前八十回）中北京人文景物原型做力所能及的考述，对《红楼梦》早期抄本中方言词修订情况以及程高本《红楼梦》"擅用"北方词汇的现象进行比较细致的比勘、分析，有利于《红楼梦》地域特色的研究，并可以从方言使用这一特殊角度，比较早期抄本与程高本的文本差异。总之，本书稿对有关"曹雪芹与北京"的系列关键问题做了梳理、考述、辨析，希望能够对曹学及红学的发展起到一定的推动作用，并对北京市的文物保护和文化建设工作起到一定的参考作用。

需要特别说明的是，本课题在研究过程中，曾邀请我指导的部分在读

后记

硕士生和博士生参加,具体方案是七位同学每人负责一个专题的材料收集并撰写初稿,结果刘天地负责的"曹雪芹在北京的'遗迹'考述"、余澎潮负责的"《红楼梦》前八十回中的北京人文景物原型考述"两部分初稿基本可取,我做了一些调整、修改;许飞("曹雪芹'书箱'问题的论辩")、张科研("曹雪芹在北京的'朋友圈'考述")、黄园园("《红楼梦》版本演变过程中的方言修订问题")、肖文君("'曹霑墓石'问题的论辩")、罗少媚("曹雪芹'西山故居'问题的论辩")等五位同学也都提交了初稿,但是,文章的思路、结构及整体完成度等方面不太符合项目成果的整体设计及要求,因此,都由我另起炉灶重写,而同学们搜集整理的资料则为我的写作提供了直接的帮助。总之,以上七位同学都以不同的方式为本书稿做出了重要贡献,他们自己也从中得到了不同程度的学术训练,典型如刘天地同学在《曹雪芹研究》杂志上独立署名刊发了《"蒜市口地方"、右翼宗学沿革考述》一文;黄园园同学在此课题的基础上,申请到研究生创新基金课题,并完成了以"《红楼梦》方言异文研究"为题的硕士学位论文,得到评阅专家和答辩专家的一致好评,被推荐为校级优秀论文。这里,特向参与项目研究的七位同学表示由衷感谢!

本书稿部分成果已先后由《曹雪芹研究》《红楼梦学刊》《明清小说研究》等杂志刊发,感谢相关编辑老师及主编的青睐和支持!感谢北京曹学会"曹雪芹《红楼梦》资料馆"、北京曹雪芹纪念馆提供部分图片资料!感谢李明新、张云、詹颂、位灵芝、樊志斌、胡鹏、任世权、许军杰等诸多学界好友以不同形式提供的支持和帮助!感谢两位责编老师为书稿付出的诸多辛劳和智慧!最后,感谢我亲爱的家人一如既往的理解与支持!

隔了近三百年的历史烟尘,探寻曹雪芹在北京的足迹行止,在感慨世事无常的同时,也不时会有"今月曾经照古人"的小欢喜——石虎胡同七号院右翼宗学遗址的花草树木、克勤郡王府的雕梁画栋、香山黄叶村的清风明月……你们可曾记得,有一位生前潦倒寂寞、身后千古流芳的过客,他的名字叫曹雪芹?!

段江丽

2021 年 7 月 19 日,于北京海淀墨砚楼